30년을 넘어: 한중 민간교류와 탐색

한국중국상회

박영사

축사

싱하이밍(刑海明)_주한중국대사

『30년을 넘어: 한중 민간교류와 탐색』이 곧 출간된다는 기쁜 소식을 전해 들었습니다. 주한중국대사관을 대표하여 한국중국상회에 진심 어린 축하의 인사를 전합니다. 아울러 한중 경제무역 협력의 발전에 적극 기여해온 양국 경제계 인사분들께도 깊은 감사와 경의를 표합니다.

중국과 한국은 가까운 이웃입니다. 양국 국민은 오랜 우호 교류의 역사를 이어왔습니다. 특히 수교 이후 32년 동안에는 양국 관계의 신속하고 전면적이며 심층적인 발전이 있었습니다. 각 분야에서 양국 간 교류와 협력이 부단히 심화됨에 따라 많은 성과도 나타났습니다. 경제무역 협력이 나날이 긴밀해지면서 양국 무역액이 신기록을 거듭 경신했고, 상호 투자와 인적 교류도 나날이 활성화되고 있습니다. 이러한 협력 발전의 속도와 수준, 성과는 전 세계의 주목을 받았습니다. 이는 양국과 양국 국민에게 실질적인 이익을 가져다주었으며, 역내 평화와 안정, 번영에도 중대한 영향을 미쳤습니다.

한중 관계 발전의 중요한 추진자이자 참여자이며 증인인 한국중국상회는 한중 경제협력 촉진이라는 목표하에 양국 경제계의 교류와 협력을 활성화시키기 위해 다각적인 노력을 기울여왔습니다. 그 노력들이 괄목할 만한 성과로 나타나면서 사회 각계로부터 두루 인정과 호평을 받았습니다.

양국 간 우호 협력의 지속적인 강화는 양국 국민 공동의 이익과 염원에 부합합니다. 이는 우리가 양국 관계 발전의 역사로부터 얻은 중요한 깨달음이기도 합니다. 이 책이 유익한 참고 도서로서 양국 민간의 우의 증진 및 교류 확대, 경제무역 협력의 심화에 긍정적인 영향을 미칠 것이라고 믿습니다. 이제 한중 경제무역 협력은 구조의 조정 및 질적 개선, 효율성 제고라는 새로운 단계에 접어들었습니다. 막대한 잠재력과 무한한 가능성을 품고 있다고 하겠습니다. 향후 중국은 양국의 호혜 공영을 실현하고 양국 국민에게 혜택을 가져다주기 위해 한국과 함께 산업망 및 공급망 융합을 더욱 심화하고 경제무역 발전의 새로운 원동력을 발굴하여 양국 경제무역 협력의 새로운 발전을 부단히 추진해 나갈 것입니다.

邱 海明

축사

민병복_뉴스핌통신사 회장

한중 수교 30주년을 넘긴 이때에 한중 두 나라의 지난 시절 친선 우호 관계와 성과를 조명하고 향후 기업과 민간 교류 증진 및 기회를 모색하는 신간 '30년을 넘어: 한중 민간교류와 탐색(跨越三十年:中韓民間交流及探索)'이 나오게 된 것을 진심으로 축하한다.

뉴스핌통신사와 한국중국상회가 협력해 만든 새 책 '30년을 넘어: 한중 민간교류와 탐색'은 각 분야의 한중 두 나라 국민들이 업무와 생활을 통해 상대국에서 겪은 각자의 소중한 경험들을 기술한 것이며 한중 우호와 친선의 역사를 기념해 발간한 책이다. 이 책은 수교 이후 두 나라의 동반 성장을 회고하고, 또 앞으로 기업과 민간 차원의 지속적인 협력과 상생 방안을 함께 탐색하는 교류의 장이다.

한중 두 나라는 가까운 이웃 나라로서 장구한 시간에 걸쳐 문화 교류와 인문적 가치를 공유해온 역사를 지니고 있다. 양국은 1992년 수교를 맺은 후 30여 년간 긴밀한 우호 협력관계를 유지해 왔다. 특히 경협은 한중 무역액이 3,000억 달러를 넘었을 만큼 눈부신 성장세를 보였으며 한중 외교 관계는 현재 이명박 전 대통령 시절 양국이 규정한 '전략적 협력 동반자' 관계로까지 격상돼 있다.

한중 양국은 한배를 타고 함께 노를 저어 미래로 나아가는 동주공제(同舟共济)의 관계다. 공동의 이익을 키우고 함께 번영을 누리기 위해 양국은 서로 손을 맞잡고 함께 미래를 향해 나아가야 한다(携手共进). 특히 기업과 민간 교류가 활성화되면 양국은 지금보다 한층 높은 수준의 협력관계로 발전해 나갈 수 있고 상호 간에 더 많은 교류의 성과를 얻을 수 있다.

한중 우호를 기념하는 새로운 책 '30년을 넘어: 한중 민간교류와 탐색' 제작에는 양국에서 투자 기업 및 상사 직원, 금융기업, 항공사 및 물류회사 인원, 투자 무역 기관, 유학생, 로펌의 법률가, 지방 도시 파견 직원, 교수, 언론 기관 분야 등 다양한 분야에 종사하는 인원이 참여했다.

이들은 수교 30주년의 성과를 바탕으로, 한중 양국 관계가 긴밀한 협력관계를 구축해 보다 미래지향적으로 발전해 나가기를 희망했다. 한국 측의 한 기고자는 글에서 "한중 양국이 상생을 위해 더욱 노력해야 하며, 상호 관계의 토대를 한층 굳건히 해나갈 필요가 있다"고 강조했다.

한중 협력으로 나온 신간 '30년을 넘어: 한중 민간교류와 탐색'은 경제와 기업 간 교류, 문화 예술, 풍습, 교육 등 다양한 분야에 걸쳐 상대국에 대한 이해를 높이고 상호 협력을 통해 기회를 모색하는 데 있어 훌륭한 길라잡이가 될 것이라고 생각한다.

민간 교류의 활성화는 한중 우호 친선을 공고히 하기 위한 가장 핵심적인 요인이다. 2024년 상반기 한중간 인적 교류도 증가세를 보이기 시작했다는 얘기가 들린다. 왕래를 통해 기업과 사람들 간의 이해와 신뢰를 증진시키고 두 나라 간의 우의가 공고해지면 협력의 토대도 한층 굳건해질 것이라고 믿는다.

새로운 책 '30년을 넘어: 한중 민간교류와 탐색'은 한중 양국이 30여 년의 지난 한중 수교 과정에서 공동으로 거둔 성과를 조명하고, 우호 교류 증진을 위한 현재의 노력을 진단하며 앞으로 상생의 미래를 어떻게 열어나갈지를 탐색하는 의미 있는 기록물이다.

끝으로 이 책의 출간을 다시 한 번 축하하며 경제 문화 등 민간 방면에 걸쳐 한중 우호 협력이 보다 긴밀해지고 확대되기를 기대한다. 한중 양국이 힘을 합쳐 보다 미래지향적인 상생의 협력 시대를 열어나가기를 기원하며 한중 양측이 모두 우호 증진을 통해 한층 풍성한 성과를 거둘 수 있기를 축원한다.

서문

인웨이위(尹爲宇)_한국중국상회 회장 및 코스코쉬핑라인스한국 CEO

한중 양국은 바다를 사이에 두고 마주하고 있으며 서로 이사 갈 수 없는 우호적인 이웃 국가이다. 지난 30년간, 개방과 발전을 핵심으로 하는 세계화 흐름 속에서 한중 양국의 교류와 협력은 괄목할 만한 성과를 이루었다. 특히 경제무역 관계의 비약적인 발전이 있었다. 미미한 수준에서 시작한 양국의 무역은 30년 사이에 3,000억 달러를 넘어설 정도로 발전했으며, 이에 따라 양국은 서로에게 가장 중요한 대외무역 파트너가 되었다.

양국은 문화적 동질성과 경제적 상호보완성을 바탕으로 정부 차원에서뿐만 아니라 민간 차원에서도 경제, 문화 등 여러 분야의 교류와 협력을 활발히 발전시켜 왔다. 양국 국민은 서로를 본받고 배우며 호혜 공영을 실현해 왔으며 우호적인 협력 속에서 공동의 발전, 공동의 진보, 공동의 이익을 이뤄왔다.

한중 수교 이후 30년 동안 많은 중국기업이 한중 양국의 우호 관계, 특히 경제무역 관계의 비약적인 발전 과정에 참여하고 이를 목도하였다. 1만여 개의 중국기업이 '호혜, 협력, 공영'의 이념을 바탕으로 한국에 진출하였으며 한국 경제의 발전과 민생 개선에 기여하고 사회적 책임을 적극적으로 이행하고 있다.

중국기업은 한국의 정부, 기업 등 각계와 견고한 파트너십을 구축하여 1997년과 2008년에 발생했던 심각한 금융위기를 함께 이겨냈으며 코로나19에 함께 대응하는 등 순탄치 않은 외부 환경 속에서도 안정적인 발전을 이뤄왔다. 전자정보, 부동산, 식품, 화학공업, 기계설비, 의료, 물류, 환경보호 등 각 분야의 중국기업이 한국에 진출해 있으며, 여러 중국계 대형 은행이 한중 양국 기업에 금융 지원을 실시하고 있다. 생산제조, 무역서비스 업계의 선도기업들이 양국의 교류를 지원하고 있으며 코스코쉬핑 등 해운물류 기업들이 매년 수천 척에 이르는 각종 선박을 한국 항구에 정박하여 양국의 산업망과 공급망을 안정화하고 효율성을 증대하는 데 기여하고 있다.

한국중국상회는 2001년에 나날이 발전하는 주한 중국기업에 더 나은 서비스를 제공하기 위한 목적으로 설립되었다. 20여 년간 상회는 한중 양국의 경제무역 협력을 촉진하기 위해 한중 양국 비즈니스 업계의 상호이해 및 교류 증진에 힘써왔으며, 주한 중국기업의 경영환경을 개선하고 양국 기업 간 경제, 무역, 투자 협력을 지원하며 재한 중국기업의 안정적이고 건전한 발전을 촉진하는 데 적극적인 역할을 해왔다.

오늘날 한국중국상회는 수많은 재한 중국기업의 따스한 가족과도 같은 역할을 하고 있다. 각 분야의 200여 개 선도기업이 회원으로 가입해 있는바, 한국중국상회에는 다양하고 우수한 기업들이 모두 모여 있다고 할 수 있다. 회원사들은 상회를 통해 정보와 경험을 교류하며 비즈니스 기회를 모색함으로써 건전하고 안정적인 발전을 도모한다. 또한 한중 경제무역 관계의 발전을 위해 지속적으로 기여한다.

한국중국상회는 여러 기업인의 희망에 부응하여 수많은 중국기업이 한중 경제무역 협력을 추진해 온 역사를 기록하고 한국 내 투자 및 발전 노하우를 정리함으로써 더 많은 기업이 글로벌화 추세에 동참할 수 있도록 독려하기 위해 다년간 한중 교류에 힘써온 양국 기업 및 우호 인사 대표의 경험과 추억을 모아 『30년을 넘어: 한중 민간교류와 탐색』 단행본을 출판한다.

본서는 중국 기업인 16인과 우호 인사 15인의 창업 스토리 등을 담고 있다. 본서에 담겨 있는 중국기업의 우수한 면모와 한중 경제무역 협력의 다양한 성과들은 양국 경제, 무역, 문화 등 분야의 비즈니스 교류를 촉진하고 양국의 우정 증진 및 공감대 형성에 긍정적인 역할을 하게 될 것이다.

한국중국상회 위하이옌(俞海燕) 집행회장이 본서의 총편집장으로 수고해주었다. 위 회장과 7명의 회원사 대표로 구성된 편집위원회는 본서의 발간을 위해 애써주었다. 한국중국상회를 대표해 편집위원회의 모든 구성원과 본서에 기고한 기업인, 우호 인사 등 본서의 발간에 협조해준 각계의 친구들에게 깊은 감사의 인사를 전한다.

　모든 분들께 경의를 표하며 이 짧은 글로 서문을 갈음하고자 한다.

차례

상호투자 확대로 협력과
공동 발전을 기대하며
(携手并进, 砥砺前行, 共赢未来)

양광식_광양만권 경제자유구역청 해외마케팅과장

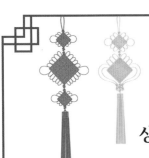

상호투자 확대로 협력과 공동 발전을 기대하며

들어가며

2014 년 12월 1일, 3년간의 한국 외교부 주칭다오 총영사관에서 선임연구원 생활을 마치고, 전남도청 산하 광양만권경제자유구역청 중국팀장으로 중화권 투자유치 업무를 담당하게 되었다.

산둥성 주칭다오 총영사관 경제과 선임연구원으로 3년간 재직하면서 칭다오, 옌타이, 웨이하이 지역에 투자한 한국기업들의 민원과 애로사항을 처리하면서 주요 이슈들을 정리하여 한국에 보고하는 것이 주요 업무였다.

양광식 광양만권 경제자유구역청
해외마케팅과장

이러한 과정에서 산둥성에 진출한 한국기업들이 당면한 현실적 애로사항들인 토지사용권 및 임대차 분쟁, 산둥성 연해 지역에서 내륙지역으로 공장 이전, 노무 및 산업재해, 환경 관련 주민민원, 야반도주(비정상 철수) 등 투자 과정에서 발생하는 여러 가지 이슈들을 잘 알고 있었다.

한국기업들이 중국 산둥성 진출 과정에서 직접 겪었던 다양한 성공과 실패사례에 대한 경험은 전남도청 광양만권 경제자유구역에서 중국기업 투자유치 업

싱하이밍 주한중국대사와 광양만권 중국기업 간의 간담회, 여수 소노캄호텔(2023.03.30.)

무에 도움이 되었다. 광양을 방문한 중국기업에 세밀한 부분까지 잘 살펴 설명해 주었다. 또한, 한국의 2대 항만이자 포스코 광양제철소와 여수 국가화학산단이 위치한 광양만권을 중국기업의 새로운 투자처로 만들기 위한 노력을 계속하였다.

2014년 12월부터 약 10년의 투자유치 과정을 겪어오면서 27개의 중국기업이 광양만권에 자리 잡아 사업을 영위하고 있고, 2021년 12월에는 중국기업 11개 회원사로 구성된 한국중국상회 전남분회가 설립되어 한국 내 중국 제조기업이 가장 많이 투자하고 모범적으로 사업을 경영하고 있는 광양만권이 되었다.

되돌아보면, 2015년 한중 FTA 협정 발효, 중국의 저우추취(走出去, 해외 진출) 전략, 미국의 트럼프 정부 출범과 미중 무역분쟁, 바이든 정부의 IRA(인플레이션 감축법) 등 국제정세의 변화 속에서 중국기업은 자국 내 시장만이 아닌 글로벌 기업으로 성장하기 위한 모색을 시작하였고, 이러한 과정에서 전 세계 GDP의 85% 국가와 FTA가 체결된 한국은 해외투자에 있어 하나의 선택지로 빠르게 부상하였다.

필자는 중국기업의 광양만권 투자유치 과정에서 이러한 변화를 가장 대표적으로 보여주고 있는 허난성 정저우에 본사를 두고 있는 밍타이알루미늄의 광양 투자 사례를 소개하면서 이후 한중 양국 기업들의 협력 방법을 모색해 보고자 한다.

한국에 투자한 중국기업 사례(광양알루미늄)

광양알루미늄의 본사인 밍타이알루미늄은 중국 허난성 정저우에 위치하며, 2005년 7월에 설립되었다. 주요 생산 제품은 알루미늄 합금 판재, 알루미늄 체크판재, 알루미늄박(호일) 등이며, 2023년 말 기준 연간 생산 규모는 100만 톤, 매출 규모는 한화로 5조 원에 이르며, 중국 상하이증권거래소 상장기업으로 중국 내 알루미늄 판재 생산량 2위 민영기업이다.

한국 광양에 자리 잡은 광양알루미늄은 세풍산단 외국인투자지역 2만 5천평(82,600㎡)에 1억 달러를 투자하여 알루미늄판재 연간 12만톤 생산 설비를 갖추고 있고, 한국 내에서 노벨리스코리아, 조일알루미늄에 이어 3위 생산 기업이다.

미국의 트럼프 정부 출범 후 본격적인 미중 무역분쟁이 발생한 2018년 이전부터 밍타이알루미늄은 글로벌기업으로 발전하기 위하여 해외투자(走出去)를 검토하였고, 미국, 한국, 베트남 등을 투자 후보지로 선정하여 사전 실사와 투자 환경을 조사하기 시작하였다.

이러한 과정에서 한국과의 지리적 인접, 한국의 FTA플랫폼 활용, 한중 양국 간의 문화, 정서적 친근감, 기존 한국기업과의 오랜 파트너십 등에 근거하여 한국으로 결정하였고, 경기도 안성, 새만금, 광양만권 등으로 후보지를 압축하였다.

광양만권으로 최종 결정하게 된 계기는 광양항이라는 국제 수출입 무역항, 외국인 투자 지역의 임대료 우대정책, 법인세 감면, 철강과 화학산단으로 자리 잡으면서 잘 갖추어진 산업인프라, 투자유치 담당 공무원의 열정적이고 헌신적인 지원 등이 주요 동기가 되었다.

2018년 9월 광양만권 세풍산단 외국인 투자 지역 입주계약, 2019년 12월 착공, 2022년 3월 정식 생산까지 광양알루미늄은 4년여 기간 동안 다음과 같은 세 가지 어려움을 잘 극복하면서 사업을 정상궤도에 올려놓았다.

첫째, 동종업계의 국내 시장 잠식 우려로 한국 투자를 반대하였다. 광양알루미늄이 한국에 투자 결정하자 한국 내 알루미늄업계는 중국 공룡 기업의 한국 내 투자로 국내 알루미늄업계가 고사하고 미국 등과 통상 마찰을 야기한다고 주장하였다.

이에 대해 우리청은 광양알루미늄이 한국에 기업을 설립하면, 한국의 법, 제도에 따라 운영되는 기업이며, 우리나라의 고용과 수출 증가, 광양항 물동량 창출, 글로벌 알루미늄 원재료 시장에서 원자재 구매 후 한국에서 생산하여 대부분 해외에 수출하기에 국내 기업과 경쟁 관계가 아니며, 인도의 최대 알루미늄 기업인 노벨리스 또한 한국 울산광역시에 투자하여 동일한 비즈니스 모델로 사업을 경영하고 있는 점을 들어 적극 반박하였다.

둘째, 환경오염에 대한 주민들의 오해이다. 한국의 모 신문사가 중국 알루미늄 기업의 한국 투자는 미세먼지를 유발하며 지역 내 환경오염을 일으킬 것이라고 보도하였다. 이 보도가 있자 2018년 12월, 문재인 정부 당시 청와대 국민청원에 중국 알루미늄기업 한국 투자 반대에 대한 국민청원이 21만 명에 달하였다.

이러한 주민들의 환경훼손 우려에 대해 우리청은 인근 주민, 환경단체, 기자, 시의회 등 관계자 150여 명이 참석한 가운데, 업계 종사자, 알루미늄 전문가, 학계 등 전문가를 초청하여 주민 설명회를 개최하였다.

또한 인근 주민 대표, 광양시 의원 등 30여 명 대표단을 구성하여 중국 정저우 현지 밍타이알루미늄 공장을 견학하고 생산 과정과 환경 관련 문제를 직접 살펴보았다. 이와 더불어 2019년 6월에는 마을 주민 60여 명의 대표단을 구성하여 한국 내 유사제품을 생산하는 조일알루미늄을 방문하여 공장 인근 주민들과 간담회를 개최하여 환경 관련 사항, 지역경제 공헌 등을 허심탄회하게 교류하였다.

더 나아가 전남보건환경연구원에 연구 용역을 의뢰하여 국립환경연구원 내 한국의 동종 업계 배출가스 성분인 질소산화물, 황산화물, 미세먼지, 중금속 배출 등을 분석한 후, 주민공청회와 인근 마을을 방문하여 과학적 근거를 가지고 설명함으로써 주민들의 환경 관련 우려가 해소되었다.

광양알루미늄 공장 착공식(2019.12.09.)

　셋째, 코로나 시기의 어려움이다. 2019년 12월 착공과 더불어 2020년 1월 코로나 팬더믹이 시작되어 공장 건설뿐 아니라 기계, 설비의 한중 양국 간 물류가 중단되었고, 설비설치 인력의 비자 신청 및 인력 파견이 모두 중단되어 당초 2021년 상반기로 예정된 공장 준공이 2022년 상반기에 이루어졌다.

　코로나 기간 동안 우리청은 한국 산업부 및 외교부 주우한 총영사관 등에게 광양알루미늄 설비 설치 및 시운전 기술 인력 30여 명이 패스트트랙(신속 통로)을 통해 입국할 수 있도록 요청하였다.

　현재 광양알루미늄은 월 5천톤 이상의 알루미늄판재를 생산하여 해외시장에 대부분 수출하고 있으며, 2024년 들어서는 용해 주조설비 분야에 추가 투자하여 알루미늄 잉곳 → 슬라브 → 판재의 일괄 생산체계를 갖추어 기술과 가격 경쟁력의 확보로 향후 더 큰 발전과 성장이 기대된다.

　광양알루미늄의 투자유치 과정에서 지역주민의 '중국'에 대한 막연하고 부정적 이미지를 극복하는 것이 가장 힘들었고, 이는 더욱더 많은 양국 국민들이 밀접히 교류하면서 중국에 대한 오해를 걷어내고, 변화된 중국 현실을 정확히 알아가야 한다는 사실을 절감하였다. 이와 더불어 투자한 외국기업 또한 지역민

과의 상생, 기업의 사회적 책임 등을 통해 기업 이미지 제고에 꾸준히 노력해야
할 것이다.

한중 양국 기업의 협력과 발전을 기대하며

1992년 한중 수교 이후 한국기업의 최대 투자국은 중국이었고, 그 이유는 중
국의 저렴한 노동력을 활용하여 중국 내수 시장과 미국 등 제3국 수출에 기인
하였다. 하지만, 지난 30여 년간 중국은 이차전지, 화학, 전자, 항공우주, AI 분
야에서 과감한 투자와 산업 구조 업그레이드로 경쟁력을 확보한 기업들이 글로
벌기업으로 성장하기 위해 세계 각국에 진출하여 사업을 경영하고 있다.

이는 2023년도 기준 한국에 투자한 중국기업의 FDI 신고액이 15억 달러로
이미 3년 전부터 일본을 앞지르고 미국, EU에 이어 한국의 3대 투자국이 된 것
으로 나타나고 있다. 최근의 중국기업의 한국 투자는 단순한 무역, 식품, 관광,
부동산 등 소규모, 제한적 업종이 아닌 이차전지 소재, ESS(에너지스토리지), 금
속가공, 의료, 바이오 등 고부가가치와 일정 규모 이상의 대기업 집단 등으로
투자가 확대되고 있다.

이국 타향(异国他乡)에 투자하여 기업을 경영하는 것은 매우 어렵고 힘든 과
정이다. 지난 13여 년간 중국 산둥성에 투자한 한국기업, 한국 광양만권에 투자
한 중국기업의 전 과정을 경험하면서 한중 양국 기업이 협력하여 미래의 공동
발전으로 나갈 수 있는 몇 가지 제안을 하고자 한다.

첫째, 한중 양국 기업 간 우세점을 최대한 활용할 수 있는 전략적 상호 교차
투자가 필요하다. 최근 광양에 투자한 포스코HY클린메탈은 중국 화유코발트와
포스코그룹이 이차전지 리사이클링 분야에서 합자로 설립한 기업이다. 동사는
한국 포스코그룹 관계사가 65% 지분을, 중국 화유코발트가 35% 지분을 보유하
고 있으며, 화유코발트의 리사이클링 기술력이 주요 합자 요인이다. 양사는 상
대방 기업이 핵심 광물, 기술, 자본, 시장 분야에서 가지는 강점을 전략적 교차
투자 방식으로 최대한 활용하고 있다. 이러한 방식으로 포스코는 중국 저장성

통상시에 화유코발트와 전구체 공장을 합자투자(포스코 40%, 화유코발트 60%)하여 중국 시장에 판매하고 있다. 즉, 중국 시장에서는 중국기업이 대주주로 중국기업의 이점을 최대한 활용하며, 한국 시장에서는 한국기업이 대주주로 공급망의 이점을 활용하고 있다.

둘째, 글로벌 공급망과 제품 판매에서 한중 양국 기업의 공동 협력하에 제3국 수출하는 성공모델이 필요하다. 최근 이차전지 소재 및 전기차 시장이 조정기에 진입하면서 ESS(에너지 스토리지 산업)가 대체 시장으로 부상하고 급성장하고 있다. 중국이 가지는 리튬인산철 배터리 분야 강점과 한국의 IT기술 및 ESS 운영 노하우를 상호 결합하여 미국, 유럽, 동남아 등 제3국 시장으로의 공동 진출이 필요하다. 사례로 중국의 ESS 분야 1위 기업인 나라다에너지는 자체 생산한 배터리와 ESS 부품 분야에서 강점을 가지고 있고, 설치 운영 분야에서 국제적 신뢰도와 경험을 보유한 한국의 LS그룹이나 삼성물산 등과 협력하여 일본, 동남아, 유럽 시장에 판매하고 있다.

셋째, 각 산업 분야별로 양국 간 대표적인 투자 성공 기업을 만들어 양국 간 상호 투자 활성화가 필요하다. 2016년에 광양에 투자한 에이치에이엠(HAM)은 유아용 조제분유를 생산하는 기업으로 중국 이핀유업이 모회사이다. 이 기업은 한국의 FTA 플랫폼을 활용하여 미국, 유럽, 뉴질랜드에서 산양(山羊)원료를 수입하여 한국에서 생산 후 'Made in Korea' 프리미엄으로 중국 내 하이엔드 시장에 판매하고 있다. 2019년 산업부 선정 우수 외투 기업으로 한국농수산물유통공사(AT), 남양유업, 매일유업 등과 긴밀한 협력 관계를 유지하고 있어, 식품 분야에 투자한 대표적인 성공 기업으로 알려졌다. 양국 간 투자 성공 모델 기업이 많으면 많을수록 두 나라 간 투자 및 무역이 확대되고, 상대국에 대한 긍정적 이미지가 확산될 것이다.

최근 몇 년간 한중 양국은 국제 정치적 요인, 산업 구조적 요인 등으로 적지 않은 어려움에 놓여있지만, 지난 30여 년간의 긴밀한 경제, 무역, 투자 분야의 협력 관계, 양국 국민 간의 오랜 교류로 축적한 우의를 기반으로 미래에는 서로 손잡고 공동 번영의 길로 함께 나가길 기대해 본다.

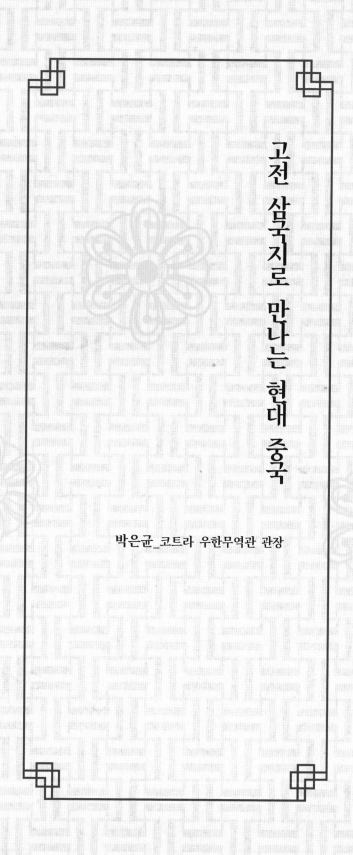

고전 삼국지로 만나는 현대 중국

박은균_코트라 우한무역관 관장

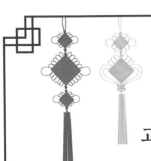

고전 삼국지로 만나는 현대 중국

중국 내륙 지역에 대해 잘 몰라도 삼국지의 그곳 하면 연상되는 지역들이 있다. 손권과 유비가 힘을 합쳐 조조의 대군을 격파한 적벽대전은 후베이성 적벽에서, 조조와 원소가 벌인 관도대첩은 허난성 정저우에서 일어났다. 제갈량이 6차례 북벌에 나섰지만 결국 실패하고 죽음에 이른 육출기산(六出祈山)은 쓰촨성에서, 관우가 조조로부터 끝까지 지켜낸 창사결투는 후난성 창사가 그 배경이다.

중국 현지 영자신문이 박은균 코트라 우한무역관장의 인터뷰 기사를 크게 게재했다.

삼국지의 그곳을 오늘날의 성(省)으로 구분하면 다음과 같다. 비옥한 황하 유역을 기반으로 조조가 세운 위(魏)나라는 오늘날 중원이라 일컫는 허난성을 비롯하여 산시(山西, 산서)성, 산시(陝西, 섬서)성 등이다. 대륙의 젖줄로 불리는 장강(長江) 중상류를 무대로 한 유비의 촉(蜀)나라는 현재의 쓰촨성, 충칭 등이다. 마지막으로 손권이 통치한 장강 중하류의 알짜배기 땅인 오(吳)나라는 현재의 후베이성, 후난성, 장시성 등이다.

현대 들어 다시 주목받는 내륙, 삼국지 역사의 그곳

100년도 안 되는 짧은 세월의 이야기지만, 120편에 달하는 많은 고사와 다양한 캐릭터를 남긴 삼국지는 현재까지 많은 이들에게 회자되고 있으며, 이를 통해 중국 내륙도시들도 전 세계에 알려지게 되었다. 현재 삼국지의 배경이 된 도시들은 어떻게 변했을까?

시진핑 국가주석 집권 이후 일대일로 정책을 시작하면서 과거 연안 도시에 비해 위축되었던 중국 내륙도시들은 다시금 주목을 받고 있으며, 최근 내수에 무게를 둔 중국 경제 정책인 쌍순환(双循环) 정책의 시행으로 탄력을 받은 내륙도시들은 삼국시대만큼 다채롭고, 일개 국가보다 규모 있게 발전하고 있다.

필자는 한중 우호 출판에 기고하는 이 글에서 삼국시대의 위, 촉, 오의 배경이 되었던 허난성·산시(陝西, 섬서)성, 쓰촨성·충칭, 후베이성·후난성 등에서 일어난 삼국지의 주요 고사들을 알아보고, 현재 그 지역들은 어떻게 발전하고 변했는지 살펴보고자 한다.

장강 중하류 이남에 위치한 오나라는 예로부터 지리적으로나 경제적으로 전략적 요충지로, 이 땅을 차지하기 위해 많은 전투가 일어났다. 그중에서도 오나라의 한때 수도였던 우창이 있는 후베이성은 삼국지 고사의 70% 이상이 이뤄진 파란만장한 지역이다.

후베이성에 얽힌 대표적인 고사로는 유비가 '제갈량을 얻으면 천하를 얻을수 있다'는 사마휘의 추천으로 3번이나 찾아가 결국 제갈량의 마음을 얻은 '삼고초려(三顧草廬)'가 있으며, 삼국시대 화약고답게 삼국지의 3대 전투 중 2개가 후베이성 적벽과 이창에서 발생하였는데, 손권과 유비의 합작군과 조조가 싸운 '적벽대전'과 핵심 도시 형주를 뺏기고 유비가 숨을 거둔 '이릉대전'이다.

삼국지 최대 격전지 오나라의 후베이성

후베이성 삼국지 명소에는 많은 국내외 관광객으로 연중 인산인해를 이룬다.

우한 황학루는 손권이 형주를 지키고자 건설한 강남의 3대 누각이며, 상양의 고룡중(古隆中)은 삼고초려의 현장이며, 관우가 건설하고 결국 전쟁에 패해 전사한 형주고성은 현재 징저우(荊州)에 있다.

삼국지의 주 무대 후베이성 성도(수도) 우한은 1858년 톈진조약 체결로 개항하면서 본격적으로 근대적 발전을 시작하였다. 산업 도시로서 우한은 한때 '동방의 시카고'라 불렸다.

우한에는 과거 조선, 철강, 식품 등의 전통 산업이 발달하였고 현재는 신재생에너지, 디스플레이, 바이오 등 미래 산업으로 체질 개선하였다. 글로벌 500대기업 중 200여 개 사가 우한에 진출해 있으며, 한국기업도 SK, LX, POSCO 등 석유화학, IT, 철강 분야에서 약 40여 개 사가 진출해 있다.

허난성 일대 위나라, 중원 명성 회복에 전력

허난성 일대인 중원에 위치한 위나라는 황하 근간으로 오래전부터 문명이 발달하고, 풍요로운 지역으로 삼국 중 가장 국가다운 모습을 갖춘 곳이었다. 허난성 일대는 후베이성과 더불어 삼국지 고사가 많으며, 조조는 허난성 허창(許昌)을 근거지로 중원을 장악하여 천하를 지배하려 하였다.

대표적인 고사로는 조조, 동탁이 천자를 등에 업고 전횡을 휘두르는 이야기인 '협천자이령제후(挾天子以令诸侯)'와 관우가 조조의 통 큰 배려를 뿌리치고 적토마를 타고 천리를 달려 마침내 유비를 다시 만난 '천리주단기(千里走单骑)'가 있다.

또한, 삼국지 3대 전투 중의 하나인 조조가 원소를 이기고 위나라 통일의 토대를 마련한 '관도대전'과 "차라리 내가 천하 사람을 버릴지언정 세상 사람이나를 버리게 하지는 않는다"라는 명언을 남긴 조조의 '착방조(捉放曹)'는 허난성 성도 정저우가 배경이다.

허난성 삼국지 명소로는 유비, 장비, 관우가 여포와 교전한 정저우에 위치한 군사적 요충지 호로관(虎牢关), 조조가 그토록 욕심을 냈던 관우를 대범하게 배응했던 허창에 위치한 파릉교(灞陵橋)가 있다. 중국 9대 왕조의 도읍이었던 낙양에는 관우의 사당인 관림묘(关林廟)가 있다.

중국의 5백 년 역사를 보려면 베이징, 3천 년의 역사를 보려면 시안, 5천 년의 역사를 보려면 허난성을 가야 한다는 말이 있다. 허난성의 장구한 역사성을 대변하는 말이다. 중국 5개 왕조의 수도였던 허난성 정저우는 우한과 더불어 최대의 교통 물류거점으로 발돋움하고 있다. 외국계 기업 중에는 폭스콘이 2010년 진출하면서 주목을 받고 있다. 현재 한국 투자 기업은 5개 사 이내지만, 인건비 임대료 등 투자 비용이 낮아 새로운 투자처로 주목을 받고 있다.

하늘이 내린 곳간(天府之国) 촉나라 쓰촨

쓰촨분지와 서부 고원으로 이뤄진 쓰촨성은 예로부터 비옥한 토지와 많은 백성, 폐쇄적 지형을 바탕으로 중국의 변두리임에도 불구하고 꾸준히 발전해 온 지역이다. 서기 221년 유비가 제갈량의 조언으로 촉한을 세우게 되면서 위, 촉, 오 천하삼분지계(天下三分之計)를 갖추게 되었다.

쓰촨성에도 후베이성만큼이나 다양한 삼국지 고사가 전해져 내려온다. 동오 대전 이후 유비가 죽고 제갈량이 위나라를 정벌하기 위해 황제에게 '출사표'를 바치고, 6번의 북벌을 단행하는데 결국 통일 대업을 달성하지 못하고 죽는 '육출기산(六出祈山)'의 이야기가 전해져온다.

2022년 기준 쓰촨성 경제 규모는 중국 31개 성·시·자치구 중 6위를 기록하였으며, 서부 12개 성 GDP의 20%를 차지하며 내륙의 핵심 경제지로 성장했다. 현재 쓰촨성에 투자한 글로벌 500대 기업은 인텔, DELL, 도요타 등 약 350개 사에 달하며, 외국 정부 및 기관 수도 30여 개나 돼 내륙지역에서 가장 성숙한 글로벌화를 이뤘다. 최근에는 촨위(川渝, 쓰촨+충칭) 경제권이 구축되고 있어 베이상광선(北上廣深, 베이징 상하이 광저우 선전)을 넘보고 있다.

쓰촨성 성도 청두는 촉나라의 수도로 우리에게는 판더의 고향으로 잘 알려져 있다. 내륙 최고의 도시답게 1호점 개설이 많은 도시이며, 야간경제 지수도 중국 선두권이며, 명품 소비율도 높다. 또한, 세계 최대 단일 건물인 '환구중심 (Global Center)'도 청두에 있다. 청두에는 뉴욕, 런던, 마드리드 등 세계적인 랜드마크 도시에서만 선보인 '갤럭시 언팩 2023' 옥외광고도 진행됐다.

쓰촨성 삼국지 명소로는 제갈량을 기리고, 유비의 묘가 있는 청두 '무후사(武侯祠)'를 꼽을 수 있다. 촉나라의 군사요충지로 제갈량이 구축한 '검문관'은 5A 관광지로 인기가 높다. 장비의 묘가 있는 '랑중고성'도 유명하다.

유비의 임종지 충칭, 관우 이야기가 널린 후난성

촉나라 일부였던 충칭은 유비가 제갈량에게 자신의 아들이 제 몫을 못 하면, 직접 황제에 오르라는 유언을 남겼다는 '백제성탁고'의 고사가 전해지는 곳이다. 이의 배경인 '백제성'은 시성(詩城, 시의 도시)이라 불리며, 두보, 백거이, 이백 등에게 사랑을 받았다.

훠궈(火鍋)의 도시, 충칭은 4대 직할시 중 하나로 전 세계에서 제일 큰 도시이자 인구가 무려 3,213만 명에 이르는 메가시티이다. 충칭은 자동차 산업, 중공업, 그리고 HP와 BOE를 중심으로 한 IT산업이 핵심 산업이다. 한국과는 반도체 등 IT 부품, 기계 및 자동차 부품 교역이 활발하다.

유독 관우의 이야기가 많은 후난성은 과거 형주의 일부로, 관우의 용맹함으로 손권과 유비가 형주를 나눠갖기로 합의한 '단도 도회', 유비가 적벽에서 대승 후, 창사성만은 조조에게서 포기하려 하였으나, 결국 관우가 지켜낸 '창사결투'의 배경지이다.

최근 후난성의 발전도 눈부시다. 중국 1위의 철도산업, 후난TV로 유명한 문화콘텐츠 산업이 발달해 있다. 후난성 성도(수도) 창사는 대학이 많아 젊은이의 도시로 불리며, 10위안을 벌면 9위안을 쓴다는 말이 있을 정도로 소비가 활발하다.

중국 문명의 발상지로 위촉의 전쟁터이기도 한 산시성(陝西省, 섬서성)은 14대 왕조의 수도가 있던 곳이다. 삼국시대 한중(漢中) 지역을 놓고 유비와 조조가 전쟁을 벌인 '정군산전투(定军山之战)'와 제갈량이 거문고 연주로 위나라 군을 퇴각시킨 '공성계(空城计)' 등의 삼국지 고사가 전해진다.

최근에는 중국－유럽 화물열차 산업을 선도하면서 물동량 전국 1위를 차지하고 있으며, 2022년 BYD, Geely 등 신에너지 자동차 생산량이 100만 대를 기록하여 상하이를 넘어 전국 1위를 차지하였다. 2012년 삼성 전자가 반도체 공장 건립에 나서면서 산시성에 한국기업의 진출도 늘어났다.

병자필쟁지지(兵者必爭之地), 용무지지(用武之地)의 땅, 중국 진출 맞춤형 전략 필요

삼국지의 배경이 되었던 중국 내륙지역은 최근 공급망 위기, 미중 무역 분쟁, 더딘 중국 경기 회복 등 국내외 지경학적 리스크로 인해 전략적 요충지이자 돌파구 마련을 위한 기회의 땅으로 다시금 주목을 받고 있다. 이에 중국 내륙도시들은 △ 신소재 산업, 스마트제조 산업 등 미래 산업으로 업그레이드 △ 물류 인프라 구축으로 국제 무역 확대 △ 대체 시장에서 주도 소비 시장으로 탈바꿈 △ 풍부한 자원을 바탕으로 글로벌 공급망 선도 등 과거의 명성을 되찾기 위해 전력을 쏟고 있다.

중국 내륙 시장의 중요성이 부각되고 있는 지금 삼국이 형주 땅을 얻기 위해 치열하게 전쟁하던 것처럼 현재 기업들은 중국 내수를 장악하기 위해 분투하고 있다. 결국 삼국을 통일한 사마의가 '강한 자가 오래가는 게 아니라 오래가는 자가 강한 자다'라는 평가를 받듯이, 우리 기업들도 쉽지 않은 내륙 시장이지만 각 시장에 맞는 맞춤형 전략으로 버텨낸다면, '하늘이 내린 곳간'을 얻을 수 있지 않을까 기대해 본다.

박은균 코트라 우한 무역관장이 2021년 한국 후베이 미래 협력 플라자에서 연설하고 있다.

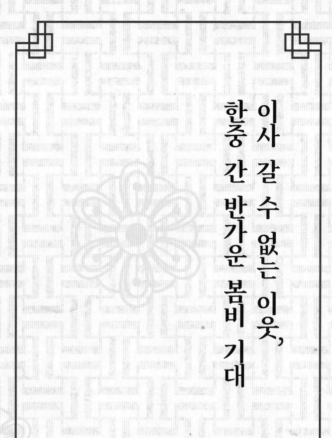

이사 갈 수 없는 이웃,
한중 간 반가운 봄비 기대

변용섭_코트라 청두무역관 관장

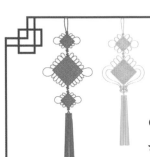

이사 갈 수 없는 이웃,
한중 간 반가운 봄비 기대

변용섭 코트라 청두무역관 관장

중국과 처음 인연을 맺은 것은 1992년 한중 수교 직후 1994년 톈진(天津)에서 어학연수하던 학창 시절이다. 인천과 톈진을 오가는 항공과 선박이 한중 간의 유일한 교통편이었던 그 시절, 베이징에서 조금 떨어진 지방 도시 톈진에서의 1년 유학생 생활은 이후 나의 캐리어와 중국을 배경으로 한 인연의 출발점이 되었다.

그때 톈진 사범대 교정에서 많은 중국인 친구들과 어울리며 배웠던 중국어는 지금까지 나의 직장 생활과 중국 생활을 영위하는 큰 밑천이 되고 있다. 대학에서 중국어를 전공했다 하지만 감수성이 풍요로웠던 시절 배우는 언어는 마치 살이 되고 피가 되는 느낌이었다. 라오바이싱(老百姓, 일반 서민) 언어를 배우고 싶었던 나는 과감하게 유학생 기숙사에서 나왔다.

당시에는 외국인에게 쉽게 허락되지 않았던 톈진 현지인 노부부의 집에서 거처를 하면서 그들 가족과 먹고 지내고 온전히 6개월을 중국인들처럼 지냈다. 특히 이혼하고 나서 부모님을 모시며 요리를 담당했던 아들이 해놓은 생선 요리는 아직도 잊을 수 없다. 그렇게 톈진 방언까지 배우며 익힌 중국과의 인연이 오늘의 자양분이 되고 있음은 부인할 수 없다.

당시에 사귀었던 톈진 난카이대학(南开大学) 철학과의 수재형 친구 왕강(王刚)

은 고향이 항저우인데 30년이 지난 지금도 좋은 친구다. 그를 통해 중국을 알고 중국의 여러 사정을 이해하는 데 큰 도움을 받고 있다. 또한 톈진 사범대에는 훌륭한 교수님들이 많았다.

기회의 땅 중국 요인 적극 활용해야

중국 문학을 가르친 가오슈구이(高书贵) 선생을 통해 배운 쭈즈칭(朱自清)의 산문 '베이잉(背影)'은 일찍 부친을 떠나보낸 청년에게 한국과 중국의 부자(父子) 간의 정서적 관계가 다르지 않음을 문학적인 언어를 통해 느끼게 해줬다. 그리고 그가 1995년 모든 졸업생들에게 남긴 속어인 '活到老学到老(It's never too old to learn)'는 이후 디지털 시대가 열리면서 우리 세대가 배워야 살아남는다는 마음가짐을 가지게 한 예언적인 가르침이었다.

중국에 다시 발을 딛게 된 것은 베이징에 근무 차 처음 방문한 지난 2011년이다. 아직도 2011년의 베이징은 기억에 뚜렷하다. 당시 베이징 하늘은 매일 미세먼지로 뿌연 하늘이었다. 난 그때 결혼을 하고 KOTRA의 직원으로 세 명의 어린 자녀와 함께 베이징에 왔다.

당시 한중 관계는 더할 나위 없이 좋았다. 대통령을 포함하여 대한민국 전체가 중국과 그 시장에 매달렸다. 양국 간 인적 교류가 활발하다 보니 손님 마중과 배웅을 위해 수도(首都)국제공항을 일주일에 서너 번씩 오고 갔다.

중국은 한국에게 생산력과 노동력의 보고였다. 모든 분야가 활발했지만 특히 전자·전기 및 ICT 분야는 한중 간의 소재 부품과 중간재 공급, 생산기지 및 막대한 중국 현지 시장 상황을 등에 업고 업스트림과 다운스트림 간 분담을 통해 양국이 같이 발전 해나가는 모습이었다.

당시 남다른 품질의 삼성 휴대폰은 중국인들에게 '부의 상징'이었다. 그리고 중국 광저우와 선전에서는 새로운 휴대폰 기업이 생겼다 사라지기를 거듭하고 있었다. 또한 중국판 실리콘밸리였던 베이징의 중관춘(中关村)은 최고의 ICT 비즈니스 현장이었다.

IT 굴기, 현상에서 겪은 '대륙의 반란'

2011년 베이징 무역관으로 부임하면서 나의 주된 업무는 중국의 ICT 기업들과의 사업 개발 및 우리나라 기업들의 진출 지원이었다. 많은 전기·전자 기업들이 중국에 들어왔다. 나는 당시 중국의 내로라하는 전기 전자 분야 기업들과 우리나라 부품소재 및 SW 솔루션 기업들과 사업을 연결하기 위해 베이징뿐 아니라 광저우, 선전까지 다녔다.

많은 기업들의 본사를 방문하고 엔지니어들을 만나고 사업 관계자들을 한국으로 초청하고 업체들의 협력 성사에 매달렸다. 당시 중국기업들도 한국의 제품과 솔루션이 매력적이었고 우리 기업들에게도 중국 고객은 어느 국가보다 가깝고 전망 좋은 시장이었다.

당시 Huawei(华为), ZTE(中兴), 샤오미(小米), BBK, CEC, BOE, 바이두(百度), 텐센트(腾讯)를 베이징 중관춘과 광둥성 선전에서 쉽게 만났다. 모두들 한국의 우수 업체를 데리고 가면 기꺼이 문을 열어줬다. 이후 이들 중국기업들은 ICT 분야에서 무서운 성장를 보였고 글로벌 시장에서 우리 기업과 경쟁 관계가 됐다.

업무를 하면서 중국의 ICT 업체들과의 다양한 일화들이 있지만 나는 샤오미와의 인연을 매우 귀하게 여겼다. 내가 처음 샤오미 본사를 2011년 5월 방문했을 때는 한국 휴대폰 부품을 소싱하고 싶다는 샤오미의 요청을 받고서였다. 당시 샤오미의 본사는 베이징 왕징(望京)의 빌딩(卷石天地大厦) 몇 개 층을 쓰고 있었다. 나는 샤오미를 방문하기 전 베이징에서 열리는 베이징 국가회의 중심에서 열린 GMIC이라는 포럼에서 30대 후반의 레이쥔(雷军) 회장을 한 번 만났다.

소프트웨어 기업 진산(金山)의 동사장이자 앤젤 투자가 정도로만 알려진 그는 우한(武汉)에서 올라온 신흥 사업가처럼 보였고 한국에 대해 많은 관심을 보였다. 아마도 당시 스마트폰 공급망을 구축하면서 한국은 그에게 관심의 대상이었을 것이다.

짧은 만남 이후 그의 주선에 따라 다시 린빈(林斌) CTO를 만난 것도 베이징

왕징 본사의 작은 사무실에서였다. 연구원들만 모여 있다는 이 스타트업 기운이 풀풀 나는 기업이 이후 중국 최고의 ICT 기업이 되고 레이쥔은 중국판 스티브 잡스가 될 것이라고 우리 중에 아무도 생각하지 못했다.

그들의 목표는 스마트폰 운영체제를 넘어 스마트폰을 직접 만들고 ICT 생태계를 만들어 가겠다는 계획이었다. 그리고 기존 일본 샤프의 디스플레이 패널 공급처 외에 한국산도 포함하고 싶으니 삼성과 LG의 디스플레이를 소개해 달라는 요청했다. 그러면서 사업계획서 PPT 자료를 건넸다. 그게 다였다.

나는 바로 직원들과 함께 샤오미 폰에 들어갈 디스플레이 패널 공급선을 알아봤다. 당시 한국은 삼성과 LG가 세계 최고의 휴대폰 디스플레이를 만들고 있었고 휴대폰 제조사를 골라 가며 패널을 공급하던 시절이었다. 우리는 국내 업체들에게 사업계획서 PPT를 보내면서 공급 가능성을 타진했다. 그런데 돌아온 반응은 영 시원치 않았다. 그야말로 '듣보잡'의 중국기업에게 패널을 공급할 정도로 여유가 없다는 것이었다.

샤오미를 통해 체험한 꽌시의 의미

나도 샤오미의 사업계획서만으로 설득이 되지 않은 상황이었으니 우리 대기업들의 반응도 이해가 갔다. 다행히도 이후 진행된 절차를 통해 국내 모기업의 패널이 샤오미 신규 모델에 채용되기는 했으나 중국의 신생 휴대폰 업체를 등한시 했던 업체는 눈앞의 오더를 놓치고 마는 상황이었다. 이후 휴대폰 패널 디스플레이가 LCD를 넘어서고 OLED 시대가 열리면서 샤오미도 부품 공급망 확보를 위해 다시 합종연횡하는 상황이 펼쳐졌지만, 사업 초기 샤오미와 맺은 인연은 훗날 빛을 발했다.

레이쥔의 샤오미 초기 열혈 10년을 기록한 책 '용감하게 매진하다(一往无前, 范海涛著, 中信出版集团, 2020.8)'에는 당시의 부품 공급상으로부터 산짜이(짝퉁)라는 말을 듣고 홀대받던 눈물겨운 이야기가 기록되어 있다.

중국은 꽌시(关系)의 나라다. 이렇게 샤오미 경영진과 인연을 가지게 되었고 이 꽌시의 힘이 발휘된 것은 2014년 12월이었다. 2014년이 되자 샤오미의 위상은 2011년의 그것이 아니었다. 불과 3년 만에 샤오미는 중국에서 스마트폰 1위 스타 기업으로 발돋움했고 우리나라에서도 샤오미 바람을 일으키면서 유명 기업이 되었다.

그러자 중국을 방문하는 인사들이 앞다퉈 샤오미 본사와 혁신의 아이콘으로 등장한 레이쥔 회장을 만나고자 줄을 섰다.

당시 우리나라에서도 미래창조과학부 장관이 레이쥔 회장을 만나려고 KOTRA 팀에게 섭외 요청을 했다. 쉽지 않은 일이었는데 나는 샤오미가 신생기업이었을 때의 꽌시를 활용해 접견을, 이 일을 성사시켰다.

이렇게 중국 기업가 중에 기업 설립 초창기, 즉 미약한 존재였을 때 도와준 인연을 소중히 여기고 성장한 이후에도 그때의 인연을 이어가는 경우가 많다. 반면, 어려웠을 당시 신의를 저버린 상대와는 비즈니스를 이어가기가 쉽지 않다.

혁신도시로 명패 바꾼 내륙 신성장 거점 청두

나는 2023년 2월, 8년 만에 중국 근무를 위해 중국 서부 내륙 쓰촨성 청두(成都)에 왔다. 세 번째로 찾아온 중국 생활에서 온라인과 SNS 덕분에 과거에 맺었던 기업이나 기관 관계자들과 빠른 시일 내에 연락이 닿았고 그들로부터 많은 도움을 받고 있다.

청두는 중국 서남부의 중심도시이자 신일선(新一线) 도시 가운데 선두 도시로 변모해 있었다. 14년 연속 행복감을 주는 도시 1위를 놓치지 않고 있는 아름다운 공원 도시다. 이 도시의 잠재력은 또한 중국 어느 도시에 못지않은 SW 및 하이테크 발전 수준이다. 알리바바(阿里巴巴), 바이두(百度), 텐센트(腾讯) 등의 개발센터가 자리 잡고 있으며, 온라인게임과 VR 분야의 내로라하는 기업들이 즐비하게 포진해 있다.

청두 고신구의 소프트에어 단지를 방문할 때마다 10여 년 전 베이징의 중관춘을 방문했던 기억과 오버랩이 많이 된다. 도시 곳곳에 포진한 창업기지와 청년 창업가들을 보면 2010년 베이징 중관춘 처쿠카페(车库咖啡)를 처음 방문했을 때의 묘한 흥분을 여전히 느끼게 한다. 고신구의 젊은 개발자들과 청년 창업가들은 도시를 더 젊고 활기차게 만들어 가고 있다.

중국 쓰촨성 청두에는 중국의 시성(诗圣)으로 알려진 두보(杜甫)가 안사의 난을 피해 지내며 240여 수의 시를 남긴 두보초당(杜甫草堂)이 있다. 두보가 남긴 시 가운데에서도 나는 춘야희우(春夜喜雨)의 한 구절을 좋아한다. 好雨知时节, 当春乃发生(좋은 비는 시절을 알고 내리나니, 봄이 되어 이내 싹이 트고 돋아나네).

시인은 봄이 되어 내리는 비의 소중함을 노래했는데 30년이 된 한중 간의 관계는 새로운 봄날의 비(喜雨)를 기다리고 있다. 이와 같이 많은 사람들이 한중 관계에 새로운 봄날, 즉 양국 간 새로운 협력관계와 산업 분야 협력의 업그레이드를 기다리고 있다.

양국 간에 새로운 싹이 나게 하는 봄비와 같은 관계 발전은 오랜 시간 쌓여 온 이사 갈 수 없는 이웃(搬不走的邻居)으로서의 아름다운 인연을 확인하면서 앞으로도 오래오래 지속될 것이다.

변용섭 관장이 연수했던 톈진시 톈진사범대학 유학생 센터

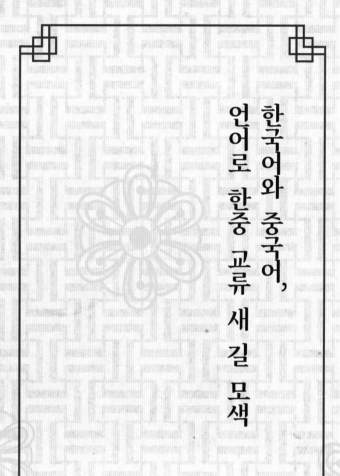

한국어와 중국어, 언어로 한중 교류 새 길 모색

박진영_서울시 디지털 정책관
(전 베이징 대외경제무역대학교 방문교수)

한국어와 중국어, 언어로 한중 교류 새 길 모색

끝날 듯하던 코로나
19가 다시 기승을
부리던 2022년 1월. 중국으
로의 발걸음은 처음부터 순
조롭지 않았다. 그 시기에도
중국 정부는 코로나19로부
터 자국민 보호를 위해 모
든 입국자에게 3주간 시설
격리 조치를 시행 중이었고,
그로 인해 인천 국제공항에

박진영 서울시 디지털 정책관(전 대외경제무역대학 방문교수)이
비즈니스 한국어 경연대회에서 축사를 하고 있다.

서 비행기에 탑승한 지 21일 만에야 베이징 시내에 들어올 수 있었다.

나로서는 중국이라는 낯선 나라의 환경과 문화를 접하기 전 입국 과정이 꽤
나 고단하고 길었던 만큼 중국과 중국인, 그리고 2년 동안 겪어낼 중국에서 나
의 삶에 대한 호기심과 기대감은 더욱 커져갔다.

드디어 내가 몸담기로 약속된 베이징 대외경제무역대학교 교직원 숙소에 짐
을 풀었다. 하지만 코로나 때문에 학교 외부로의 외출조차 쉽지 않았던 그때 오
전에는 교내 어학과정 수강을, 오후에는 연구소(한중 경제문화교류센터) 출근을 병
행하면서 조금씩 중국 생활에 적응해 나갔다.

내가 소속된 베이징 대외경제무역대학에는 역사가 60여 년에 이르는 전통 있는 한국어학과(조선어학과)가 있었다. 모든 중국 대학에서 다루고 있는 전공 학과가 아니어서 나에게 매우 의미 있게 느껴졌을 뿐 아니라, 한국어가 나름 친숙한 학교 분위기 탓에 여기에 근무하는 교수님들과도 접촉할 수 있는 기회 가 많았다.

또한 그러한 학교의 여건과 상황 덕분에 중국에 온 지 얼마 되지 않은 2022 년 4월 어느 날 베이징 대외경제무역대학 한국어과 학생들을 대상으로 한국어 네이티브로서 특강을 할 수 있는 기회도 갖게 되었다.

한중 수교 30주년을 맞이하여 대한민국 서울시 공무원으로서 서울시에 대한 소개와 향후 한중 우호교류 증진을 위해 우리가 관심을 가져야 할 몇 가지 아 이디어도 제시하는 내용으로 채운 강의였다.

나의 특강 시간은 한국의 지자체 공무원이 강의자로 나선다는 것도 특별했지 만, 동시에 '동시 통역'을 공부하는 석사과정 학생들에게는 실전으로 접해보는 훈련의 기회이기도 했다. 열의를 가지고 한국어를 공부하는 중국 청년들이 존 재한다는 것을 눈으로 확인하며 감사한 생각도 들었다.

중국 입성과 '한국어학과'와의 인연

1시간 30분가량의 강의를 무사히 마치고 한국어학과 주임교수이자 외국어학 원 부원장을 맡고 계시는 중국인 교수님과 차담회를 나눴다. 대화를 나누는 과 정에서 자연스럽게 베이징 대외경제무역대학뿐 아니라 중국 전역에 있는 대학 의 한국어학과 최근 상황에 대하여 설명을 들을 수 있었다.

한류가 유행하고 한중 관계가 급성장하던 시기에는 한국어 전공자에 대한 수 요가 많아서 우수한 학생들도 많이 지망했고 취업도 잘되었는데 요즘 한국과의 관계가 예전 같지 않아 한국어학과가 폐지된 곳도 많다고 했다.

짧은 대화였지만 '무엇보다 나의 조국 한국으로서는 한국어를 공부하는 중국 학생들의 존재가 매우 고맙고 귀중한 미래 자산인데' 하는 생각에 안타까운 마음이 앞섰다. 한편 내가 이 학생들을 도울 좋은 방법이 있지 않을까 하는 고민이 자리 잡았다.

그러던 즈음 외교부 산하 한국국제교류재단(KF)이 중국에서 개최하는 '한국어 말하기대회' 예선 심사위원 위촉을 의뢰받았는데 이 과정에서 중국 내에 그동안 수많은 한국어 말하기 대회가 있다는 것을 알게 되었다.

한국어학과와 한국어 경진대회라는 두 가지 단어가 머리를 떠나지 않던 그 즈음, 베이징에 있는 한국 대기업의 인사 담당 책임자와 만나 애기를 나눌 기회가 있었다. 대화 중에 말하기 대회 심사와 한국어 학과 특강에 대한 경험담을 주고받게 됐고 자연스럽게 내가 가지고 있는 한국어학과 중국 학생들에 대한 고민을 공유하게 되었다.

이곳에서 그분으로부터 놀랍게도 명쾌한 답을 들을 수 있었다. 기존의 방식대로 한국어 전공자를 대상으로 말하기 대회를 하되, 시상품을 예전처럼 상품이나 상금 같은 방식이 아니라 중국에 진출한 우수한 한국기업에 취업할 기회를 약속하는 것으로 변화를 주는 것이 어떻겠느냐는 의견이었다.

청년 취업 문제와 한국어 경진 대회의 연계

행사 개최를 위해 우선 중국 학생들에게도 인지도가 높고 채용 여력이 있을 것으로 예상되는 한국기업들의 후보 명단을 작성했다. 그런 다음 신입직원 채용을 담당하는 인사책임자들의 연락처를 한국 상회 및 대사관 관계자 등을 통해 수소문하기 시작했다.

이어 현대자동차, 포스코, LG화학, 신한은행, 하나은행, 삼성, SK, CJ, 우리은행 등 기업들을 한 곳 한 곳 찾아다니며 중국 대학의 한국어 학과 학생들을 응원하고자 하는 대회의 취지와 그 학생들에게 채용 기회를 제공하는 대회의 차별성에 대하여 설명하는 시간이 계속되었다.

많은 분들의 도움과 응원 덕분이었을까? 한국의 우수 대학 졸업생들도 취업하기 힘들다는 현대자동차, 포스코, LG화학, 신한은행, 하나은행, 총 다섯 개 기업에서 최종적으로 행사 후원을 결정해 주었다.

비즈니스 한국어 경진대회의 서막

고대하던 그날, 2022년 7월 15일. 대회의 첫 공고가 나가던 순간의 감동을 잊을 수가 없다.

한국어학과 학생들이 과연 얼마나 많은 관심을 가져줄까? 후원기업들에게 호기롭게 약속한 대로 정말 우수한 학생들이 많이 응모할까? 그동안 적지 않은 한국어 경진대회가 있어 왔지만, 익숙한 기존의 방식과 달리 한국기업에 취업하는 것이 골자인 이번 말하기 대회가 특별히 관심을 더 받을 수 있을까? 혹시 어려운 일을 벌여서 힘을 보태준 많은 사람들에게 폐만 끼치게 되는 것은 아닐까?

좋은 의도를 갖고 시작한 일이었지만 늘 자신 있게 일을 추진해 오던 서울이 아니어서 두려운 생각도 들었다. 낯선 외국에서 도전한 일이라 전혀 예측하지 못한 일들이 생길 수도 있다는 불안감 때문이었다.

하지만 한국어 학과 졸업생들에게 인기 있는 SNS(위챗)에 대회 공고가 나가자 단숨에 수천 건의 조회 수를 기록했고 실제 한국어학과 재학생과 졸업생 이외에도 한국에서 유학 중인 중국인 학생들의 문의까지 폭주하기 시작했다.

코로나19 대응 시기라는 점을 고려해 대회의 응모 방법과 심사는 비대면 방식으로 추진했다. 즉, 학생들은 주어진 주제에 대하여 5분 이내의 발표 동영상을 찍어 주최 측에 제출하면 이를 모아 심사위원들이 영상을 보고 심사와 채점을 하는 방식으로 진행했다.

예선심사는 베이징 내 여러 대학의 한국어학과의 교수님들을 중심으로 심사위원회를 조직했고, 기본적인 한국어 표현 능력을 평가하는 데 중점을 두고 심사를 진행했다.

결선에선 새로운 주제를 부여했다. 각자가 응모한 회사에 대한 사전 학습을 통해 회사의 성격과 경영 방향을 충분히 이해한 바탕 위에 자신이 이 회사에서 일할 경우 회사 발전과 한중 우호에 기여할 수 있는 방안이 무엇인지에 대하여 구술하도록 하는 것이었다.

다소 난해한 주제일 수 있었지만, 응시자 모두 여러 경로를 통해 회사의 비전과 사업 방향, 사회 공헌 등을 연구해 입사 후 자신의 포부와 계획들을 발표 내용에 담아내었다.

이러한 내용들을 담은 5분짜리 동영상을 취합해 다섯 개의 회사에 응시한 자료를 각각 보냈고 이와 함께 재학증명서, 성적증명서 등 심사에 필요한 보조자료들도 함께 동봉해 회사에 제공하였다.

대회 우승자에게는 채용 기회를 제공하는 것이 전제된 상황이었기에 결선 심사부터는 해당 회사별로 응시자를 자체 심사하도록 시스템이 짜여졌기 때문이었다. 이러한 심사 절차 설계가 기업 인사책임자분들에게는 대회에 대한 신뢰감을 주면서도 한편으로 신선한 경험을 갖게 만드는 기회였던 것 같다.

두 번의 연기 끝에 열린 시상식

2022년 비즈니스 한국어 경진 대회는 다음과 같이 추진됐다.

일정	내용
7월 15일~8월 15일	대회공고 및 예선참가 접수(총 28개 대학 88명이 응시)
8월 16일~8월 26일	예선 심사, 결선 참가자 발표(총 50명, 각 기업당 10명)
8월 27일~9월 19일	결선 참가자 주제 발표 영상 제출 및 기업별 심사
9월 23일	수상자 발표(기업별 1·2·3등)
11월 16일	시상식 개최(베이징 소재 주중한국문화원)

2022년 9월 21일, 회사별로 진행된 결선에 대한 최종 심사 결과가 대회 주최 측인 베이징 대외경제무역대학으로 전달되었다.

그러나 가을이 되자 코로나가 다시 기승을 부리기 시작했고 그 때문에 시상식 공간을 확보하는 것이 힘들어졌다. 일단 수상 소감을 영상으로 받아 심사하고 시상식을 개최했다. 여러 가지 어려움을 이겨내고 다행히 다섯 개 기업 대표분들과 후원기관 관계자, 대사관 관계자분들을 모시고 주중한국문화원에서 무사히 행사를 시작할 수 있었고 시상식까지 성공리에 마칠 수 있었다.

'우리는 한국어 말하기 대회를 통해 누구에게 무슨 메시지를 주려고 하는 가?' 6개월 여간 한국어 경진대회를 기획하고 추진하면서 줄곧 드는 생각이 었다.

나는 이 대회를 통해 한국 측이 한국어과에 재학 중인 중국 학생들에게 따뜻한 관심을 갖고 응원한다는 것을 보여주고 싶었다. 학생들에게 한국어 전공이 옳은 선택이며 더 많은 기회가 있을 것이라는 희망을 심어주기를 기원했다.

한중 문화 교류를 활성화함에 있어서 서로 다른 언어는 다가가기 어려운 장벽이기도 하다. 하지만 장벽을 낮추고 연결을 공고히 하는 데 있어 양국 간 상대국 언어를 학습하고 연구하는 사람들의 존재는 더할 나위 없이 중요하다. 한중 우호교류의 가교 역할을 하는 데 있어 그들의 영향력은 결코 작지 않다.

한중 문화 인문 예술 교류에 대한 소원

중국 현지에서 한국어를 전공으로 공부하고 있는 한국어 학과 학생들은 한중 양국의 교류 증진이라는 입장에서 볼 때 큰 인적자산이다. 그러한 측면에서 이들에게 취업의 기회를 제공하는 하나의 통로로서 만들어진 비즈니스 한국어 경진대회는 양국의 소중한 인적자산을 지키고 양성하는 또 하나의 시도로서 가치가 있다고 본다.

한국어 경진대회 주최자인 대외경제무역대학은 한국의 모 대학과 협력해 같은 형식으로 한국 내 '중국어 학과'들을 지원하는 프로젝트를 추진키로 했다. 한국 대학의 중국어 학과 졸업(예정)자를 대상으로 중국어 경진대회를 개최하고 수상자들에게 한국에 진출한 대표적 중국기업들에 취업 기회를 제공하는 형식으로 기본 골격은 같다.

이러한 구상이 현실화 된다면 한국과 중국, 양국에서 동일 시점 또는 격년으로 번갈아 대회를 개최해서 한국과 중국의 청년들이 서로의 대표 기업에 취업함으로써 한중 교류의 새로운 스토리텔링이 가능할 것으로 기대해 본다.

언어라는 매개체를 활용해 양국을 연결하는 또 다른 실험과 도전이 다양한 방면에서 시도되어 이어졌으면 하는 바람이다. 아울러, 지난 한중 수교 30년 동안 한중 간에 시도되었던 많은 인문·사회·문화·예술·체육 등 분야의 교류들도 새로운 시대적 상황에 맞게 진화되어 다시 도약하기를 기대해 본다.

박진영 서울시 정책관(전 대외경제무역대학 방문교수)이 비즈니스 한국어 경진대회 시상식 후 기념 촬영을 하고 있다.

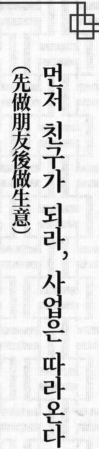

먼저 친구가 되라, 사업은 따라온다
(先做朋友後做生意)

박기철_강원특별자치도 도청
(전 주중국 강원도 본부장)

먼저 친구가 되라, 사업은 따라온다

필자가 중국 땅을 처음 밟았던 것은 중국 최초의 경제특구 도시인 선전(深圳)에서 개최된 국제 회의에 참석했을 때이다. 2014년 11월 말 국제표준기구 지리정보 분과위원회(ISO TC 211) 제39차 총회가 선전에서 개최되었는데 당시 강원도청 토지과에 근무하면서 '공간정보 구축 및 도로명 주소'업무를 담당했던 인연으로 국제회의에 한국대표단의 일원으로 참석하게 되었다.

당시 40대 중반이던 필자는 중국어라곤 딱 니하오(你好) 한마디 밖에 할 줄 몰랐고

박기청 전 주중국 강원도 본부장

중국에 대해서는 그다지 알지도 못할 뿐만 아니라 관심과 흥미도 별로 없던 상태였다.

그런데 인구 1,700여만 명을 보유하고 중국 1선 도시의 하나이며 중국의 실리콘밸리, 물류허브, 경제특구 도시라 불리고 있고, 텐센트, 화웨이, DJI, 비야디(BYD) 등 글로벌 첨단 기업과 함께 경제가 눈부시게 발전하는 선전을 둘러보면서 강한 충격을 받았다. 이 일을 계기로 해서 이제부터라도 중국어를 배우고 중국이라는 나라를 더 경험해 보며, 기회가 되면 중국과 관련된 일도 해보고 싶

다는 강한 의욕이 일어났다.

중국어 병음 공부부터 시작해 중국어를 공부하고 중국 서적을 읽는 등 계속해서 중국에 대해 관심을 가지고 있던 도중 2016년 강원도와 자매결연을 맺고 있는 지린성 정부(외사판공실)에 1년간 연수 교류 공무원으로 선발되어 파견근무를 하게 되었다.

짧지만 강렬한 중국과의 인연

당시 중국어 실력은 일상 대화를 나누기조차 힘든 수준이었다. 중국어를 배우기 위해 지린성 창춘의 동북사범대학교에서 2학기 과정의 언어연수 과정을 다니게 되었다. 비록 짧은 언어연수 과정이었지만 그 당시 과외선생님으로 만난 중국 본과생들은 현재 중국 전역에 선생님으로 근무하고 있고 지금도 위챗으로 연락하면서 소중한 인연을 이어가고 있다.

또한 1년간 창춘에서 생활하면서 지린성 정부 공무원뿐 아니라 다른 분야의 중국 친구들도 많이 사귈 수 있었다. 가끔 주말이면 기차를 타고 한 번도 다녀보지 못한 곳으로 무조건 여행을 떠났고 낯선 곳에서 낯선 이들을 만나 어울렸다. 처음 중국어를 배울 때는 길거리 음식점에서 만난 사람들과 손짓 발짓으로 의사소통을 하고 함께 맥주 술잔도 기울였다.

언어의 소통이 어려운 외국인과 어울린다는 것이 번거롭기도 하고 결코 쉬운 일이 아니었지만 일부러라도 자주 중국 단체 여행단에 참가해 중국의 문화와 중국인들의 일상생활을 체험하고 이해해 보려고 노력하였다. 그때 함께 여행하던 이들 중에 여러 친구는 지금도 서로의 안부를 묻고 기회가 되면 다시 만나러 가는 인연을 이어가고 있다.

특히 기억에 남고 지금도 소중한 인연을 이어가고 있는 친구는 2017년 1월, 1년간의 지린성 파견 근무를 마치고 강원도로 귀임하기 전 윈난성에서 10일간 배낭여행 할 때 만났던 중국 가족들이다. 그들은 헤이룽장 하얼빈에서 여행을 온 쉬형(徐哥) 가족과 간쑤성 란저우에서 여행을 온 란여동생(冉妹) 가족이다.

그 가족들은 여행지에서 우연히 만나 함께 여행한 분들인데 중국어가 서툰 나를 위해 식사를 늘 함께하여 주고, 심지어 단체 여행 시 길을 잃어버릴까 봐 내 곁을 떠나지 않고 내내 길을 안내해 주었다.

이 두 가족은 내가 한국으로 돌아온 이후에도 휴가를 이용해 직접 하얼빈과 란저우로 비행기를 타고 날아가 그 가족들의 집을 손님으로 방문하여 며칠 함께 보냈던 적이 있으며, 하얼빈 쉬형(徐哥)의 농촌집에서 형이 직접 담근 배주를 항아리에서 꺼내 마시고 취했던 일, 란저우에서 란 여동생(冉妹)과 함께 가장 유명한 우육면을 함께 먹고 란저우를 여행한 것은 정말 잊을 수 없는 추억이 되었다. 필자는 지금도 매일 그들과 위챗으로 안부를 주고받고 있다.

2017년 1월 파견 근무를 마치고 강원도로 귀임하면서 마음속으로 필자는 새로운 목표를 설정하고 다짐한 것이 있다. 그것은 귀임 후 5년 이내에 다시 중국에서 근무하는 기회를 얻고자 하였던 것이다. 강원도는 해외 본부를 여러 곳 운영하고 있었는데 베이징에 소재한 강원도 중국본부의 본부장(수석대표)으로 근무하는 것을 목표로 삼았고, 우여곡절 끝에 2020년 12월 강원도 중국본부 주재관(본부장) 공모에 응모하여 선발되면서 4년 만에 다시 중국에서 생활하게 되었다.

필자는 전 세계적으로 유래를 찾아보기 힘든 코로나19의 영향으로, 한중 중앙 및 지방정부 간 직접적인 교류 왕래가 중단됐던 2021년~ 2022년까지 2년간 베이징에 있는 강원도 중국본부에서 본부장(수석대표)으로 근무했다.

동계올림픽으로 이어진 강원도와 허베이성 인연

강원도는 1992년 한중 수교 이후 1994년 6월 8일 지린성(吉林省)과 최초로 자매결연을 맺었고 이후 안후이성(安徽省, 2015.9.14.), 허베이성(河北省, 2020.12.30.)과 자매결연을 맺었으며, 랴오닝성(辽宁省), 후난성(湖南省), 쓰촨성(四川省), 장쑤성(江苏省), 푸젠성(福建省), 지린성 옌볜 조선족자치주(吉林省延边朝鲜族自治州) 등 6개 지방정부와는 우호 교류 관계를 맺고 있다.

지방정부 간 상호 국제행사 참여, 고위급 인사의 상호 방문, 공무원 상호 방문 연수프로그램 운영, 각종 문화체육행사 교류, 청소년 교류, 중소기업 간 경제무역상담회, 투자 유치 및 관광 설명회 등 다양한 교류 프로그램을 운영하면서 양국의 관계 발전에 나름대로 기여했다고 자부한다.

또한 강원도는 한중 수교 직후 지린성과 자매결연을 체결했다. 또 2015년에는 보다 폭넓은 교류를 위해 수도인 베이징에 중국본부를 개소했다. 베이징의 강원도 중국본부는 중국 지방정부와의 우호 증진 교류, 강원도 우수 제품 중국 시장 진출 지원 등의 업무를 수행하고 있다.

2015년부터 시작된 허베이성과의 교류는 비록 짧은 기간이지만 양측이 동계올림픽, 경제, 무역, 교육, 문화 등 여러 분야에서 급진전한 교류 협력관계를 발전시키면서 2020년 12월 30일에는 자매결연 관계로까지 발전하게 되었다. 강원도는 허베이성과의 우의 증진과 교류 협력을 강화함은 물론 제23회 동계올림픽 개최지라는 책임감과 사명감을 가지고 제24회 베이징동계올림픽의 성공적인 개최를 적극 응원했다.

동계올림픽을 앞두고 허베이성과 교류 협력 사업을 적극 추진했지만 코로나19 발생으로 인해 업무추진에 적지 않은 어려움이 있었다. 하지만 중국 베이징 동계올림픽이라는 좋은 기회를 놓칠 수 없었다. 필자는 2021년 10월부터 허베이성, 그리고 장자커우시 정부와 협력하여 올림픽 개막 직전인 2022년 1월 장자커우시 쉬안화완류(宣化万柳)도서관 내에 강원도 홍보전시관을 개관했다.

2022 베이징동계올림픽 성공개최 기원과 함께 한중 수교 30주년 기념 사업으로 추진된 '허베이성 장자커우 강원도홍보전시관'은 양 지방정부의 끈끈한 우정을 다시 한 번 확인할 수 있는 계기가 됐다. 또한 코로나라는 어려운 여건 속에서도 상호 발전에 부합하는 한중 지방정부 간 모범적인 교류 사례로 평가되었다.

강원도로서는 선 개최지로서 2018 평창동계올림픽의 성공 비결과 다양한 노하우를 전수하여 국내외적인 위상 제고의 기회가 되었다. 또한 2024 강원동계청소년올림픽을 중국과 한국의 언론매체에 널리 홍보함은 물론 강원도의 관광,

문화, 교육 분야 등 주요 정책과 도내 70개 기업의 199개 우수제품을 전시함으로써 경제·통상 분야까지 홍보할 수 있는 효과를 얻었다.

특히 기억에 남는 것은 장자커우시 지역 내 소학교 및 석간신문의 어린이 기자들이 팀을 구성하여 홍보관을 참관해 컬링도 체험하고 강원도의 문화와 경치, 음식, 문화 지리 등을 이해할 수 있는 기회를 가졌던 것이다.

강원도와 허베이성 간의 우호 협력을 위하여

강원도와 허베이성은 2015년 교류를 시작한 이래 현재 자매결연 관계로까지 발전하였다. 양 지방정부의 빠른 관계 발전은 2018 평창동계올림픽과 2022 베이징 장자커우(허베이성) 동계올림픽, 2024년 강원동계청소년올림픽 등 동계스포츠로 이어지는 인연 때문이라고 할 수 있다.

강원도와 허베이성 양 지방정부가 긴밀히 협력해 이루어 낸 '장자커우 강원도 홍보전시관' 운영 사례는 비록 코로나19라는 어려운 여건임에도 한중 지방정부 차원에서 선보인 우수협력 모델 케이스라고 할 수 있다.

이와 관련하여 강원도와 허베이성 양측의 이익과 상호 미래 발전에 부합하는 향후 교류 협력 방안을 제안한다면 다음과 같다.

첫째로는 양 지방정부 간 협력을 지금까지의 동계스포츠 분야 위주에서 경제·통상·문화·교육 등으로 다원화해야 한다. 즉 양측 정부 기관뿐만 아니라 경제인·기업인·예술인·교육인 등 민간 분야 교류를 활성화해야 한다. 지방정부가 먼저 교류의 물꼬를 트면 자연스레 민간 분야 교류가 활성화될 것이다.

둘째로는 아시아지역 동계올림픽 개최 지역 간 동계스포츠 경기 순회 개최를 통한 교류 강화이다. 아시아지역에서는 일본의 삿포로와 나가노에 이어 한국의 강원도에서 세 번째 동계올림픽이 열렸고 2022년에 베이징과 장자커우에서 네 번째로 동계올림픽이 개최되었다. 아시아 동계올림픽 개최 지역 간의 국제교류 협력을 강화하고 동계스포츠 발전을 더욱 촉진하기 위하여 지역 간 순회 동계 경기 개최를 제안해 본다.

셋째로는 허베이성의 동계청소년올림픽 유치를 제안해 본다. 2024 강원동계청소년올림픽은 2018 평창동계올림픽의 최대 유산으로 손꼽힌다. 강원도는 2018 평창동계올림픽이 개최되었던 평창, 강릉, 정선 지역의 기존 경기시설을 최대한 활용하여 투입되는 재원을 아끼고 비결이 쌓인 전문 인력을 최대한 활용하여 대회의 원활한 개최를 준비하고 있다.

중국 속담에 '선주붕우 후주생의(先做朋友後做生意)'라는 말이 있다. 강원도와 허베이성 관계의 과거와 현재를 잘 설명하는 표현이라고 생각하는데 함께 신뢰를 쌓아온 오랜 친구로서 앞으로 양 지방정부는 함께 먼 길을 가야 할 동반자라 할 수 있다. 서로 손을 잡고 협력해 간다면 장래는 더 밝고, 더 큰 발전을 이루어 나갈 수 있을 것이다.

끝으로 당시 강원도 중국본부장으로 근무하면서 '허베이성 장자커우시 강원도 홍보전시관' 운영에 적극적인 지지와 지원을 아끼지 않고 전폭적으로 협력해준 허베이성 정부, 장자커우시 정부, 쉬안화구 정부, 쉬안화(완류)도서관 관계자들에게 다시 한 번 감사를 드린다.

박기철 전 주중국 강원도 본부장이 박람회에서 참관객들과 카메라 앞에서 포즈를 취하고 있다.

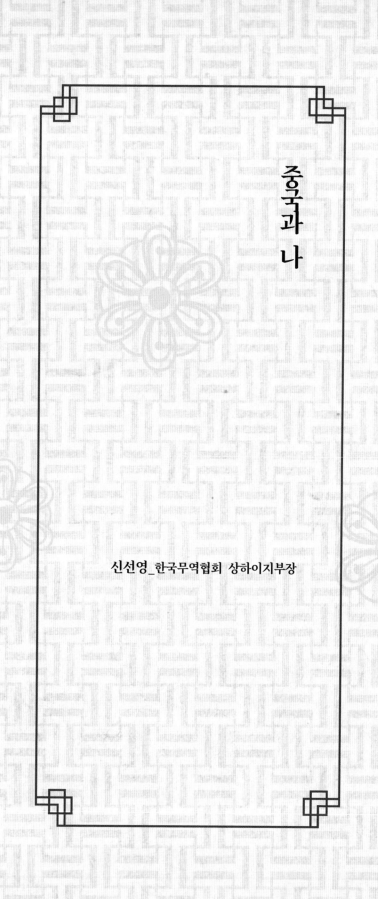

중국과 나

신선영_한국무역협회 상하이지부장

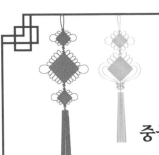

중국과 나

친 한 직장 선배가 "아직도 중국이 좋아?"라고 물었다. 뜻밖의 질문이었는데, 당황스럽고 기분 상하기보단 '다른 사람이 나 같은 사람을 보면 그렇게 생각할 수도 있겠구나'라는 생각이 들었다. 여기서 '나 같은 사람'이란 아마도 중국어를 하고, 중국을 공부하고, 중국 근무 경험도 있고 하여 직장에서 소위 '중국 전문가'라고 불리는 사람일 것이다.

평소 같으면 예상치 못한 질문을 받았을 때 머릿속이 하얘지며 대답할 말이 생각나지 않아 우물쭈물하며 넘어간다. 나의 잠자리 '이불 킥'의 90% 이상이 이런 식으로, 해야 할 대거리를 하지 못하고 집에 와서 주로 억울하고 분해하며 이루어진다. 그날 일은 '억울하고 분한' 경우는 아니었지만, 어쨌든 달랐다. "저

신선영 무협 상하이 지부장이 중국 기계공업그룹 유한공사와 양해각서를 체결하고 있다.

는 중국의 정치 문제와 상관없이 중국을 좋아하는 거예요. 한국인으로서 우리 대한민국에 대한 관점도 마찬가지고요."라고 나 스스로도 두고두고 잘했다고 여겨지는 그런 답변을 했더니, 그 선배도 더 이상은 다른 얘기가 없었다.

'중국이 좋아?' 나를 당황케 한 선배의 질문

그렇다. 나는 정치 문제를 떠나 중국, 중국인을 좋아하고 그들의 유구한 전통 문화에 관심이 많다. 광활한 대륙 곳곳에 남아 있는 인문 고사와 역사 이야기가 흥미롭다. 방방곡곡 빼어난 자연 경관과 풍부하고 다채로운 음식 문화가 좋다. 고색창연한 역사 전통만큼이나 깊은 철학과, 그 철학을 담아낸 언어와 그곳에 사는 사람들이 좋다. 게다가 그들의 '쩐(錢)'의 논리는 종종 자본주의 국가인 우리나라보다 합리적으로 여겨진다. 사람들의 여유롭고 호방한 대륙적 기질도 좋아 보인다. 눈앞의 득실을 따지지 않고 장기적으로 인연부터 맺어가려는 걸 보면 너무 쿨해 보인다.

중국인들은 일상 생활속에서의 사고방식이 자유롭고 격식에 크게 구애받지 않는다. 예를 들면, 중국은 어느 도시를 가나 동네에 넓은 터만 있으면 불특정 다수에게 사방이 공개된 그곳에서, 저녁마다 동네 주민들이 모여 음악을 틀어놓고 '광장무'를 즐긴다. 이들을 보면 가끔 '귀엽고 사랑스럽다'는 느낌마저 든다. 나나 주변 친구들, 그리고 다른 많은 한국인들이었다면 함부로 못 했을 행동이다.

한국인으로 태어난 나는, 남의 시선을 의식하면서도, 늘 남에게 피해를 주지 않는 한도 내에서 최대한의 자유와 개성과 재미를 추구하고 싶어 했다. 이런 성향인 내가 보수적인 직장에 들어오자 선배들은 내가 몇 개월 만에 퇴사할지를 두고 내기를 하기도 했다고 한다. 그런 나였기에 통념과는 달리 언뜻 '자유로운 영혼'과 '다양성'을 인정하는 중국 사회가 더욱 신기하고 흥미로워진 것 같다.

남의 시선을 중시하는 우리는 의식주 중 중국인들에 비해 상대적으로 '의(衣)'를 많이 중시하는데, 중국은 절대적으로 '식(食)'을 중시하는 느낌이다. 몸 밖으로 보여지는 것보단 몸속으로 들어가는 내실을 훨씬 더 추구하는 느낌이랄까. 이렇게 실질적이고 개성을 중시하는 중국 사회 분위기와 대륙적 사고방식이 지배하는 문화 속에 살다가 한국에 가면 숨이 턱 막힐 때가 있다.

'부족한 2%' vs 대국의 자신감

나라마다 각기 문화가 다르고 국민 의식에도 차이가 있다. 개인적으로 느끼기에 주변의 어떤 중국 친구들은 다른 사람들의 일에 쓸데없이 간섭하기보다는 자신의 생활을 돌보는 데 더 충실한 것 같다. 이런 일들은 외국인으로서 배울 만한 점이라고 생각한다.

중국은 사람이 많고 민족이 다양하며 나라도 크다. 사람들의 생각이나 지역마다 생활 풍습이 다르기 때문에 다양성을 인정하는 경향이 강하다. 그래서 중국 사람들은 웬만한 일에 대해서는 설령 생각이 다르다 해도 서로의 다름을 인정하고 좋은 관계를 추구해 나가는 것 같다. 이런 점에서 중국인들이 흔히 사용하는 말 구동존이(求同存異)는 참 괜찮고 적절한 사자성어다.

2010년 상하이엑스포의 한국기업연합관에서 파견 근무할 당시, 중국 국내외의 다양한 사람들이 엑스포를 구경하러 몰려왔고(물론 절대다수는 중국인들이었다), 인기 전시관들의 대기열은 어마어마했다. 오일머니를 쏟아부어 화려하게 꾸민 사우디관이 가장 인기였는데, 입장 대기시간이 무려 9시간이라고 들었다.

엑스포 전시관에서 입장을 기다리다가 새치기하는 중국인들이 더러 있었는데, 무더위 속에 몇 시간씩 힘들게 기다리는 중에 새치기를 당해도, 화를 내는 중국인은 많지 않았다. 다들 '사람이 이렇게 많으면 새치기하는 사람 몇 명쯤 있는 건 당연하다'고 생각하는 듯했다. 필자에게는 참관객들의 느긋하고 여유로움이 인상적이었다.

또한 지금은 많이 변했지만 중국 생활 도중 식당 같은 공공장소에서 주변 사람을 의식하지 않고 큰 소리로 얘기하는 사람들을 발견한 적이 있었다. 물론 한국 사회도 예전에 그랬다. 모든 사회는 시간이 지나면 공중도덕에 대한 의식이 높아지는 것 같다.

　세계의 모든 큰 나라 국민들은 모두 자기 나라에 대해 강한 자부심을 갖고 있는 듯했다. 어려서 미국에 체류했는데 많은 미국인들이 세상의 모든 걸 미국이 주도한다고 생각하는 것 같았다. 대학 연수 때 체류했던 한때 해가 지지 않았다는 영국(대영제국)이나, 출장 여행으로 자주 접했던 프랑스와 무적함대의 나라 스페인, 그리고 일본 사람들도 모두 자기 나라에 대한 자긍심이 강했다.

　중국·중국인도 마찬가지다. 광활한 영토, 14억이 넘는 엄청난 인구, 유구한 역사와 찬란한 전통문화, 단시일에 훅 치고 올라온 경제력과 G2로서의 글로벌 영향력, 그리고 중화사상 등으로 민족적 자부심이 대단하다. 중국은 이를 바탕으로 중화민족의 위대한 부흥, 중국몽을 추구하고 있다.

　물론 중국 역시 다른 나라와 마찬가지로 지역별 계층 간의 격차를 해소해야 하는 문제를 떠안고 있고 경제 사회적으로는 고질량 발전을 가속화해야 하는 과제를 안고 있다. 또 한편으로는 성장 회복에도 좀 더 속도를 내야 한다. 일각에서는 중국 성장의 동력이 약화됐다는 분석도 나온다. 하지만 그럼에도 불구하고 중국 굴기는 꾸준히 지속되고 있다. 또한 주요 경제 국가체제 중 경제 성장률도 가장 양호하다.

　수교 이후의 한중 양국은 동주공제(同舟共済, 같은 배를 타고 강을 건너다)의 관계다. 지리적으로 이사 갈 수 없는 이웃, 경제·기술 강국, 인구·영토 대국, 그리고 문화 강국인 G2 국가 중국과 선린 관계를 유지하는 것이 상호 이익에 부합하는 길이다. 한 치 앞이 안 보이는 글로벌 경제 전쟁에서 살아남기 위해서는 감정보단 이성, 이념보단 실리를 추구해야 한다. 수교 30년을 지내온 한중은 이후 30년 동안, 아니 더 오랫동안 또 다른 상생의 협력 토대를 구축해가야 한다.

나비의 날갯짓으로 태풍을

　한중 수교 30여 년 동안 중국도 우리 덕을 봤지만 우리나라도 중국과의 경협

중국에 있는 상하이 한국기업 협의회 회원사 관계자들이 특별활동에 참가해 단체 사진을 촬영하고 있다.

을 통해 많은 혜택을 받았다. 중국은 첨단 기술 등 많은 분야에서 우리를 따라 잡거나 추월한 지 오래다. 협업 관계가 경쟁 관계로 변했고 중국 사업이 과거보다 힘들어졌다. 그렇다고 해서 중국을 경원시하는 건 바람직하지 않다. 경제가 발전하면 산업 구조가 고도화되는 건 우리도 거쳐 온 수순이다. 무엇보다 우리 나라의 대중국 경제 의존도가 여전히 높다는 점을 주목해야 한다.

우리의 역량을 차별화하면서 오랜 파트너인 중국과도 새로운 협업 공간을 찾아야 한다. 첨단 기술 분야 외에도, 글로벌 이슈인 기후변화와 환경문제, 양국 공통의 사회적 이슈인 인구감소와 고령화 문제 등에서 한중은 필연적으로 협업할 수밖에 없다. 그리고 언젠가는 중국과 함께 북한의 개방을 유도하고 경제 개발에도 함께 참여할 수 있을 것이다.

냉랭해진 국제관계를 들이대며 지금 때가 어느 땐데 그런 장밋빛 희망을 얘기 하냐고, 너무 순진한 거 아니냐고 지적할 수도 있겠지만 바람을 가지고 꿈을 꾸는 건 자유다. 정부가 하기 힘들면 지방이나 민간에서부터, 아무도 안 하면

나부터라도 작은 날갯짓을 시작해 봐야 하지 않을까. 그 날갯짓이 언젠가는 태풍으로 돌아오기를 고대하며...

신선영 무협 상하이 지부장이 저장성 원저우에서 열린 행사에서 아시아 각국 기관의 참가자들과 기념 촬영을 하고 있다.

중국 성장전략과 4대 도시군

김종문_글로벌혁신센터(KIC중국) 센터장

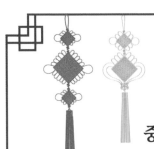

중국 성장전략과 4대 도시군

1997년 7월 1일 0시를 기해 홍콩은 156년간에 걸친 영국의 식민 지배를 청산하고 '중화인민공화국의 특별행정구'로 새롭게 출범했다. 이 소식은 당시 한국에서 홍콩의 미래에 대한 우려와 함께 많은 관심을 불러일으켰다.

주지하다시피 홍콩은 1842년 청나라와 영국 간에 벌어진 아편전쟁에서 청나라가 패하면서 영국에 할양됐다. 그러다 1972년 중국과 영국 간 국교가 수립되고 1982년부터 홍콩 반환 협상이 시작되었다. 이에 홍콩은 2047년까지 50년간 외교와 국방을 제외하고 정치·경제·사법 등의 분야에서 자치를 보장받게 되었다.

김종문 글로벌혁신센터(KIC중국) 센터장이 2023년 9월 11일 상하이에서 열린 포럼에서 발표하고 있다.

1990년대에는 한중 수교의 영향과 홍콩 반환이라는 세기적인 사건이 발생하여 중국이라는 나라에 관한 관심과 호기심이 절정에 달했다. 중국어, 중국 여행, 중국 역사, 중국 경제와 관련된 서적 이외에도 개혁개방을 이끌었던 덩샤오핑과 관련한 많은 책이 출간되었다.

당시에는 중국을 여행하고 중국을 이해하는 것이 정말 핫했던 시절이었던 것 같다. 필자는 이러한 분위기 속에서 자연스럽게 1997년 가을 처음 베이징에 오게 되었고 상하이, 선전을 비롯한 주요 도시들을 여행할 수 있는 기회를 누렸다.

그해 11월, 한국 정부는 안타깝게도 역사적으로 경험해 보지 못한 IMF 구제신청을 하게 된다. 한국 경제가 외환위기의 직격탄을 얻어맞은 것이다. 경제가 붕괴하면서 기업의 파산, 정리해고가 잇따르고 실업률이 고공비행을 이어갔다. 한국의 경우 단기적으로 경제의 회복이 어려울 수 있다는 절망적인 관측이 언론을 통해 쏟아져 나왔다.

마차, 자전거, 벤츠가 같은 도로를 달리는 나라

그러나 중국에서의 분위기는 많이 달랐다. 아시아 경제 위기와 외환 난에 대한 내용보다는 개혁개방 정책과 홍콩 반환에 대한 기대와 우려가 더 중요한 이슈로서 사람들의 입에 오르내리고 있었다. 실제 필자는 이때 중국에서 아시아 경제위기를 느낄 수 없었다.

당시 중국은 고도성장으로 인해 개인이든 기업이든 누구에게나 매력적인 기회의 땅이었다. 한국보다 조금 일찍 진출한 일본, 유럽, 미국 등 선진국의 글로벌 기업이 대규모 투자와 시장을 개척하고 있었다. 마차, 자전거, 벤츠가 같은 도로를 지나다니는 것이 이상하지 않았고 개혁개방의 변화를 피부로 체감할 수 있었다.

베이징에서 석사 졸업 후 첫 직장은 주중국 글로벌 휴대폰 제조회사 노키아였다. 당시 중국은 두 자릿수를 넘나드는 초고속 성장 가도를 달렸다. 중국 근무를 통해 기회를 얻고 싶었는데 마침내 소원을 이뤘다. 필자는 무엇보다 중국 생활이 즐거웠다. 돌이켜 보면 중국에서 오랫동안 즐겁게 생활했던 것은 다양한 민족, 역사, 문화 등이 새롭게 느껴지고 흥미로워 시간 가는 줄 몰랐기 때문이었던 것 같다.

중국이 2021년 WTO에 가입하고 베이징올림픽(2008년)을 개최하는 등 위상이 많이 높아졌고 두 자릿수 이상의 경제 성장률이 꾸준히 지속되었다. 중국의 동서남북 어느 곳에서도 발전과 변화를 감지할 수 있었다. 또한 한국에서는 잘 알지 못했던 글로벌 기업과 다양한 국가 출신의 많은 사람을 만날 수 있었다. 이렇게 급속도로 성장하는 국가에서 전문가가 된다면 더욱 경쟁력 있는 삶을 살 수 있다고 생각했다.

이제 한중 수교 30주년이 지났고 한국과 중국의 경제협력구조는 상호 보완협력과 경쟁이 상존하는 구조로 바뀌어 가고 있다. 물론 지난 30년 동안 중국 시장의 한국 공헌은 상당하고 한국이 1인당 GDP가 3만 달러 시대를 열 수 있는 중요한 기회를 제공한 것도 사실이다.

지금은 중국 경제와 투자 환경이 많이 변했다. 중국 기술의 굴기와 중국기업의 글로벌 경쟁력 확보로 수교 당시의 노동 집약적인 기업은 중국에서 더 이상 생존할 수 없게 되었다.

현재 한중 무역 교역의 수출과 수입품목이 갈수록 비슷해지고 한중 정부가 추진하는 미래형 산업과 먹거리가 상당 부분이 중복되어 한중 간의 기술과 기업경쟁은 더욱 심화될 것으로 생각된다. 실제로 수교 당시와 비교해서 보면 한국의 중국 경제 의존도는 꾸준히 증가하였지만 중국의 한국 경제 의존도는 지속적으로 줄고 있다.

달라진 경제 환경, 신 중국 전략 필요

중국과 글로벌 시장에서 경쟁력 있는 기업만이 중국 시장에 진출해서 성공할 수 있는 시대가 되었고 그러한 기업이 중국 시장을 진출하는 것이 맞는 전략이라고 생각한다. 중국은 현재 세계에서 두 번째로 큰 시장이지만 곧 세계 최대 시장이 될 것이고 그 규모는 더욱 커질 것이다.

기업은 이윤을 추구하여 지속적으로 경쟁력을 갖추는 노력을 하지 않으면 시장에서 도태될 수밖에 없다. 현재 약 3만 여 개의 한국 독자 또는 합자기업이 중국에서 비즈니스를 하고 있는 것으로 파악되고 있다. 즉, 우리가 생각하는 것보다는 더 많은 산업 분야에서 깊숙이 한중 간에는 경제협력이 이뤄지고 있고 중국과의 이런 경협이 한국 경제에 미치는 영향은 상당하다.

안타깝게도 코로나19 이후 중국의 빠른 경제 회복을 기대했지만, 실상은 그렇지 못하다. 중국 경제를 이끌고 있는 국내 소비, 투자, 수출 3대 축의 지표가 낙관적이지 못하다. 또한 한국이 겪고 있는 동일한 사회적 문제인 저출산, 노령화, 청년 실업률 증가 등의 어려움을 겪고 있다.

외교 안보 등의 이유로 미국을 비롯한 서방 국가들의 중국에 대한 기술적 경제적 제재 또한 앞으로 상당 기간 지속될 것으로 예상된다. 이러한 시점에서 중국도 새로운 경제 정책과 전략을 수립하지 못하면 개발도상국에서 중진국을 지나 선진국으로 진입하는 것은 쉽지 않을 것이다.

앞서 얘기한 대로 이미 많은 분야에서 한중 경제협력이 이뤄지고 있고 한국은 중국의 발전과 정책에 대응하려면 경제협력과 발전 모델을 수정·보완하는 것이 필요하다고 생각한다. 전형적인 수출국인 한국으로서는 세계에서 가장 큰 시장을 이해하고 대응하는 것이 절실하다. 본 글에서는 최근 중국의 경제발전 전략 중 핵심이 되는 중국 4대 도시군을 간단히 설명하고 이를 통해 한국 독자가 조금 더 중국의 경제 발전 상황을 체계적으로 이해하는 계기가 되기를 바란다.

중국 도시화율의 증가와 도시군의 발전

도시화율은 한 나라 전국 인구 중에서 도시에 거주하는 인구가 차지하는 비율이다. 산업혁명 이후 도시에 산업이 발달하고 이로 인해 인구가 집중됨에 따라 사회 경제적인 측면에서 국가의 발전 정도를 재는 중요한 지표로 사용되고 있다.

한중 수교의 해 1992년 30% 이하였던 중국의 도시화율은 2022년 말 기준으로 65.2%로 발표되었다. 도시화율은 최근 들어서도 꾸준히 높아지고 있다. 중국이 특히 도시화율에 민감한 것은 중국의 14억 인구 중에 소비를 이끌 수 있는, 즉 내수 시장을 확대할 수 있는 돌파구를 도시인구로 생각하고 있기 때문이다.

중국이 추구하는 고도화된 고품질발전 전략을 위해 최근 중국 정책은 기존의 지역별 정책이 아닌 도시군 정책으로 이뤄지고 있다. 특히 산업 및 기업 발전과 관련한 정책은 주요 도시군을 위주로 보다 구체적으로 입안돼 추진되고 있다.

장강삼각주(長三角) 도시군

첫 번째는 창장삼각주(長三角) 도시군인데, 중국에서도 종합 경쟁력이 가장 우수한 도시군(城市群)으로 꼽힌다. 중국 연해 중부에 위치하고 있는 장강삼각주(長三角) 도시군은 상하이(上海)를 비롯해, 장쑤(江蘇), 저장(浙江), 안후이(安徽)의 26개 도시를 포함하며 총면적이 21.17만km²이고 2023년 3월 기준 상주인구는 2억 3,500만 명, GDP 총량은 전국의 5분의 1에 달한다.

장강삼각주(長三角)는 중국 경제 일체화 발전에서 맨 선두를 달려왔다. 창장삼각주는 '3성 1시', 즉 저장(浙江), 장쑤(江蘇), 안후이(安徽)와 상하이(上海)를 포함하며 중국에서 경제가 가장 활발하고 개방적이며, 혁신 능력이 뛰어난 지역 중의 하나로 꼽힌다.

웨강아오(粤港澳) 그레이터 베이 에어리어(Graeter Bay Area)

창장삼각주 다음인 웨강아오(粤港澳) 그레이터 베이 에어리어(Graeter Bay Area, 이하 웨강아오 도시군)는 광둥(廣東)성 일대 지역이다. 웨강아오 도시군은 홍콩(香港), 마카오(澳門), 광저우(廣州), 선전(深圳), 포산(佛山), 둥관(東莞) 등 총 11개 도시로 구성되며 총면적은 5.6만km², 2022년 말 기준 총인구는 8,679.22만 명에 달한다.

웨강아오 도시군 건설은 개혁개방과 혁신 발전에 있어 중대한 의의가 있다.

개혁개방 40여 년간 웨강아오 도시군은 줄곧 변화를 주도해 왔다. 웨강아오 도시군은 세계 3대 베이 에어리어인 일본 도쿄(東京) 베이 에어리어, 뉴욕 베이 에어리어와 샌프란시스코 베이 에어리어의 장점을 모두 갖춰가고 있다.

징진지(京津冀) 도시군

세 번째 징진지(京津冀) 도시군은 수도 경제권의 업그레이드 버전으로, 발전 수준이 창장(長江) 삼각주와 웨강아오(粵港澳)에 버금간다. 징진지(京津冀) 도시군에는 베이징과 톈진 2개의 직할시와 허베이(河北)의 스자좡(石家莊), 바오딩(保定), 탕산(唐山) 등이 포함된다.

징진지(京津冀) 도시군은 활발한 자본 활동 덕에 경제 성장의 새로운 견인차가 되고 있다. 징진지 도시군 권역 내의 시진핑 중국 국가주석이 직접 공을 들이고 있는 허베이(河北) 슝안신구(雄安新區)는 건설을 지속적으로 추진하여 2022년 말까지 기준 지역 내에서 완성한 투자가 5,100억 초과했으며 전체 성의 선두 자리를 계속 유지하고 있다.

청위(成渝, 쓰촨 충칭 경제벨트) 도시군

네 번째는 청위(成渝, 청두와 충칭) 도시군으로 충칭(重慶), 청두(成都)를 중심으로 쓰촨(四川)의 루저우(瀘州), 더양(德陽), 몐양(綿陽), 이빈(宜賓) 등 15개 도시를 포함하고 있다. 총면적은 18.5만km²이며, 인구는 9,000만 명을 초과한다. 청위(成渝) 도시군은 서부지역 대개발의 중요한 플랫폼이다.

청두 경제는 기술, 자본, 인재를 기반으로 창업의 역량을 분출하고 있다. 청두 고신구(高新區, 첨단기술 개발구) 핵심 구역에 있는 징룽후이(菁蓉匯, 인재는 청두에 모인다)가 청위 도시군의 성장 잠재력을 대변한다.

위에 설명한 중국 4대 도시군은 중국 경제의 회복 혹은 성장에 있어 핵심 역할을 할 곳이다. 중국의 경제 및 산업 정책도 이러한 도시군과 긴밀히 연결될 것이다. 중국의 경제 산업 발전 전략은 4대 도시군에서 이뤄질 것이고 한국의 대중국 전략 역시 이러한 방향에 초점을 맞추는 것이 바람직할 것으로 여겨진다.

김종문 글로벌혁신센터(KIC중국) 센터장이 2023년 중관춘 포럼에 참석해 관계자들과 기념촬영을 하고 있다.

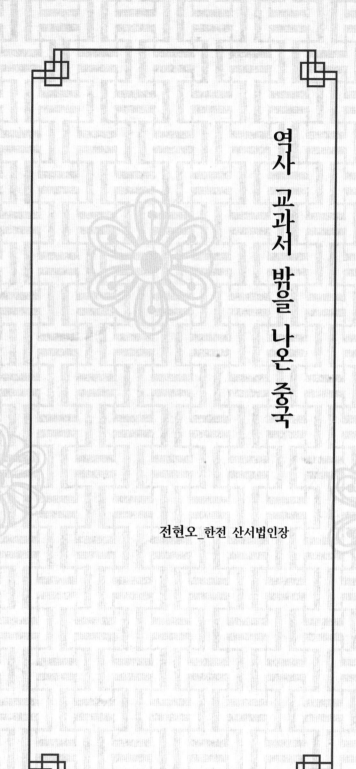

역사 교과서 밖을 나온 중국

전현오_한전 산서법인장

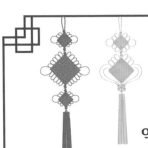

역사 교과서 밖을 나온 중국

필자의 중국과의 첫 인연은 한중 수교 얼마 후인 1996년 대학 1학년 여름 방학 당시 생애 첫 외국으로의 출타였던 중국 여행에서 시작되었다. 1992년 한중 수교 이후 중국은 한창 기회의 땅으로 각광을 받았다. 당시 중국어에 대한 관심이 높아지면서 학교마다 교양 중국어는 수강 신청하기가 하늘에 별 따기만큼 어려웠던 걸로 기억이 난다.

중고등학교 재학 시 삼국지, 열국지 등 고전과 김용의 무협지에 푹 빠져있었던 필자에게 중국은 교역 상대국이나 현실적인 기회의 땅이라기보

전현오 한전 중국 산서법인장이 파견 근무지인 합자회사 격맹국제가 소재한 중국 산서성 타이위안 시내의 한 전통 고거리에서 기념 촬영을 하고 있다.

다는 강호세계 영웅호걸들의 의리와 미녀들과의 세속을 뛰어넘는 사랑, 각종 도인들이 기행을 행하는 신비한 세계로 느껴졌던 것 같다.

1996년 중국 여행은 필자의 그러한 기대감을 유감없이 충족시켜 줬던 것 같다. 중국어도 잘 모르면서 백두산에 가보겠다는 목표와 왕복 비행기표 외에는

아무런 준비 없이 랴오닝성 선양에 도착한 대학생 3명에게 중국은 별천지였다. 선양 공항에 도착했을 때 잠깐 막막하였지만, 공항에서 만난 조선족 택시 기사 아저씨가 기꺼이 아파트로 초대해 숙식을 제공해 줬다.

지린성의 옌볜자치구 옌지에서는 시장통 식사 도중에 만난 옆좌석의 옌볜과학기술대학 대학생 형들이 우리를 데려가 자취방에서 잠을 재워줬고 흔쾌히 백두산 등반도 안내해 줬다. 필자는 항일 독립운동 유적지를 답사하고 난생처음 먹어보는 양꼬치와 바이주, 만리장성과 자금성을 대하며 역사책과 무협지의 세계를 다니는 듯한 느낌으로 여행했던 것 같다.

대학 졸업 후 한국전력공사에 입사하고 나서 2010년 이후 줄곧 해외 사업에 종사를 하였지만 주로 동남아 사업을 하면서 업무상 중국과는 한동안 직접적인 인연은 없었다. 다만 에너지 산업 종사자로서 에너지 소비 대국인 중국의 경제 발전과 도약이 에너지 수요량의 95%를 수입에 의존하는 우리 대한민국 경제에 미치는 영향에 대해선 계속해서 각별한 관심을 가졌다.

대학생 홀린 강호 세상 현실 세계로

특히 2008년부터 세계 에너지 시장의 수요 급증에 따라 국제 에너지 가격이 급격한 상승세를 나타냈다. 한전 발전자회사들은 대부분의 발전 연료를 해외에서 수입해 사용하는데 당시 이와 같은 연료비 증가는 한국전력을 1961년 창사 이래 처음 적자의 늪에 빠뜨렸다.

세계적인 에너지 수급 불안 및 가격 변동성은 2012년 이후부터 미국의 셰일가스 혁명 등으로 인한 에너지 공급 증가로 진정되기 시작했으나 한전은 불가피하게 2008년부터 2012년까지 5년 연속 적자를 기록할 수밖에 없었다.

당시 한전 발전자회사들은 연료 수입 가격을 낮추는 것이 절체절명의 과제였다. 중국과의 에너지 협력도 문제를 해결하는 하나의 방편이었고, 이런 판단에 따라 자연스럽게 중국에 전문가를 파견할 필요성이 생겼다.

한전은 2007년 중국 산서성 정부의 제안으로 산서성 정부 소속 국유기업인

산서 국제능원과 전력 분야 합자회사를 설립하며 중국 전력 분야에서의 사업을 본격화하였는데 현재 필자가 파견 나와 근무하는 '격맹국제'라는 회사가 바로 그 회사이다.

격맹국제는 상징적인 면에서나 규모 면에서나 중국 에너지 기업 중 대표적인 다국적 중외 합작기업이라고 할 수 있다. 이런 상징성으로 인해 2022년 춘제(음력 설) 때는 시진핑 중국 국가주석이 격맹 산하 발전소를 방문하여 안정적 전력 공급에 대한 격려와 탄소중립 등 중국 에너지 시장에 대한 미래 비전에 대해 공유하기도 하였다.

에너지 시장 발칵, 중국판 나비효과

격맹국제의 주주 구성은 산서성 산하 국유기업인 산서국제능원이 대주주이고, 한전이 2대 주주, J−POWER와 추코쿠 등 일본 전력회사가 3대 주주로 되어있다. 격맹국제는 최근 시장 다변화와 함께 경영 효율 제고에 주력하고 있으며 2027년까지 증시 상장을 목표하고 있다.

2007년 설립 이후 격맹국제의 기업 성장 속도는 규모나 질적인 면에서 괄목할 만한 발전을 이뤄왔다. 규모 면에서는 설립 당시에 비해 발전 용량이 4배 이상 확대되었으며, 매출액도 약 5배 증가하였다. 또한 2020년에는 중국의 우수 국유기업을 선발하는 쌍백기업(双百企业)에 선정되기도 했다.

대부분 해외 합작기업이 그러하듯 격맹국제도 지금에 이르기까지 한중 간 문화적 차이, 업무방식의 차이 등으로 인해 많은 시행착오와 소통의 오류를 겪어왔다. 필자 또한 2021년 12월 현지 부임 이후 약 1년 6개월간의 시간 동안 문화적 차이와 함께 갖가지 시행착오를 겪으며 보내왔던 것 같다.

중국에 오래 머물면서 생활하고 비즈니스를 해왔던 사람들이 보기에 다소 생소한 점이 있다고 하더라도 너그럽게 봐주시길 희망하면서 그동안 필자가 겪고 느꼈던 업무방식의 차이점 등을 소개해 보고자 한다. 우선 필자를 포함해 과거 16년간 한국인 파견자들이 공통적으로 느낀 가장 큰 업무방식의 차이는 의사결정 과정의 차이다.

필자는 각각의 시스템에 장점이 있다고 본다. 신속한 의사결정과 업무의 책임과 권한이 확실하다는 측면에서는 중국 측의 의사결정 시스템이 효율적이고, 체계적인 검증과 서류상 근거를 남기고 관련 부서와의 공유를 통해 업무를 추진해 나간다는 점에서는 한국의 업무 시스템에 장점이 있는 것 같다.

다만, 중요한 건 차이를 이해하고 서로의 장점을 취해서 합작회사로서 시너지 효과를 갖춘 시스템을 구현해 나가는 것이라고 생각한다. 격맹국제도 과거 16년간의 과정을 거쳐 정답은 아니더라도 최선의 의사결정을 내릴 수 있는 해답은 어느 정도 찾은 것 같다.

마음이 움직이면 비즈니스는 저절로

또한 업무방식의 차이 외에 필자가 느낀 중국 현지 비즈니스의 특징이라면 일반적으로 정책의 속도와 전환이 빠르기 때문에 기업들이 이런 환경에 효율적으로 대응해야 한다는 것이다. 무엇보다 기업들은 지역별 정책을 면밀히 파악해 사업을 추진해야 좋다는 생각이다.

다른 나라의 경우 향후 10년간 태양광 10GW를 건설하겠다는 계획이 있으면 구체적인 지역과 투자 방안 등이 계획에 대부분 세부적으로 포함되어 있다. 하지만 중국의 정책은 큰 방향을 우선 제시한 후에 세부적인 내용은 지속적으로 업데이트되는 경우가 많다. 이렇게 추진되는 정책들은 실제 기업 경영에 끼치는 영향 또한 크기 때문에 회사 입장에서는 항상 정부 정책을 주시할 필요가 있다.

필자의 짧은 경험과 과거 중국 파견자들의 경험을 바탕으로 중국 사업의 특징과 업무방식의 차이 등을 기술하였지만 중국에 와서 느낀, 전 세계에서 통용되는 만고불변의 진리는 결국 '비즈니스는 사람이 하는 것이다'라는 점이다.

간혹 어려운 문제가 발생하고 생각대로 일이 안 풀려 소주 한 잔하며 괴로워할 때가 있다. 하지만 결국 해답은 주변 동료들, 비즈니스 파트너들과 마음을 터놓고 진심으로 상의하고 소통하며 함께 해결책을 모색하는 데서 나올 수밖에 없는 것 같다.

2021년, 2022년 국제 에너지 가격의 급격한 상승으로 중국의 전력회사들이 한창 경영상 어려움을 겪을 때 격맹은 다행히 한전 본사, 산서성 정부의 관심과 지원을 통해 다른 전력회사들보다는 다소 일찍 경영상 어려움을 극복하였는데 이 또한 과거 16년간 한중 간 신뢰와 소통에서 나온 저력이 아닌가 싶다.

2021년 말 중국의 코로나 방역이 한참 절정에 달한 시기에 중국 근무를 결정했을 때 주변에서 많은 사람들이 우려 섞인 조언을 해주었다. 아마 과거와 달라진 국제 관계와 한중 관계 속에서 필자의 미래 커리어를 걱정하는 맥락에서였을 것이라고 생각한다.

그런 측면에서 필자의 경우 운이 좋았던 것 같다. 에너지 가격의 급등 속에서 경영위기 극복, 향후 신재생·신에너지 중심의 전력회사로서 격맹의 나아가야 할 방향 수립 등 중국 직원들과의 신뢰를 바탕으로 짧은 기간이지만 나름 많은 일들을 할 수 있었고 향후 한중 에너지 협력의 방향에 대해서도 부족하지만 나름 실마리를 잡아나갈 수 있는 시간이었다.

특히 에너지 분야에서는 세계 에너지 수요의 약 25% 이상을 점유하는 한중일이 탄소중립과 에너지 전환 분야 협력을 통해 향후 그린수소, 암모니아 등의 허브를 공동으로 구축하고 수소 거래 표준 등을 수립하거나 EU와 같이 동북아 공동 탄소 배출권 시장을 설립하는 방안 등 다양한 가능성을 염두에 두고 점진적으로 연구해 볼 필요가 있을 것이다.

한중 수교 4년 뒤인 1996년 대학교 1학년 시절 중국 여행이 역사책으로 배웠던 중국에 대한 환상을 충족시켜 주었다면, 사회에 뛰어든 필자의 현지 근무 1년 6개월은 현실로서의 중국을 이해하고 앞으로 한중 관계가 어떻게 새 장을 열어가야 할지 곰곰이 생각해 보는 기회가 됐다. 남은 중국 현지 근무 시간을 이런 문제의식에 대한 소중한 탐구의 시간으로 삼아야겠다고 스스로 다짐해 본다.

전현오 한전 중국산서법인 법인장이 2023년 초 한전의 현지 합자 회사인 격맹국제 임직원 업무 회의를 개최한 뒤 단체 기념 촬영을 하고 있다 .

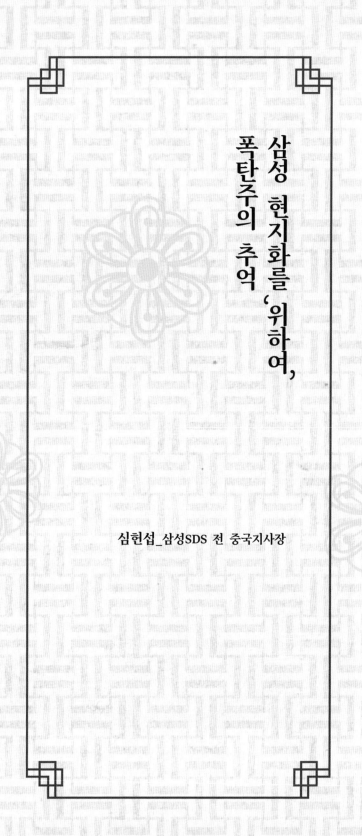

삼성 현지화를 '위하여', 폭탄주의 추억

심헌섭_삼성SDS 전 중국지사장

삼성 현지화를 '위하여' 폭탄주의 추억

" 우 리는 새벽 천안문광장에서 치러지는 국기 게양식을 보기로 하였습니다. 꼭두새벽에 일어나 세수를 하고 천안문광장에 도착하고 보니 벌써 많은 사람들이 모여 있는 거예요. 모두 우리처럼 국기 게양식을 보러 오신 분들이었답니다. 먼저 온 분들은 저희들이 키가 작아서 제대로 보지 못할까 봐 앞쪽으로 자리를 내주었습니다. 한참 지나니 먼 곳에서 녹색 제복을 차려입은 해방군 아저씨들이 척척! 씩씩하고 절도 있게 걸어오는 모습이 보였습니다."

심헌섭 삼성그룹 삼성SDS 전 중국지사장이 상하이를 방문했을 때 와이탄에서 서서 황포강 건너 푸동신구를 배경으로 기념사진을 찍고 있다.

"맨 앞에는 산뜻한 오성홍기를 받쳐 든 4명의 누나들이 섰고, 그 뒤로는 총을 맨 아저씨들이 따랐습니다. 국기 게양대 밑에 도착한 해방군 아저씨가 붉은 기를 한쪽으로 뿌려 날리자, 오성홍기가 서서히 공중으로 솟아오르기 시작했습니다. 우리는 일제히 손을 올려 경례하고 게양대 맨 위에 다다를 때까지 눈 한 번 깜박하지 않고 주목했습니다."

"중화인민공화국 국가가 세 번 연주되는 가운데 오성홍기는 게양대 꼭대기에 이르러 바람 따라 나부끼었습니다. 마음 간절히 그리던 국기 게양식과 진 붉은 오성홍기를 보노라니 나의 가슴속에서는 어느덧 뭉클한 감정이 솟아났습니다. 감사한 마음이 절로 들었습니다. 오늘 저는 끝내 소원을 풀었습니다."

이 수기는 2006년도 삼성그룹 중국본사 중국삼성이 주최한 '제1회 삼성애니콜 과학기술 여행'에 참여하였던 중국의 한 시골 소학교 학생이 베이징으로 수학여행을 와서 톈안먼(天安門, 천안문) 광장의 국기 게양식을 보고 그 감동을 글로 적어 발표한 것이다.

삼성 중국본사는 중국에 진출한 계열사들을 대표하는 조직으로 주요한 사명 중의 하나는 브랜드이미지를 키우는 것이었다. 굴지의 외국계 기업들이 다 진출해 있고, 중국기업들은 질 좋은 노동력은 물론이고 자본력, 기술력마저 갖추고 경쟁력을 높여나가는 상황이었다.

세계적 일류기업들은 앞에 있고 중국기업들은 뒤에서 맹렬하게 쫓아오는 상황에서 중국인들에게 회사의 이름을 알리고 중국 사회에 뿌리를 내리기 위해서 중국 삼성은 사회 공헌 활동을 열심히, 지속적으로 진정성 있게 해보자는 판단을 내리게 되었다.

나는 삼성의 중국 현지 파견 직원으로서 2005년 하반기부터 사회 공헌 업무를 맡게 됐다. 한국에서는 사회 공헌 활동을 했던 경험이 거의 없었다. 업무가 바쁘다는 핑계로 사내외적인 사회공헌 활동에 소극적이었던 것이다. 하지만 업무가 사회 공헌으로 정해진 이상 최선을 다해 보자고 결심했다. 회사의 지원으로 봉사활동을 하는 셈이니 어쩌면 복 받은 것인지 몰랐다. 책을 읽으며 공부를 시작했다.

피터 드러커 교수의 가르침이 생각을 정리하는 데 큰 보탬이 되었다. 사회 공헌이라고 하면 막연하게 기업이나 사회단체가 '좋은 일'하는 것으로 생각하는 사람들이 많다. 물론 좋은 일을 하는 것은 맞다. 하지만 기업의 활동은 그것이 어떤 것이든지 경영활동이다.

기술과 인재를 가지고 좋은 제품을 만들면 재무 성과가 나오게 되고 그 성과를 기업을 둘러싼 정부, 국민, 주주 등과 나누다 보면 신뢰받는 기업이 될 수 있고 이는 다시 순환되어서 재무 성과로 돌아온다. 즉, 사회 공헌 활동은 이웃을 위해 좋은 일하는 것에서 그치는 것이 아니라 '경영활동의 주요한 한 축'이 되는 것이다.

몇 가지 기본 원칙을 세우고 활동을 시작하였다. 먼저 실질적 효과를 내자는 것이었다. 대상자들에게 실질적으로 도움이 되는 활동을 해야지 홍보 목적으로 사진이나 몇 장 찍고 돌아오는 활동은 삼가야 한다는 것이다. 둘째는 다른 기업과 구분되는 독특한 활동을 하는 것이었다. 물질적 지원에 덧붙여 소프트웨어적 활동을 가미하는 것에 초점을 맞추었다. 세 번째는 자기 역량 내에서 실천하는 원칙이었다. 회사별 경영실적과 특성에 맞는 콘텐츠를 가지고 활동하는 것이었다. 마지막은 전임직원 동참의 원칙으로 직원들의 자발적인 활동을 통해 보람과 정이 흐르는 조직문화를 만드는 것이었다.

원칙이 세워졌으니 그다음은 활동 분야를 정하는 것이었다. 몇 가지 기준이 제시되었다. 먼저 중국 정부에서 정책적으로 관심이 있는 분야, 중국 국민들이 제일 공감하는 분야, 또 우리의 역량으로 할 수 있는 분야를 선정하기로 했다. 이렇게 해서 선정된 4개 분야는 교육지원, 사회복지, 농촌지원, 환경보호였다.

교육지원은 희망소학교 건립, 사회복지 분야는 백내장 환자들을 위한 개안수술, 환경보호는 식목 활동에 주력하기로 하였다. 분야마다 그럴싸하게 운동의 이름도 붙였는데 교육지원은 희망, 사회복지는 애심, 농촌 지원은 나눔, 환경보호는 녹색으로 명명하였다.

'희망 운동'의 대표적인 프로그램은 희망소학교 건립이었다. 교사 건축 등 시골 벽지의 교육 인프라를 지원하는 '희망 공정'에 참여하여 2005년부터 2010년까지 중국 전역에 100개의 희망소학교를 건립하였다. 또 희망소학교 학생들에게 수학여행을 시켜주었는데 난생처음 수도 베이징을 찾아 천안문 광장에서 국기 계양식을 보고 자금성을 구경하고 과학관을 견학하던 어린이들의 호기심 어린 눈동자들을 잊지 못한다.

농촌지원은 한국의 '1사 1촌' 운동을 벤치마킹해서 중국에서도 해보자는 생각이었다. 그 무렵 중국 정부는 삼농(농업, 농촌, 농민)문제 해결이 중요하다고 결정하고 신농촌 건설에 힘을 싣고 있어서 우리의 활동과 잘 맞아떨어졌다.

먼저 운동의 이름을 중국식으로 고민한 결과 '일심일촌(一心一村)'으로 명명하였다. 한 마음으로 한 개의 농촌 마을을 돕자는 의미였다. 세 가지 목표를 세웠는데 첫째는 쉽고 간단한 일부터 지속적으로 전개한다. 둘째, 임직원들이 자발적으로 참여하여 땀을 흘린다. 셋째, 분기에 1회 이상 활동하며 수십 명 단위로 참여한다는 것이었다.

중국 삼성의 '일심일촌' 운동은 단계적으로 실행되었다. 첫 단계는 농촌 마을의 의식 개혁 및 빈곤 가정 지원에 초점이 맞추어졌다. 두 번째는 마을의 기초 시설을 마련하는 것을 지원하였고 세 번째는 농민들의 수입을 증가시키는 데 일조하는 것이 목표였다. 이 운동은 중국에 진출한 삼성의 전 계열사와 전 임직원이 참여하였다.

처음 봉사 활동을 시작할 때는 일부 오해도 있었다. 자매마을 사람들은 회사가 무슨 물건을 팔려는 속셈으로 농촌 봉사활동을 하는 것으로 오해하는 경우도 있었다. 결국은 지속적인 활동, 인내심과 함께 진정성 있는 접근을 통해 이러한 오해들을 불식시킬 수 있었다.

중국 본사의 자매마을이었던 하북성(河北省) 옥전현(玉田縣) 린난창전(林南倉鎭) 이촌(二村)의 부녀회장님은 우리가 가면 꼭 교자(물만두의 일종)를 만들어 주셨다. 아직도 그 맛을 잊지 못한다. 어느 겨울날, 마을 아이들과 동네 연못에서 썰매를 타고 달리기 시합을 했던 즐거운 추억도 생각난다.

또한 애심 활동의 일환인 '백내장 환자 개안수술 프로그램'으로 2007~2012

년 사이에 총 12,600명의 환자들이 개안수술을 받고 시력을 회복할 수 있었다. 수술을 마치고 붕대를 떼었을 때 환하게 웃는 환자를 보는 것은 큰 보람이었다.

이 프로그램의 실행 파트너는 '중국장애인연합회'였다. 전국적인 조직망을 가지고 8,300만 명 장애인을 대표하는 단체인데 중앙, 성급, 현급(군), 향진(읍면)에 장애인협회가 다 조직되어 있다. 개안수술은 대부분 중국 전역의 빈곤 지역에서 많이 실시되었다.

회사에서 일정 금액을 출연하면 중국 정부 당국에서 의료 인력과 수술 및 입원 시설을 지원하였다. 실행할 지역이 선정되고 활동이 준비되면 회사, 장애인연합회, 지방 장애인연합회, 지방인민정부 등이 합동으로 개막식을 연다. 개막식에 참여하기 위해서 중국 장애인연합회 실무진들과 함께 지방으로 출장을 가는 경우가 많았다.

행사 전날에는 베이징 중앙의 장애인연합회, 성급(省級) 장애인연합회, 현급(縣級) 장애인연합회, 향진(鄉鎮) 장애인연합회 관계자들이 한자리에 모여 준비 상황도 점검하고 팀워크도 다지는 기회를 가진다. 문제는 주연을 겸한 저녁 식사 중간에 발생한다. 나처럼 술이 약한 사람은 여간 곤혹스러운 일이 아닐 수 없다.

하지만 몇 번 경험이 쌓이자 나도 요령이 생겼다. 나는 만찬 자리에서 폭탄주(炸彈酒)를 제조하면서 주량이 많아 보이는 사람에겐 백주의 양을 많게 하고 주량이 작아 보이는 사람에게는 백주의 양을 조금 줄여 제조하였다. 폭탄주를 제조하고 차례를 기다리는 동안 한숨을 돌릴 수 있었고, 퀴즈를 내고 벌주를 주면서 분위기를 돋우고 흥미를 유발할 수 있었다.

신장(新疆)위구르 자치구 아극소(阿克蘇) 지역에서의 일화도 잊을 수 없다. 개안 수술 수혜자들은 보통 한 지역에 100~500명이었는데, 이 지역에서는 되도록이면 많은 사람들에게 수술을 해주기 위해서 나름의 대책을 세웠다. 우선은 한 쪽 눈만 먼저 수술을 하고, 한 집에 한 사람만 수술을 하는 것으로 기준을 세워 수술 대상자를 늘린 것이었다.

심헌섭 삼성SDS 전 중국지사장이 임직원 단합대회에 참석, 기념사진을 촬영하고 있다. 플래카드에
실사구시를 강조하는 '실천만이 진리를 검증하는 유일한 표준'이라는 덩샤오핑의 구호가 적혀 있다.

하지만 이렇게 프로젝트가 진행되는 과정에서 우리는 마음 아픈 얘기를 들었
다. 할아버지와 할머니 두 분 모두 백내장이 와서 앞이 잘 안 보이는데 할머니
한 분만 수술하게 된 것이었다. 안타까운 일이었다.

우리는 회의를 열어 할아버지, 할머니 모두 수술해 드리기로 하고 개인별 성
금을 갹출하여 전달하였다. 프로젝트가 완료되고 할아버지, 할머니를 방문했을
때 두 분은 눈물을 흘리며 감사해하셨다. 신장 자치구의 파란 하늘 아래 빛나던
그 햇살이 아직도 기억 속에 선명하게 남아 있다.

중국에서 사회 공헌 활동을 담당하였던 6년(2005~2010)의 시간은 나에게는
가장 보람 있는 복된 시간이었다. 중국 전역에 100개의 희망소학교를 건립하는
데 일조하였으며 만 명이 넘는 사람들에게 백내장 수술을 해줄 수 있었고 43개
의 자매마을과 인연을 맺고 지속적으로 교류하기도 했다.

내가 중국 현지에 재직하는 동안 삼성이 텔레비전은 일본의 소니를 이겼고
휴대폰은 핀란드의 노키아를 넘었다는 것은 나의 삼성 직장 생활 중 커다란 자
부심 중 하나가 되었다. 중국 사회에 가장 필요한 부분을 찾아 그들과 기쁨도
아픔도 같이할 때 진정한 현지화 기업으로 거듭날 수 있다고 생각한다.

나는 가끔 골프를 친다. 공이 나무를 맞거나 도로에 맞고 페어웨이 안으로

들어오는 경우가 더러 있다. 동반 플레이어들이 묻는다. "전생에 무슨 공덕을 그렇게 많이 쌓아서 나갔던 공이 페어웨이로 다시 들어오느냐?" 나는 대답한다. "전생이 아니라 현생의 중국에서 사회 공헌 활동을 많이 했습니다."

중국 온라인마케팅 15년 생존기

홍상욱_티케이 101 글로벌 코리아 대표

중국 온라인마케팅 15년 생존기

2008년 중국에 사업하러 들어갔을 때 나의 중국어는 단 두 달 배운 게 전부였다. 당시 대학교 친구들과 한국, 중국에 동시에 교육사업 회사를 만들어 보자는 심산으로 함께 회사를 창업했고, 내가 먼저 선발대 격으로 중국에 들어가서 자리를 잡으면 다른 동료들이 따라오기로 되어 있었다.

홍상욱 티케이 101 글로벌 코리아 대표

그렇게 시작한 중국 비즈니스는 중간에 많은 고난을 겪었고 지금은 나 혼자 남아 중국과 관련된 사업을 하고 있다. 2008년 6월에 처음 갔을 때의 중국은 거대한 기회의 땅이었다. 하지만 2008년도 하반기부터 위기를 맞았다. 리만 브러더스발 글로벌 경제 위기로 환율이 최고점 220 가까이 올라갔던 당시 상황은 그야말로 버티기 힘든 위기였다.

특히 나처럼 이제 막 중국에 사업하려고 자금을 끌어와서 움직이던 사람들에게는 정말 고난의 순간이었다. 게다가 중국어를 당시 두 달 정도만 배우고 중국에 들어갔던 터라 비록 중국인 파트너가 있기는 했지만 일상의 의사소통조차 매우 쉽지 않은 고통의 연속이었다.

당시 무슨 자신감이었는지 한국 대기업과 연관도 없이 중국 땅에 가서 외국인에게 허가되지도 않은 교육사업을 하겠다고 했던 것은 지금 봐도 정말 무모하면서 '용감한 선택' 중 하나였던 것 같다.

온라인마케팅으로 한중 교량 구축

한국에서 교육사업을 했고 이제 막 태동하는 중국 시장 교육사업을 해보고자 제도를 회피하는 방법 등도 연구하고, 다양한 인력 채용 등을 통해 중국 내 다양한 교육사업의 방식에 대해서도 많이 배웠지만 결론적으로 쉽지 않은 길이었다.

첫 번째 사업이었던 학습지 사업은 크게 실패하고 두 번째 사업이었던 전화영어 사업을 하면서 중국 비즈니스를 유지했다. 그러다가 전화영어 홍보를 위해 저비용의 마케팅 방안을 연구하면서 바이두를 중심으로 한 검색엔진 최적화에 대해 공부를 하고 관련 마케팅으로 사업을 유지하게 됐다.

전화영어 사업으로 근근이 버티면서 가성비 좋은 검색엔진 최적화 마케팅을 중심으로 사업을 유지하던 중, 주변의 한국 회사들 중에 어떻게 중국에서 마케팅을 하고 사업을 해야 하는지 물어보는 이들이 나타나기 시작했다. 그분들에게 중국에서 가성비 마케팅을 어떻게 하는지 알려주고 비즈니스 조언을 하는 가운데 주변에서 하나둘씩 중국 마케팅에 대한 문의가 들어오기 시작했다.

중국 내에서 전화영어 사업이란 것이 기본적으로 교육사업이라 외국인으로서의 한계도 있었고, 당시 중국 내 유행하던 한국 제품들을 보면서, 그동안 하던 교육 사업보다는 중국에서 인기 많은 한국 제품의 중국 진출을 돕는 일을 해야겠다는 생각을 하게 됐다. 그리하여 코트라를 통해 한국 업체들의 중국 진출 컨설팅을 도와주었고 그러면서 차차 고객사들을 만나기 시작했다.

2014년은 중국 온라인마케팅 태동기이자 황금기였다고 생각한다. 이 시기에 우리 회사에서 성공시킨 대표적인 브랜드가 젠틀 몬스터였다. 드라마 '별에서 온 그대' 이후에 인지도가 올라가고 있었지만 '별 그대 선글라스' 등 키워드 검색시 바이두 검색 결과 첫 페이지에 젠틀 몬스터가 노출이 되지 않았다.

이후 우리가 주로 쓰던 바이두 검색엔진 최적화를 통해 주요 키워드 검색 시 바이두 첫 페이지 노출이 되는 과정에서 젠틀몬스터 바이두 지수가 급속도로 올라갔고 인지도 및 매출 향상에 큰 영향을 주게 됐다. 이 전후로 LG생활건강의 '후', '숨', 여러 곳의 성형외과, '정관장' 등 한국의 대표 브랜드의 바이두 검색 최적화 마케팅을 기반으로 다양한 마케팅 캠페인을 통해 한국 업체의 중국 인지도 향상에 많은 도움을 주었다.

끈기 있게 공략, 중국은 내게 '한 우물'

2013~2014년에 성장하던 중국 마케팅에 첫 위기는 메르스 사태였다. 당시 성형외과 마케팅만 10군데 가까이 바이두를 목표로 해서 진행하고 있었다. 그런데 2015년도 중반에 메르스 사태가 터지면서 중국인 성형 관광객들이 뚝 끊기고 말았다.

동시에 중국의 바이두에서 성형외과 홍보에 대한 규제가 늘어나면서 주요 고객사들인 성형외과 및 병원 광고주들의 광고가 대부분 멈추는 상황이 됐다. 메르스 때문에 관광과 성형 쪽은 타격을 입었지만 여전히 한국 제품들은 중국에 인기가 있던 상황이었기 때문에 다양한 제품 관련 고객사들을 유치하는 과정에서 위기를 돌파할 수 있었다.

중국 마케팅에서의 또 다른 어려움은 사드 사태 때 찾아왔다. 소중한 고객사들이 줄줄이 광고를 중단했다. 면세점 고객사들을 비롯해 쁘띠 프랑스 같은 관광지 고객들도 줄줄이 광고를 그만뒀다. 몇 개월 만에 고객사 가운데 절반 정도가 광고를 홀딩함으로써 많은 어려움을 겪었다. 당시 새로운 비즈니스를 해볼까 하는 생각에 업종 전환을 시도했지만, 생각만큼 신규 사업도 쉽지 않았다.

중국외의 제3시장 진출도 적극 시도해 봤다. 동남아 시장을 대안이라고 판단하고 진출을 검토했지만, 소비시장 규모가 중국에 비해 턱없이 작았다. 신규 시장과 업종 다각화를 비롯해 생존 방안을 여러 방면으로 검토해 봤지만 결국 정답은 중국에 있었다.

JM 솔루션 등 일부 브랜드는 오히려 위기 속에서 성장했다. 위기는 기회를 동반한다고 했던가. 그때 잠시 중국 마케팅을 접으려 했던 시기가 나에게는 좋은 기회였다. 다시 중국을 공부하고 새로운 마케팅 트렌드를 중심으로 새로운 고객들을 유치하면서 사업을 유지하고 회복할 수 있었다. 나에게는 이 시기가 힘들더라도 중국 시장을 포기하지 말자는 각오를 다지게 된 시기였던 것 같다.

세계 경제를 뒤흔든 코로나 위기

2019년 12월 말 코로나가 막 발생했을 때만 해도 그 누구도 이렇게 코로나 사태가 전 세계를 흔들어 놓을지 몰랐을 것이다. 우리 회사도 마찬가지였다. 하지만 코로나 사태로 전 세계 기업인과 관광객들의 이동이 멈추면서 중국 마케팅을 주로 하던 우리 사업에도 당연히 커다란 위기가 찾아왔다.

특히 2020년은 시진핑 국가주석의 방한이 예상되던 시기였기 때문에 중국 마케팅 수요가 다시 커질 것을 대비하던 시기였다. 희망을 꿈꾸며 사업 확장 준비를 하던 시기에 닥친 코로나는 우리 회사는 물론 세계 경제 전체를 뒤흔드는 고난의 시기였다.

그나마 다행이었던 것은 2018년부터 티몰 운영을 전문으로 하는 중국 파트너와 함께 중국 전자상거래 관련 연구 및 전략을 많이 준비했고 2019년부터 건강기능식품 위주로 마케팅 및 전자상거래를 하면서 2020년에 락토핏이라는 브랜드를 중국 티몰에 런칭시켜 1년 만에 티몰 해외 유산균 전체 매출 2등을 만드는 성과를 올리면서 위기를 이겨낼 수 있었다.

이 과정에서 마케팅은 결국 매출로 증명한다는 진리를 터득했고, 남과 다른 경험들을 축적할 수 있었다. 덕분에 2021년 코로나 와중에서도 서울 강남에 작은 사옥도 마련하게 됐다. 위기 속에서 배운 것은 한 우물을 파면 성공한다는 점이었다. 나에게 있어 그 한 우물은 중국 시장이었다.

코로나 기간 중 가장 힘든 시기는 격리 통제가 심했던 후반부인 2022년이었던 것 같다. 2022년에는 상하이 등 적지 않은 도시들이 코로나 통제로 봉쇄됨에 따라 항구에 화물이 묶이고 100파레트 가까운 재고가 창고에서 반출이 안돼 위기에 직면했다.

중국 수출로 호황을 누리던 고객사들이 하루아침에 광고 마케팅을 중단함에 따라 사업이 한층 힘들어졌다. 인적 이동과 화물 유통이 끊기는 초유의 사태가 계속됐다. 주변에 중국 관련 사업을 하던 많은 업체들이 문을 닫았고 많은 마케팅 업체들이 이때 어쩔 수 없이 업종 변경을 시도해야 했다.

성공 예감! 여전히 매력적인 중국 시장

이때 주변 지인들과 많은 업체들이 사업을 축소하고 철수를 단행했지만 나는 묵묵히 중국 마케팅 업계를 지켰다. 이제 10년 가까이 중국 마케팅을 하고 있는 한국 업체가 몇 군데 없는 상황이다. 나는 1세대 중국 마케팅 업체로서 굳은 의지와 억센 고집으로 버티고 있음을 자랑스럽게 생각하고 있다.

특히 코로나 시기 전후로 중국 관련 인력들이 대거 산업에서 이탈하는 과정을 보면서 중국 시장이 다시 열리면 제대로 중국 마케팅을 할 사람들이 없을 거라는 확신이 들었고 어떻게든 인력을 유지시키려고 안간힘을 썼다. 오랜 기다림 끝에 2023년 8월 한국 단체관광비자가 거의 7년 만에 개방됐다.

한국도 다시 중국인 관광객을 맞이할 수 있는 상황이 됐다. 물론 여타 모든 사업이 마찬가지지만 중국 시장에 여전히 리스크가 많은 것은 사실이다. 제일 큰 문제는 2022년 시행된 심한 코로나 통제의 여파로 중국 소비시장이 많이 위축되어 있고, 세계 경제 회복이 더딘 점이었다.

한중 간 경협 및 인적 교류도 느리게 회복되고 있다. 게다가 중국 시장을 선망하던 차이나 드림도 예전만큼은 못한 것이 사실이다. 하지만 프리미엄 제품으로 대응하면 중국은 여전히 기회의 땅이고 중국 시장을 두드려 볼 만한 한국의 좋은 제품들도 여전히 적지 않다.

그동안 중국 비즈니스 경험으로 볼 때 2010년대처럼 폭발 성장에 따른 혜택을 누리기는 힘들겠지만 14억 중국 소비시장의 잠재력은 여전히 크다고 볼 수 있다. 중국 경제 회복이 느리지만 30% 가까운 높은 중국 저축률에서 보듯 중국인이 돈이 없기보다는 가진 돈을 아직 쓰고 있지 않은 상황이라고 생각한다. 세리박스 같은 한국 다이어트 브랜드는 틱톡 라이브 방송으로 1시간에 30억 가까운 매출을 올리는 등 엄청난 성과를 내고 있다.

예전처럼 한국이라는 단어를 붙이기만 해도 잘 팔리던 중국 시장은 아니지만, 중국인들의 고급스러워진 입맛만 맞출 수 있다면 충분한 성과를 낼 수 있는 것이 중국의 소비시장이다. 급변하는 시장 환경에 적응하면서 그 위기를 끊임없이 헤쳐 나가면 언젠가는 성공의 관문에 이를 것이라고 본다.

혹독한 코로나 사태를 겪으면서 지금까지 회사를 지키고 있는 직원들은 회사 업무에 대한 애정과 중국 마케팅에 대한 열정이 있는 사람들이다. 대표로서 나의 역할은 중국 시장에 진출하고자 하는 한국 브랜드들을 인도해 줄 수 있는 훌륭한 인재들을 양성하고 그들과 함께 끊임없이 좋은 대안들을 연구하는 것이라고 생각한다.

홍상욱 티케이 101 글로벌 코리아 대표와 회사 관계자들

중국 대기업 사장에 오르기까지

문덕일_팝마트 글로벌 부문 사장

중국 대기업 사장에 오르기까지

"창업에 대해 생각해 본 적 있어?"
2018년 5월. 봄에서 여름으로
넘어가는 기운이 역력한 오후, 남산 중턱을
함께 오르던 중국인 친구는 나에게 뜬금없
는 질문을 던졌다. "내가 내년이면 마흔이다
마흔. 이십 대나 삼십 대 초반이었으면 모르
겠지만 이미 많이 늦었지. 난 창업하고는 거
리가 멀어."

문덕일 팝마트 글로벌 부문 사장(왼쪽)

중국인 친구는 또 나에게 진지하게 물었다. "그럼 말이지. 창업에서 중요한
게 뭐라고 생각해?"

나는 곰곰이 생각해 본 후 대답했다. "우선 창업 아이템이 중요할 거 같아.
물론 아이템이 좋다고 다 성공하는 건 아니겠지. 두 번째로는 전략을 잘 세워서
시장에서 성공할 수 있는 탄탄한 계획도 있어야 할 거 같고. 그런데 무엇보다도
창업에는 사람이라는 요소가 매우 중요할 거 같아. 창업 멤버들의 열정이나 의
지, 능력 같은 거 말야."

친구는 나의 대답을 다 듣기도 전에 또다시 이렇게 말했다. "우리 창업 멤버
에 들어오지 않을래?"

왕닝(王宁). 중국의 스타트업 창업자. 허난성 성도(수도)인 정저우(鄭州)에서

북동쪽으로 약 90킬로미터 떨어진 신샹(新乡)이라는 작은 도시에서 흙수저로 태어나 대학 시절 이미 창업을 해 본 경험이 있으며, 그가 스물네 살이었던 2010년에는 팝마트(POP MART)라는 스타트업을 창업한 중국 내 30대 기업가 부호 중 한 명이다.

2018년 당시 30대 초반의 그는 나와 대학원을 함께 다닌, 학번으로는 그가 나의 선배지만 나이로는 내가 여덟 살이 많은 서로 막역한 친구 사이였다. 그의 갑작스런 프로포즈에 당황할 수밖에 없었던 것은 내 인생에서 단 한 번도 창업이란 것에 대해 생각해 본 적이 없기 때문이다. 더욱이 나는 당시 한국 대기업 주재원으로 안정적인 생활을 하던 때여서 중국 민영기업으로의 이직은 생각하기 힘든 일이었다.

"진짜 고마운 제의인데 내 인생에서 창업은 무리야. 나이도 그렇고 내가 할 수 있는 게 뭐 있을까?"

그의 눈빛은 더욱 진지해졌다. "너 추스젠(褚时健)이라는 사람 알아? 홍타샨(红塔山)이라는 담배 회사의 창업자로 유명한 사람인데 그 사람은 70세에 오렌지 사업을 창업했어. 그분에 비해서는 너는 아직 젊은 나이잖아. 우리 회사에서 해외 사업을 추진해 보고자 하는데 네가 가진 예전 경험을 바탕으로 큰일을 함께 해 보는 건 어때?"

황당한 제안이 아닐 수 없었다. 그냥 던져본 이야기 치고는 친구의 눈빛이 꽤나 진지했기 때문에 가볍게 넘길 수 없는 여운이 있었다. 완곡히 거절은 했지만 나중에 지인들과 이야기도 나눠보고 스스로도 고민을 많이 한 끝에 결국 도전이라는 길을 선택하기로 하였다.

중국 스타트업 문화, 소통과 효율을 중시

인생의 마지막 도전, 도박 같은 이 선택의 기로에서 어쩌면 새로운 기회를 맞이할지 모른다는 막연한 기대감과 많은 지인들이 걱정해 주었던 얼마 안 가서 내쳐질 수 있다는 두려움이 공존한 가운데 중국의 민영기업에서의 첫 출근을 시작하였다.

새 직장 환경에 자리 잡는 것은 내가 생각했던 것보다 그리 수월하지 않았다. 아무것도 준비되지 않은 맨땅에서 새로 시작해야 했다. 그동안 내가 너무나도 시스템이 잘 갖춰진 대기업에서 곱게만 생활해 왔다는 것을 깨닫게 되었다. 다만 그동안 한국기업에서 쌓은 노하우를 활용해 서서히 적응해 나가고 나름대로 실적을 낼 수 있었다.

한국 사람으로서 중국기업에서 고위 임원이라는 타이틀을 달고 5년간 지내오면서 언젠가는 내쳐질 수 있을 수 있다는 불안감도 없지 않았다. 내가 중국회사로 이적할 때 많은 사람들이 우려했던 부분, 몇 년 안 돼서 내쳐지면 다시돌아올 길이 없다는 파부침주(破釜沉舟)의 정신으로 어떻게든 생존하고 성과로서 나의 존재를 증명해야 하는 과제를 늘 안고 있었다.

지나고 보면 시련도 선물

그렇게 생각할 수밖에 없었던 이유는 회사에 많은 관리층들이 들어오고 나가는 과정을 보면서 중국기업은 어쩌면 한국보다 훨씬 냉정하게 실적주의를 적용한다는 사실 때문이었다. 철저한 선진기업 운영방식으로 오직 실적으로 승부할뿐 온정주의는 애초부터 기대하기 힘들었다.

빠르게 성장하고 진화 발전하면서 부단히 새로운 방향을 모색하고 상하 위계질서보다는 소통과 효율을 중시하는 중국의 스타트업 문화를 통해 그동안 내가경험하고 익숙해졌던 한국식 기업 관리 문화는 모두 벗어 던져야 했다.

생존-성과-인정-기대의 과정을 거쳐 나름대로 성공한 지난 5년이었지만돌이켜보면 결코 순탄치 않았고 그 과정 속에서 속앓이도 많이 했던 것이 사실이다. 영업에 실패를 하고 때론 좌절감에 빠지기도 했다. 또한 코로나라는 미증유의 대재난은 불가항력적인 재해 요소로서 비즈니스의 어려움을 더했다.

코로나 방역조치는 엄격했고 글로벌 인적 왕래와 상품 무역이 위축되면서 사업은 본격적인 타격을 받았다. 코로나 기간 특히 내가 맡고 있는 해외 사업은

갈 길이 막막했다. 하늘길이 막혀버린지라 시장조사뿐 아니라 파트너십, 투자 결정조차도 힘들었다.

다행히도 코로나 전 설립한 한국과 싱가포르 합자 법인의 로컬 조직을 통해 해당 지역에서 사업을 전개할 수 있었으며 B2B 사업과 크로스보더 이커머스 사업을 적극적으로 추진했다. 더불어 포스트 코로나 시기를 준비하기 위해 미리 ERP 시스템을 구축하여 전 세계적으로 법규와 규정이 맞는 데이터를 집적할 수 있는 인프라를 구축하였다.

언제 끝날지 가늠하기 힘들었던 팬데믹(코로나 대확산) 상황은 2022년을 지나면서 점차 호전되기 시작하여 사업 재개에 속력을 낼 수 있게 됐다. 이러한 노력을 바탕으로 반전의 기회를 맞이할 수 있게 되었다. 위기와 고난의 시기를 거친 다음 종종 하는 이야기지만 만약 처음부터 순탄한 사업을 맡았다고 하면 스스로가 자만에 빠져서 실패를 할 수도 있었겠구나 하는 생각을 하며 위안을 삼기도 한다. 물론 앞으로 예상하지 못한 경영의 리스크가 늘 존재하겠지만 바닥이 어디까지인지 경험해 본 나와 조직에게는 앞으로 어떠한 시련도 견딜 수 있겠다는 용기를 선물로 받을 수 있었다.

한국기업과 중국 회사를 모두 경험을 해본 필자 입장에서 볼 때 한중 양국 기업 사이에는 적지 않은 기업문화의 차이가 존재한다. 우선 중국 회사는 절대다수의 중국인으로 구성된 중국식 경영 문화를 바탕으로 하기 때문에 한국인의 경영 방식과는 많은 이질감이 존재한다.

한국의 대기업은 방대한 조직과 시스템으로 운영되며, 상하 위계 구조가 명확한 경영방식을 띠고 있기 때문에 나와 다른 사람이 해야 하는 일이 명확히 구분되어 있을 뿐만 아니라 다량의 소통, 그중에서도 문서를 통한 커뮤니케이션을 중시한다.

중국은 이에 반해 효율에 중점을 둔 업무처리와 개인이 담당해야 하는 업무 영역이 넓기 때문에 중간 관리층 이상의 경우 단순한 관리 업무뿐 아니라 현업에서 직접 뛰는 스킬도 상당히 중시되고 있다. 결국 회사에서의 영향력은 직급과 연차가 결정하는 것이 아니라 실적과 실력에 의해 뒷받침된다는 것이다.

한국은 소위 짬밥이라는 연륜과 경험, 그리고 조직 내에서의 인맥 네트워크가 역량의 큰 부분을 차지한다. 이에 비해 중국기업의 특성은 빠르게 시장 흐름을 읽고 바로 실행에 나설 준비가 되어 있어야 하고, 변화 관리에 능해야 생존할 수 있다.

철저한 계획보다는 민첩한 대응

일정한 체계 속에 업무순환이 이뤄지는 연역적인 방법이 한국기업의 경영이라고 한다면 중국은 전력 질주 방식의 성장 방식을 추구하면서, 그 과정에서 점차 틀을 만들어가는 귀납적인 운영방식이라는 것이 내 생각이다. 각각의 방식을 두고 어떤 것이 좋고 나쁘다고 말하기 힘들다. 문화적 배경과 시장의 규모, 성장의 속도가 다르기 때문에 각자도생 방법도 다르다.

결국 한국인으로서 중국 회사에서 근무하고 성장하기 위해서는 꼭 한국 방식을 추구하는 것이 아닌 중국기업 운영방식의 특성을 정확히 파악하고 내가 경험해 왔던 한국기업의 장점들을 적용해 나갈 수 있어야 한다. 내가 경험한 한국의 두 회사는 모두 창립한 지 50년에서 60년 된 전통적인 대기업으로, 철저한 관리를 중시하는 기업문화를 갖고 있었다.

그러한 체계 아래 트레이닝 된 나로서는 '철저한 계획'을 '민첩한 변화 대응'보다 중시했다. 이 때문에 중국 회사에서 처음 일하면서 익숙하지 않았던 것은 새로운 사업 기회를 찾았을 때, 그것의 사업성을 철저히 검증해 보지 않고 그에 적합한 사람을 먼저 구해, 그 사람이 조직을 만들고, 조직이 계획과 전략을 짜는 순서로 일을 진행한다는 것이었다.

나는 늘 전략이 제일 우선시 되어야 한다는 판단 아래 사업에 대한 어느 정도의 계획이 세워졌을 때 조직을 구상하고 인재를 모집한다는 업무 철학을 신조로 삼았다. 이런 나의 업무 스타일은 중국 동료들이 봤을 때 좀 답답할 정도로 속도가 늦고 심지어 대범하지 못하다는 인상을 주었을 수도 있다.

해외 비즈니스는 망망대해에서 항공모함을 운행하는 것과 같다. 방향이 1도

2023년 8월 팝마트 실적 발표회에 참가한 문덕일 팝마트 글로벌 부문 사장

라도 틀어지고 내부 소통에서 어긋나게 되면 돌이킬 수 없는 큰 실패를 범하는 것이 확실하기 때문에 한층 더 신중을 기해야 했다. 한국 사람들의 꼼꼼함과 성실함은 분명 어떤 나라의 기업에 가서도 진가를 발휘할 수 있을 것이라고 생각한다.

이와 함께 이국타향에서 외국인으로서 근무함에 있어 가장 필요한 것은 존중과 겸허라는 인격적인 요소이다. 기업 운영방식이 다를 뿐이지 틀린 것은 없다. 다르게 운영하는 데는 다 그만한 이유가 있는 것이고, 그것을 존중하지 않고 나의 방식을 고수하게 되면 결국은 고립되고 독불장군이 될 수밖에 없다.

똑똑한 사람은 존중과 겸허의 미덕으로 조직과 일체가 된다. 하지만 스스로 잘났음을 과시하는 헛똑똑이는 결국 밑천을 드러내기 마련이다.

중국기업들은 급여 체계를 한국보다 융통성 있게 운영하고 스톡옵션과 스톡 등으로 우수 인재를 관리한다. 적당히 연차를 채우면 그럭저럭 보상을 받을 수 있는 방식이 아니라 정신이 번쩍 들 만큼의 동기 부여를 통해 열정을 불러일으키고 성과를 낼 수 있게끔 하는 것이다.

내가 아는 많은 중국 청년들은 안정적인 직업보다 창업이라는 거친 인생 도전을 통해 어마어마한 부를 창출할 기회를 향해 달려들고 있다. 한국 청년들 중에도 용기와 자신감을 가지고 도전해 중국기업과 산업 내에서 영향력을 발휘할 수 있는 성공 케이스가 많이 나오기를 기대해 본다.

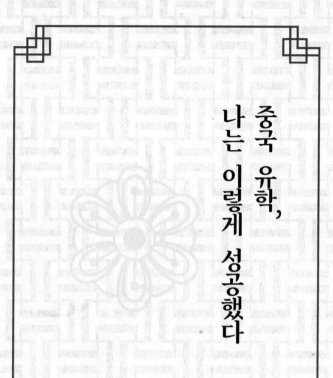

중국 유학, 나는 이렇게 성공했다

손한기_남경항공항천대 교수

손한기_남경항공항천대 교수

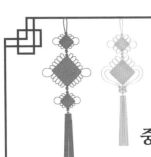

중국 유학, 나는 이렇게 성공했다

법학 전공인 나는 군대 전역 후 사법고시를 준비하기 위하여 고시촌이라고 불리는 서울 관악구 신림동에서 동료들과 함께 시험 준비를 했었다. 학원 강의 또는 식사를 마친 후 우리는 동네 슈퍼에 설치된 자판기 커피를 한잔 마시면서 진열해 놓은 신문을 보며 약간의 여유를 누릴 수 있었다.

손한기 교수가 한국의 저작권 보호 상황을 주제로 한 포럼에서 발표하고 있다.

당시 내가 본 신문 기사에는 종종 중국과 관련한 기사들이 게재되었는데, 그 내용은 대략 다음과 같다. '중국 경제의 고속 성장과 더불어 우리 기업들이 대거 중국에 진출했지만, 중국에서 꽌시(关系) 좋다고 소문난 사기꾼의 말만 믿고 현지 법을 준수하지 않아 큰 피해를 보는 경우가 많다. 하지만 국내에는 여전히 중국법 전문가가 부족하다.'

그런데 문득 이런 생각이 들었다. '나보다 똑똑한 친구들이 합격 여부가 불투명한 고시 공부에 집중할 때, 나는 중국에 가서 중국법을 전공해 보면 어떨까.' 그래서 과감히 고시 공부를 포기하고 '니하오(你好)', '세세(谢谢)', '짜이지엔(再见)' 세 단어만 외운 채 중국행 비행기에 올랐다. 이후 2005년부터 지금까지 중국법 공부와 교수로서 중국 생활을 즐겁게 계속하고 있다.

생애 첫 해외 방문지인 베이징 수도국제공항에 도착한 나에게 가장 먼저 닥친 관문은 어학연수를 할 베이징 제2외국어대학(北京第二外国语学院)을 혼자서 찾아가는 것이었다. 중국어를 거의 구사하지 못하는 나는 겁에 질려 거의 2시간 이상을 공항을 배회했다. 나중에는 '차라리 한국 대사관에 도움을 요청해 한국으로 바로 돌아가는 것이 좋을 것 같다'는 생각마저 들었다. 때마침 한국인 관광객을 인솔하는 가이드가 보이기에 달려가 도움을 달라고 부탁해 겨우 택시를 타고 베이징 제2외국어대학에 찾아갈 수 있었다.

언어의 경우 '듣기, 말하기, 읽기, 쓰기' 중 사실 듣기와 말하기가 가장 중요하다. 왜냐하면 언어의 가장 본질적 기능이 타인과의 의사소통이기 때문이다. 이는 우리 인간이 모국어를 습득하는 방식과도 유사하다. 하지만 당시 한국의 영어 등 외국어 교육은 유독 읽기(리딩)와 쓰기(라이딩)만을 중시했다. 그래서 토익 토플 등 각종 영어시험 성적은 우수하지만 사실 외국인 앞에서는 벙어리가 되는 경우도 적지 않았다.

그래서 나는 중국어 공부에 있어서 듣기와 말하기에 특히 치중했다. 예를 들면 다음과 같은 방식이다. 매일 아침 5시에 일어나 간단한 세면을 하고 운동장에 나가면 적지 않은 중국 학생들이 운동을 하고 있었다. 그러면 나는 어색한 중국어로 "나 한국에서 왔는데 중국어를 못한다. 너랑 한마디라도 좋으니 중국어로 이야기하고 싶다"고 먼저 말을 건넸다.

이런 나를 중국 학생들은 웃으면서 친절하게 대해주었고, "왜 중국 유학을 왔냐" 등등 이것저것 나에게 물어오기 시작했다. 하지만 당시 그들이 하는 말을 거의 알아듣지는 못했다. 중국 학생들은 내가 '팅부동(听不懂, 알아듣지 못했다)'이라고 하면 간단한 영어 또는 바디랭귀지를 섞어 친절하게 설명해 주었고, 이렇게 우리는 친구가 되어갔다.

또한 나는 다른 유학생들과 달리 아침 점심 저녁 식사 모두 중국 학생들과 함께 먹는 경우가 많았다. 학생 식당에서 혼자서 식사하는 중국 학생이 있으면 먼저 다가가 말을 붙였다. 함께 식사를 하면서도 20분 정도 계속해서 중국어로 대화했다. 물론 도움을 준 고마운 중국 친구들에게는 한국에서 가져온 조그만 선물을 주는 것도 잊지 않았다.

보통 중국 대학의 외국인 대상 중국어 강의는 오전에 진행된다. 나는 오전 수업 시간에 배운 예문을 그대로 외우려고 노력했고, 오후가 되면 베이징 시내를 돌아다니면서 수업 시간에 배운 중국어를 한마디라도 더 사용하려고 노력했다.

또한 주말 또는 국경절 등 연휴에는 혼자서 타이산(泰山), 시안(西安) 등을 여행하면서 중국어는 물론 중국 역사와 문화를 이해하려 노력했다. 당시 중국에는 아직 고속철이 없었다. 장거리 여행을 가는 경우 침대칸에 누워서 하룻밤 자고 일어나면 목적지에 도착하는 경우가 많았는데, 중국어 공부를 시작한 지 3개월밖에 안 된 나는 항상 배낭과 여행용 트렁크에 맥주 한 박스를 넣어서 기차에 올랐다.

그리고 총 6명이 타는 침대칸에서 지금 생각하면 무모할 정도로 용감하게 "나는 한국인이다. 당신들과 친구가 되고 싶다. 가방에 맥주 한 박스 있는데 같이 마시자"라고 말했다. 사람들은 잠시 머뭇거리다가 한 명 두 명 바이주, 땅콩, 컵라면 등을 들고 모여들기 시작했다. 그러면 우리는 밤새 함께 술을 마시며 이야기로 꽃을 피웠다.

그들은 현지 여행 정보, 맛집 정보 등을 친절하게 알려주었으며 소매치기와 절도 등을 항상 조심해야 한다며 어려운 일을 당하면 연락하라고 연락처를 알려 주기도 했다. 또한 기차 침대칸에서 처음 사귄 중국 친구의 집에 가서 며칠씩 먹고 자면서 함께 지낸 적도 있다.

생각해 보면 당시의 중국 여행이 지금보다 더 낭만적이고 재미있었던 것 같다. 비록 고속철이 없어서 이동에 많은 시간은 소요됐지만, 기차 속도가 느렸기 때문에 주위의 풍경을 고스란히 구경할 수 있었다. 무료한 시간을 달래기 위해 처음 만나는 사람과도 음식을 나눠 먹으며 많은 대화를 나눌 수 있었다.

물론 내가 처음부터 이처럼 재미있게 중국 생활을 한 건 아니었다. 중국에 막 도착했을 당시에는 중국어를 거의 하지 못했고 또한 중국 음식에 들어있는 샹차이(고수 나물)로 인해 중국 음식을 주문해 먹기도 쉽지 않았다. 그래서 중국에 도착한 후 15일 연속 학교 정문 앞 맥도널드에서 하루 세 끼를 햄버거로 때웠던 적도 있다.

좌충우돌하면서 베이징 제2외국어대학의 어학연수를 마치고 중국 최고 명문 대학 중 하나인 중국 인민대학 법학원에서 석사와 박사 과정을 공부했다. 인민대 박사 학위 취득까지 참으로 많은 중국 친구들의 도움이 있었다. 그들은 내 인생의 동반자이자 백낙(伯乐)들이다.

또한 나는 베이징시 정부 장학금과 중국 정부 장학금을 받아 큰 학비 부담 없이 공부를 마칠 수 있었다. 당시 나는 한국에서 군대를 다녀왔고 또한 중국어 어학연수 등을 받았으므로 동기들보다 나이가 너댓살 많았다. 근데 한국에서는 당연히 형 또는 오빠라고 불러야 하는 나이 어린 동기들이 계속해서 내 이름인 '한기'만을 부르는 것이 좀 어색했다.

그래서 친구들과의 식사 자리에서 한국의 호칭법을 소개하면서 나이가 많은 나를 형 또는 오빠라고 불러야 하지 않냐고 물었다. 한 친구가 "중국에서는 동기끼리 이름만 부른다"며 "네가 맥주 두 병을 원샷하면 앞으로 형이라 부르겠다"고 말했다. 나는 객기로 맥주 두 병을 단번에 마셨다. 이후 내 석사 동기들은 나를 한기형(汉基哥) 또는 오빠라고 부른다.

이는 내가 입향수속(入乡随俗, 해당 지역의 문화를 존중해야 한다는 뜻으로 로마에 가면 로마법에 따라야 한다는 의미)하지 않아서 생긴 하나의 에피소드였다고 생각한다. 하지만 친구들은 고맙게도 나의 선의의 행동을 잘 이해하고 받아주었다.

학기 중에는 친구들과 같이 수업 듣고 주말에는 근처의 향산(香山)에 자주 올랐으며 방학이면 친구 집에 가서 며칠씩 머물렀다. 그들과 함께하면서 나는 중국을 점점 알아갔고 좋아하게 되었다. 또한 동고동락하면서 쌓은 우정은 지금까지 흔들리지 않고 굳건하다.

나는 인민대학에서 어학연수·석사·박사 과정 등 거의 10년을 유학생 신분으로 보냈다. 인민대학에는 저명한 학자도 많았는데, 나의 지도 교수인 한대원(韩大元) 교수님은 중국 국내외에서 가장 영향력 있고 존경받는 헌법학자 중 한

명이다. 그런 그에게서 거의 8년을 배웠고 많은 지도를 받았지만, '명사출고도(名师出高徒, 훌륭한 스승 밑에서 훌륭한 제자가 나온다)'라는 말과 달리 좋은 제자가 되지 못해 교수님께 항상 죄송한 마음이 든다.

그동안 중국 무한(武汉)의 중남민족대학(中南民族大学) 법학원, 남경이공대학(南京理工大学) 지식재산권대학원에 근무했고, 현재는 남경항공우주대학(南京航空航天大学) 인문사회과학대학에 부교수로 일하고 있다.

나는 참 인복이 많은 사람인 것 같다. 종종 일부 한국 지인들이 "손교수의 중국 꽌시가 좋다"는 이야기를 하곤 한다. 사실 인접 국가로서 우리와 중국은 예전부터 많은 교류가 있었고, 많은 (전통)문화를 공유하고 있기에 한국인은 다른 나라 사람들보다 더 쉽게 중국인과 친해질 수 있다.

누구를 만나든 진실한 마음으로 다가서고, 잘못이 있으면 솔직하게 사과하고, 어려운 상황에 봉착하면 예의 바르게 도움을 요청하면 될 것이다. 즉 상호 존중과 신뢰가 있으면 중국인과 좋은 친구가 될 수 있고 어려울 때 도움을 받을 수 있다.

나는 중국인과의 관계에 있어 반드시 눈앞의 이익보다 의리를 우선시해야 한다고 생각한다. 당장의 금전적 이익 앞에서 늘 의를 돌아봐야 한다(见利思义)는 얘기다. 그러면 나중에 친구와 이익을 함께 얻을 수 있다.

외국인 교수인 나는 중국과 다른 외국의 법과 제도, 법 문화를 학생들에게 이해시키기 위하여 최선을 다하는 한편, 학생들에 대한 요구도 매우 엄격한 편이다. 중국 인민들이 피땀 흘려 번 돈과 세금(血汗钱)으로 월급을 받고 있기에 교수로서의 직책에 최선을 다하지 않을 수 없다. 졸업생들이 종종 연락을 해 안부를 묻거나 감사의 인사를 전할 때면 큰 기쁨과 보람을 느낀다.

한국은 중국과 전통문화를 공유하지만 한편으론 문화와 제도 면에서 차이가 있다. 하지만 잘 들여다보면 양국 국민들의 지향점에는 그리 큰 차이가 없다. 두 나라 국민 모두 인간으로서 존엄성을 가지고 자유롭고 평등하고 안전한 삶을 영위하고, 세계 평화와 발전에 공헌하는 것을 추구한다.

나는 '내가 지금 생활하고 있는 이곳이 내 나라'라는 생각을 가지고 중국 생활을 하고 있다. 또한 나는 중국인의 남편이다. 중국에서 제일 아름답고 착하고 좋은 여자를 아내로 맞아 행복하게 살고 있다. 앞으로도 중국 사회와 한중 관계 발전에 기여할 수 있는 학자가 되기 위해 노력할 것이다.

'좋은 이웃은 금으로도 바꾸지 않는다(好邻居金不換)'라는 말이 있다. 앞으로 한중 양국의 발전을 기대해 보면서 다시 한 번 '화이부동(和而不同)'의 뜻을 되새길 필요가 있음을 강조하고 싶다. 끝으로 그동안 중국에서 공부를 마치고 대학교수로 있는 지금까지 많은 도움을 주신 분들께 진심으로 감사드린다.

손한기 교수가 박사 과정 시절 지도교수, 동창들과 함께 기념 촬영을 하고 있다.

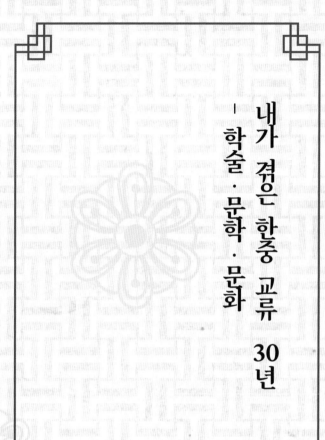

내가 겪은 한중 교류 30년
- 학술·문학·문화

박재우_한국외국어대 명예교수

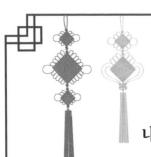

내가 겪은 한중 교류 30년 - 학술·문학·문화

2020년 10월 하순, 시안(西安)의 산시사범대학(陝西師範大學)으로부터 연락이 왔다. 자기 대학에서 박 교수를 1년 전 중국교육부에 '장강 학자 석좌교수'로 추천한 일이 최종 결정되었다는 통보를 받았다는 것이었다. 벅찬 감회가 밀려왔다. 중국 정부가 선정하는 '장강 학자'는 어떤 직위인가? 다들 중국 교수들이 한평생 한 번 되고 싶어 하는 '교수로서의 최고 영예'가 아니던가! 해외 학자로서, 특히 해외 문과대학 교수로서는 된 사람이 아주 드물고 더구나 한국 문과 교수로서는 처음이 아니던가?

아, 한평생 한학 연구와 학술문화 활동을 통해 한중 간의 국제적 우의의 발전을 위해 열과 성을 다한 것이 드디어 중국 학계로부터, 중국 정부로부터 인정을 받았구나! 가슴이 벅차지 않을 수 있을까? 한국에서는 1년여 전인 2019년 8월 정년퇴직을 할 때 한국 대통령으로부터 최고의 교육 훈장을 받은 바 있었다. 이제 14억 인구의 중국으로부터도 인정을 받았으니, 가슴이 벅차지 않을 수 있을까? 솔직한 감회였다.

1973년 3월 서울대학교 중문과에 입학하면서 필자는 수십 년간 매일같이 '중국문학'이라는 큰 바다에서 수영하며 때론 깊이 잠수하여 그 바닷속의 오묘한 세계를 탐색하는 인생을 살아왔고 그 과정에서 중국의 학자들, 작가들, 그리고 많은 문화인들, 언론인들과 교류하며 한중 관계에서 나름의 역할을 해 왔다고 생각한다.

학부에서 '루쉰(魯迅)의 문학 연구'로 중국 문학에 눈을 뜨기 시작하여 1979년 대만 유학의 길을 떠나 대만대학에서 11년 연구 끝에 '사기의 문학' 연구 관련 논문으로 문학 석사와 박사 학위를 취득하였다. 그 사이 1983년 9월 한국외대의 초빙으로 교수가 되면서 후학 양성의 길에 들어서게 되었고, 1992년 8월 한중 수교 이후에는 한중 학술문화 교류에 열정을 바치다가 2019년 8월 36년간의 교수 생활을 마치고 정년퇴직을 하게 되었다. 그러나 그 후로도 남은 열정으로 명예교수를 맡아 대학원에서 강의도 하고 박사생도 지도하고 있으며, 동시에 중국 대학의 초빙으로 매년 일정기간 동안 중국에 다니며 학술강연과 연구, 학술교류에 종사하고 있다.

　돌이켜 보면 후회는 별로 없다. 이제 한중 수교 30주년을 기념하여, 본인이 겪었던 한중 교류상의 수많은 체험과 기억 가운데 의미가 큰 '깊은 체험'과 '진기한 기억'을 몇 가지 떠올리려 하니 만감이 교차한다.

　필자는 한국외국어대학교 중국어과와 중국언어문화학부에서 정년 후까지 포함하여 근 40년간 내내 학부와 대학원에서 중국 문화와 중국 현대문학을 중심으로 강의해 왔고, 문언 강독과 중국 고전 강의도 했다. 논문 서면 발표와 학회에서의 구두 논문 발표는 총 250여 차례가 넘고 저서와 편저는 공동 저서 포함하여 한국과 중국에서 출판된 것이 20여 부, 번역서 역시 공동 번역 포함하여 30부 정도 출간한 것 같다. 한중 학술회의 등 국제 학술 문학, 문화 교류 모임, 석학과 저명 작가 초청 강연 등 책임지고 추진한 활동이 백수십 차를 상회하는 것 같다. 필자 자신의 국내외 학회 참석이 백수십 차례, 중국 각 대학을 중심으로 미국, 유럽, 일본, 동남아 등 해외 각 대학의 초청으로 행한 한학 관련 강연도 백여 회가 훨씬 넘는다. 그 당시 현직 교수로 있었고, 열정이 넘치던 젊은 시절이라서 가능한 일이 아니었나 싶다. 지금 같으면 감당하지 못할 것 같은 많은 횟수요, 분량이다.

　이 많은 연구 활동과 학술 및 문학 교류 활동, 전략대화, 문화 탐방, 개인 교류 활동 가운데 나름대로 몇 가지 '깊은 체험'과 '진기한 기억'을 소개해 보기로 한다.

첫 번째 이야기는 1992년 8월 한중 수교 직후의 이야기이다. 당시 한국 각 영역에서는 기대감이 넘쳐났다. 그런데 한국 학계에 있어, 중국 학계와 너무 오랫동안 격절 되어 있었고, 또 사회주의 체제 내의 학술계여서 정말 제대로 이해하지 못하고 있었다. 한국 학계는 나름 중국 학계에 대해 이해하고 그들과 어떻게 학술 교류를 진행해야 할지 탐색할 필요가 있었다. 그리하여 중국의 인문학 영역을 연구하는 교수들을 중심으로 교류 탐색을 위한 프로젝트가 시도되었다. 한국 문화부가 적극적인 지원을 담당하였다. 그리하여 1992년 12월 필자의 은 사인 서울대학교 중문과 이병한(李炳漢) 교수님을 단장으로 하고 중국 인학문 각 영역 전공 교수 7인으로 된 중국과의 학술교류 탐색팀이 조직되고 본인은 정말 운 좋게도 여기에 포함되고 또 이 팀의 활동상의 총무를 맡게 되었다. 이 방중 교수팀은 톈진으로부터 시작하여 베이징, 후허호트, 지난, 난징과 쑤저우, 항저우, 상하이의 주요 대학교들과 사회과학원을 방문하고 정말 많은 대표적인 교수학자들을 만나 명함을 주고받으며 친분을 쌓고 교류하게 되었다. 각 지역 특색의 음식들과 각종 자연 경관, 문화들을 접할 수 있어 안목을 크게 넓혀 주었다. 16박 17일에 걸친 대장정이었다.

내 생전 이렇게 광범하게 많은 중국 학자들과 교류하고 인연을 맺게 될 줄은 정말 생각하지 못했다. 내 전공 영역인 중국 문학, 특히 중국 현대문학 영역에 대해서 말하자면 그중에는 베이징대학의 첸리췬(錢理群), 원루민(溫儒敏), 천핑위안(陳平原), 산둥대학의 쿵판진(孔範今), 푸단대학의 자즈팡(賈植芳), 장쿵양(蔣孔陽), 화둥사범대학의 첸구룽(錢谷融), 쑤저우대학의 판페이쑹(範培松) 등 열거하기 쉽지 않은 많은 원로와 중견 교수들이 포함되어 있었다. 나중에 학계 동료들이 나에게 중국 학계 인맥 면에서 자기들은 족탈불급(足脫不及)이라며 많이들 추켜세우곤 했는데 이때 알게 된 많은 중국 교수들과 그분들이 소개해 준 젊고 유능한 교수들이 그 원천이요, 기초였다고 할 것이다.

1993년 소동파 연구가 왕홍(王洪, 나중에 木齋로 개성명함) 교수를 통해 내 대만 대 박사논문을 1994년 『사기한서비교연구』라는 이름으로 베이징의 중국문학출판사에서 출판할 수 있게 되었다. 중국 학자 친구의 말에 의하면 이 저서는 중국에서 『사기』와 『한서』 비교 연구를 하려면 지금도 필독서라고 귀띔해 주었다. 본인의 선배 동료학자이신 류성준 교수도 총서의 하나로 『당시논고』를 동시에 출판하게 되어 한국 학자의 중국문학 연구 성과가 중국 학계의 주시를 받는 데 있어 원원하는 현상이 나타나게 되었다.

이 사진은 1994년 북경의 중국문학출판사에서 출판된 [사기한서비교연구], 지금도 중국 학계에서는 [사기][한서]의 비교연구 시 필독서로 꼽히고 있다.

두 번째 이야기이다. 1990년 박사학위 취득 후 필자는 중국 고전문학 연구에서 루쉰과 중국 현당대문학으로 연구 중심을 옮기게 되었다. 수교가 되자 한국중국현대문학학회에서 1993년 12월 '루쉰의 문학과 사상'을 주제로 한 국제학술대회를 추진하게 되었다. 필자가 총무이사를 맡고 있었는지라 해외학자 초청, 준비 자금 마련 등 조직상의 모든 문제에 있어 실무책임을 졌다. 현대 중국의 문호 '루쉰'은 '위대한 문학가, 사상가, 혁명가'로 알려져 있는 중국 현당대문학 연구에 있어 중심인물이었다. 이 학술회의에는 중국의 옌자옌(嚴家炎), 린페이(林非), 첸리췬(錢理群), 왕푸런(王富仁) 교수와 일본의 마루오 쯔네키(丸尾常喜) 등 중국과 일본의 대표적 루쉰 연구자를 초청하고 한국의 루쉰 학자들이 대거 참석하여 역사적으로도 의미가 깊고 수준도 높은 동아시아 학술회의를 열 수 있었다.

세계 루쉰 연구에 있어 중국과 일본 학계 외에 한국에서도 상당한 루쉰 연구의 성과가 있음을 알리며 교류하기 위해 마련된 한중일 루쉰 학자의 첫 회합이었다. 또한 한중일 학계 사이에 있어 루쉰과 세 나라 현대문학의 비교 연구를 통해 심도 있는 교류를 모색하게 되는 계기가 되었다. 실제로 이 회의를 계기로 중일 학자들은 한국의 루쉰열과 연구에 대한 독특한 체험을 하고 깊은 인상을 갖게 된 것 같았다.

즉 이는 1996년 일본 도쿄대학에서 '한국의 루쉰 연구'를 테마로 해 필자를 포함한 한국 학자들을 초청하여 학술회의를 여는 계기가 되었고, 이를 바탕으로 도쿄대학에서는 1999년 '동아시아의 루쉰 체험'을 주제로 동아시아 루쉰 학자들을 초청해 성황리에 루쉰 국제학술회의를 열게 되었다.

2005년이 되어 필자는 중국루쉰박물관 순위(孫郁) 관장과 교류하게 되어 한중 루쉰 학계 사이에 중국 선양(瀋陽)과 한국 서울에서 두 번에 걸친 연구 대회가 열렸다. 7월에 열린 선양 학술회의에는 한국 학자 10명과 중국 학자 수십명이 참석하였다. 나는 한국 학계의 입장을 고려해 리영희(李泳禧)선생 부부를 초청하여 함께 갔다. 리영희 선생은 루쉰을 '나의 선생님'이라고 부르며 한국의 민주화를 위해 루쉰의 필봉을 도입하여 많은 영향력을 떨친 '한국의 루쉰'이라 불리고 있었다. 여기에서는 한중 합작으로 처음으로 중국어로 된《한국 루쉰 연구논문집》을 발간하게 되어 중국의 대표적인 루쉰 학자들과 심도 있게 교류를 하였다. 그리고 서울 학술회의에서는 쑨위, 황차오성(黃喬生), 류용(劉湧) 등 루쉰 학자들을 초청하고 서울 루쉰 주간을 선포하여 루쉰 독서 생활 전시회, 한국 루쉰 전시회 등을 열면서 의미 있는 교류를 하였다. 나중에 쑨위 교수가 중국에 돌아가 발표한 몇 편의 글들은 한국에서의 루쉰 열과 한국의 루쉰 연구를 감동적인 필치로 중국 학계에 널리 알리는 역할을 하였다.

이러한 동아시아 루쉰 학계의 교류를 바탕으로 필자는 중국루쉰박물관 거타오(葛濤) 연구원, 루쉰의 장손인 저우링페이(周令飛) 등과 상의한 끝에 2011년 9월 25일 루쉰의 고향 사오싱에서 열린 루쉰 탄생 130주년 기념 학술회의에 세계 여러 나라의 루쉰 전문가들을 초청하여 '국제 루쉰 연구회'를 창립하게 되었고 영광스럽게도 창립회장으로 본인이 선출되었다.

연구회가 창립된 뒤, 세계 각지에 루쉰의 연구를 추진하고 루쉰 문학을 보급하기 위해, 비정기적으로 중국 베이징전매대학(北京傳媒大學), 인도의 신중국연구소와 네루대학, 미국의 하바드대학, 한국 한국외국어대학과 전남대학, 중국의 쑤저우대학, 독일의 뒤쎌도르프대학, 인도의 네루대학과 델리대학, 오스트리아의 비엔나대학, 말레이시아 쿠알라룸푸르의 중화대회당 등에서 9차례의 국제

2011년 9월. 중국 문호 루쉰선생 탄신 130주년을 기념하여 사오싱에서 열린 회의에서 세계 각지의 루쉰 전문가들이 국제 루쉰 연구회를 결성하였다. 필자가 창립회장으로 선출되어 하바드대학포럼, 비엔나대학포럼, 네루대학포럼 등을 개최하는 등 국제 루쉰 포럼을 9차례 개최하였다. 이 사진은 제9차 회의가 열린 쿠알라룸푸르 포럼에서 필자가 회장으로서 발언하고 있다.

루쉰 연구회 학술포럼을 성황리에 개최하였다. 동아시아 루쉰학의 발전, 총체적으로는 루쉰학의 세계적 보급 등에 적지 않은 의미가 있었다고 생각된다. 필자는 루쉰의 세계화의 차원에서 외국 학자가 책임을 지고 추진하는 이 모임을 중국 학계에서 무척 중요시한다고 전해들은 바 있다.

　다음은 세 번째 이야기이다. 필자는 젊은 시절, 줄곧 나는 학자이고 학자는 학문을 연구하는 직업이라고 생각해 와서 직접 중국어로 산문이나 문학평론을 쓴다든가 하는 일은 별로 생각을 하지 않고 지냈다. 그러다가 1996년 중국 현대 한인(韓人) 제재 소설 연구를 하다가 알게 된 1940년대 초 중국에서 한국광복군을 위해 글을 써 홍보활동을 한, 필명을 우밍스(無名氏)로 쓰고 있는 유명 작가 푸나이푸(卜乃夫)가 현재 대만에 있다고 한국광복군동지회에 알릴 기회가 있었다. 대한적십자사의 서영훈(徐英勳) 총재와 광복군동지회의 박영준(朴永俊) 회장은 즉각 반응했다. "우리 민족이 고난에 처해 있을 때 우리를 도왔던 외국

분들을 결코 잊어서는 안 됩니다." 그리하여 그분과 연락하여 초청하는 임무가 나에게 맡겨졌다. 철기 장군을 소재로 한 그의 작품집 『북극풍정화(北極風情畵)』 의 한국어 번역도 기획되었다. 그리하여 처음으로 중국 작가와 친해질 수 있는 기회가 생겼고 결국 그분을 초청하여 출판기념회, 강연회, 서예 전시회 등을 열 었다. 나는 그를 고도 경주와 그분이 쓴 작품 중 하나인 「가야(伽耶)」라는 작품 의 배경지인 삼국시대 가야가 있던 합천 해인사를 안내해 드리기도 했다. 나중 에는 우밍스에 대한 논문도 몇 편 쓰게 되었다.

그러다가 대산문화재단의 곽효환(郭孝桓) 시인과 인연이 닿아 시야가 넓어지 게 되었다. 2005년의 서울국제문학포럼에 조직위원으로 참가해 중국의 대표 작 가로서 모옌(莫言)과 베이다오(北島)를 추천하고 초청하는 일을 담당하게 되었 다. 모옌과는 그렇게 인연이 생겨 한중 문학의 정상급 교류를 위해 2007년 1월 말 모옌의 소개로 신임 주석으로 당선된 지 몇 달 안 되는 톄닝(鐵凝) 여사를 방문하여 알게 되었다. 그리하여 한국과 중국의 대표적 작가들로 서울과 전주, 베이징과 상하이를 오가며 두 번에 걸쳐 한중 문학 포럼을 열게 되었다. 한국에 서는 고은, 황석영, 김인숙, 김우창(金禹昌) 선생 등 여러분이 참석하였다. 여기 서 쌓인 국제적 우정이 바탕이 되어 2008년부터 한중일 동아시아 문학 포럼을 한국, 일본, 중국을 순회해 가며 갖는데 필자도 교량 역할을 하게 되었다. 필자 는 항상 한국 작가단과 중국 작가단의 소통과 교류 활동을 도와주는 조직위원 으로 참가하였지만 중국 현당대 문학 전공으로 나중에는 평론도 더러 썼기에 외람되게도 작가로 간주되기도 했다. 이때부터 나도 무언가 창작을 해 보아야 겠다는 생각이 들기 시작했던 것 같다. 동아시아문학포럼은 2008년 한국의 서 울과 춘천에서 제1회를 개최했고 제2회는 일본의 키타큐슈(北歐洲)에서 열렸다. 제3회는 2015년에 베이징과 칭다오에서 열렸고, 제4회는 2018년 다시 한국의 서울과 인천에서 열렸다.

나는 중국작가협회와의 인연으로 중국작가협회가 2010년부터 세계의 중국 문학번역에 종사하는 한학자들을 위해 격년제로 여는 '문학 번역 한학자 국제 학술회'에 매번 초청을 받아 참가하게 되었다. 한번은 한중 간에 정치적으로 민

2005년 5월 한국 대산문화재단은 제2차 서울 국제 문학 포럼을 개최하였는데 본인은 조직위원회 위원으로 참가하여 주로 모옌과 베이다오를 초청하는 일을 담당하였다.
사진은 회의에 참가한 나중에 노벨문학상을 타게 되는 중국 작가 모옌(우측 처음), 일본의 노벨문학상 수상자 오에 겐자부로(우측 두 번째), 중국 시인 베이다오(우측 세 번째), 그리고 본인(좌측).

감해져 있을 때 번역 학술회의에 참가했는데 중국 작가 중 한 분이 내 쪽을 바라보며 한국 정부를 힐난하는 목소리를 냈다. 난감했다. 그때 중국작가협회 간부 한 분이 한마디 했다. "사정이 이럴수록 문학 교류가 더 필요한 거겠지요." 그렇다. 나라 사이가 정치 외교 문제로 꼬여 있을 때 국민들의 마음의 소리를 전하는 사자인 작가들이 나서서 모순과 갈등을 완화시키고 두 나라 국민의 마음을 연결시키는 역할을 할 수 있는 것이 아닐까?

　아무튼 한중 정상급 작가 간 문학 교류 활동을 연계시키고 또 기회 있는 대로 중국 문학작품들을 한국어로 번역 출판을 한 결과, 2018년 중국작가협회로부터 '중국 문학의 친구(中國文學之友)'라는 상패와 인증서를 받게 되었다. 중국 문학을 위해 평생 한 활동이 인정받은 듯, 가슴이 뿌듯하였다. 이런 상황 속에서 중국어 글쓰기 면에서도 진전이 있어 현재까지 중국 대륙과 해외의 중국 문학 관련 잡지에 「그대 아직도 커피 향내 속에서 밤을 지새는가(你還在伽俳飄香裏開夜車嗎)」 등 40여 편의 중국어 산문을 발표하고 있어 더러 화문작가(華文作家) 소리도 듣고 있기도 하다.

　이야기는 끝이 없을 것 같다. 지면 관계상 다음 기회로 미루고 아쉽지만 여기에서 마치기로 한다. 한중 간의 국제적 우의가 저 늘 푸른 소나무처럼 영속되기를 기대해 본다.

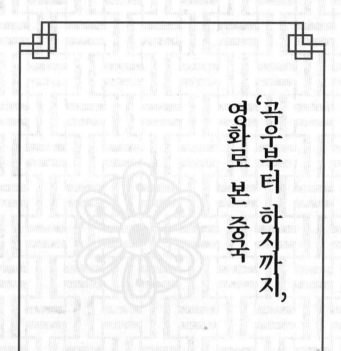

'곡우부터 하지까지, 영화로 본 중국

이조은_전 베이징대 유학생

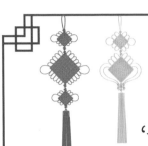

'곡우부터 하지까지' 영화로 본 중국

"중 영(중국영화)본색'의
시작은 틈새 비집
기였다. 웹툰 PD를 하다가 소
위 0 하나 더 붙는다는 중국
콘텐츠 시장 규모에 눈이 번쩍
뜨였다. 일단 중국 유학을 떠
나기로 결심한 뒤 내가 뭘 할
수 있을까 고민한 끝에 나온
답이 중국 영화였다. 솔직히
무모한 도전이 아닌가 하는 생
각도 들었다.

중문과를 졸업했지만 중국
어는 자기소개나 간신히 하는

CJ 콘텐츠 사업팀에 재직중인 필자 이조은이 베이징대 예술
대학원에서 공부하던 시절 캠퍼스 극장에서 영화 관람을 마
친 뒤 기념 사진을 찍고 있다.

수준이었고, 영화에 대한 지식도 일천했다. 중국 영화라고는 영화 채널 OCN에
서 방영하던 주성치 영화 몇 편, 학부 때 수업 시간에 접한 위화 원작(휘저)의
장예모 영화 '인생', 천카이거의 '패왕별희' 정도가 전부였다.

영화제에 다니며 시네필들이 본다는 왕가위 영화와 허우샤오시엔 영화를 좀
찾아보긴 했으나, 영화 좋아한다는 사람들이 보는 딱 그 정도 수준이었다. 그럼

에도 당시 내 판단으로는 영화가 제일 할 만해 보였고, "저 영화 좋아해요, 중국도 좋고요." 이런 나이브한 소리를 하며 중국으로 떠날 짐을 꾸렸다.

열정의 중문학도, 설레임으로 떠난 '영화 중국 기행'

중국 현지 영화관에서 2017년 여름 어학연수 때 처음 본 영화는 왕가위 감독의 '아비정전'이었다. 학교에서 5km 떨어진 보나국제영화관(博纳国际影城)이라는 곳이었는데, 건물을 빙빙 돌며 영화관을 찾는 데만 상당한 시간을 허비해야 했다. 당시 힘들게 찾아간 영화관은 낡디낡은 곳이었는데, 마침 왕가위 감독 특별전을 하고 있었고 운 좋게도 '아비정전' 표를 사서 관람할 수 있었다.

영화 유학 결심과 처음 시작은 호기로웠으나, 정작 어학연수 6개월 동안 중국 영화관에서 관람한 영화는 '아비정전'이 전부였다. 중국어를 잘 못하니 중국어 자막만 나오는 영화는 이해가 안 됐고, 무엇보다 대학원 입학시험 준비에 바빠 영화관에 가지 못했다.

1,000페이지에 달하는 대학원 입학시험 필수교재 '영화 개론'과 '중국 영화사'를 읽으며 진짜 영화는 보기도 전에 지쳐버렸다. 2019년 하반기 어렵사리 대학원에 입학했지만 영화관에 가기 어려운 것은 마찬가지였다. 예술학원 MFA라는 전공명에 걸맞게 첫 학기 수업은 예술 개론, 철학, 비평 중심으로 진행되어 영화관 갈 핑계를 찾기 어려웠다.

아이러니컬 하게도 중국 영화에 대한 진짜 공부는 코로나 때문에 캠퍼스 교문이 닫히고 학교로 돌아가지 못했던 2020년 시작되었다. 인터넷 원격 수업을 받으며 일주일에 두 편 이상 과제를 내야 했던 강행군의 효과로 중국어가 조금씩 들리기 시작했다. 그제야 중국어로 영화 한 편 제대로 볼 욕심이 났고 때마침 중국 친구들이 爱奇艺(OTT)에 어떤 영화가 재밌다며 추천해 주었다.

팬데믹으로 1년을 꼬박 한국에 있다가 2021년 2월 중국으로 돌아갈 때, 이번에는 기회가 되는 대로 중국 영화를 많이 보겠다고 결심했다. 중국 영화를 보는 가장 좋은 방법은 중국 현지에 체류할 때라는 사실을 깨달았으니 졸업까지 남은 1년 6개월 동안 원 없이 중국 영화를 보다가 가겠다는 다짐이었다.

코로나 격리 기간 뜻밖의 선물 '중영본색'

코로나가 일시 주춤해진 시기에 다시 중국으로 돌아왔다. 중국에 도착한 뒤에는 격리를 해야 했는데 시간이 나는 대로 OTT에 있는 영화에 빠져들었다. 한국에 있는 동안 궁금했던 영화들을 찾아 하루에 몇 편씩 봤다. 블로그에 코로나 격리 생활 연재를 시작했는데, 여기에 내가 보는 중국 영화들에 대한 이야기를 끼워 넣었더니 반응이 좋았다.

조금씩 중국어가 늘다 보니 접근 가능한 정보와 영상들이 차츰 많아졌다. 격리생활은 지루했지만, 중국에 있는 덕을 톡톡히 누리며 중국 영화에 대한 정보를 찾아보고 알리는 과정이 즐거웠다. 나중에 보니 코로나 격리 한 달은 나의 중국 영화 공부에 더할 나위 없이 훌륭한 시간이었다.

2021년 4월 봄의 마지막 절기 '곡우'에 중국 영화를 소개하는 뉴스레터 '중영본색' 발행을 시작했다. 한국과 중국이 공통적으로 사용하는 24절기를 연재 주기로 활용한 것이었는데, 한 절기는 생각보다 너무 짧았다. 2주 간격으로 돌아오는 마감 일정에 정신이 혼미할 정도였다. 중영본색은 실시간 중국 영화 시장에 대해 개괄하고 신작 두세 편을 소개하는 구성으로 기획했다.

매 절기마다 영화관에 걸린 신작들을 보고 소개할 영화 두어 편을 선택한 뒤 글을 지어내 중영본색에 실었다. 간신히 마감 시간에 맞춰 중영본색을 발행하고 한숨 돌리면 원고 마감을 알리는 다음 절기가 무섭게 돌아왔다. 논문 프로포절(开题)을 앞둔 대학원생이 지도교수님 방보다 영화관을 더 많이 찾았다.

내 논문을 기다리는 사람은 없어도 중영본색을 기다리는 사람은 적지 않을 터였다. 격리 생활 블로그 연재를 봐준 사람들이 중영본색을 구독해 주어 절기마다 내 글을 읽어주었다. 피드백과 응원을 남겨주는 구독자들도 있었다. 한국에 있는 가족들은 중영본색으로 내 안부를 확인했다. 내 생애 그 어떤 일보다 책임감과 열의가 넘쳤다.

한국에서는 모든 영화가 수요일에 개봉하고, 중국에서는 금요일에 개봉한다. 매주 금요일 영화관에 가면 새로 걸린 라인업을 볼 수 있다. 금요일 저녁부터 주말까지 내내 중영본색의 소재가 될 영화들을 관람했다. 주말 사이에만 대여섯 편을 보는 일도 허다했다. 다행히 영화표 가격은 한국의 절반이어서 경제적 부담은 덜 했다.

　중국은 추리물, 스릴러물을 잘 만드는데 한번 보면 이해가 안 돼서 아침저녁으로 똑같은 영화를 다시 보기도 했다. 사투리가 심한 영화는 자막만 보다가 중요한 장면을 놓치기 일쑤라 역시 다시 봐야 했다.

　영화는 사회와 문화를 반영한다. 나는 '현애지상'에서 하얼빈의 추위를, '연야소년적천공'으로 하이난의 야자수를, '고동국 중국'으로 중국 골동품 시장을, '대니거견아마'로 농촌 지역의 고부갈등을, '기적'으로 선전 실리콘밸리의 분위기를 느낄 수 있었다. 드넓은 국토, 수많은 소수 민족과 문화는 중국 영화의 다채로운 소재가 되었고, 영화의 배경이 바뀌는 것만으로도 완전히 다른 성격의 영화가 되었다.

　영화에는 얕은 중국어 실력으로는 알아들을 수 없는 지방 사투리가 나오는데 영화를 끝도 없이 보다 보면 간혹 한두 마디 지방 사투리를 익히게 된다. 중국 친구들과 어울리다가 영화에서 본 그들의 고향 얘기를 하고, 사투리를 아는 체 하면 그들은 엄청난 흥미와 호감을 나타냈고 나도 모르게 우쭐한 기분이 들었다.

　중국에는 인민들의 애국심 고취를 목적으로 방영하는 주선율 영화라는 게 있다. 주선율 대표 영화인 '나와 나의 조국', '유랑지구', '봉폭', '장진호', '중국의사' 등은 인민들의 눈물을 쏙 빼놓을 정도로 감동을 안겨준다. 중국 친구들은 주선율 영화와 홍색 영화를 보면서 애국심을 함양하고 공산당에 대한 지지를 확인하는 것 같았다.

　돌이켜보면 중국 영화관을 배회하던 그때 나는 보물찾기를 하고 있었다. 연재를 위해 극장 성수기 비성수기 가리지 않고 영화관에 걸리는 거의 모든 개봉작을 보면서 좋은 영화들을 정말 많이 찾아냈다.

서구에서 유학한 1980년~1990년대생의 젊은 감독들은 기술적으로 완성도 높으면서도 시대 통찰을 담아 개성 있는 영화를 만들어냈다. 중국의 남아선호 사상을 그린 '내가 날 부를 때', 상해 중년 돌싱들의 러브스토리 '애정신화'를 봤을 때는 젊은 감독들의 바짝 선 날에 손가락이라도 베인 듯 호들갑을 떨었다.

　　특히 중국 무용 사자춤을 소재로 한 애니메이션 '웅사소년'을 봤을 때는 중국 애니메이션의 발전에 깜짝 놀랐다. 중영본색에서 소개해 많은 사람들로 하여금 영화를 보게 만들었다. 이렇게 좋은 영화들을 휑한 극장에서 본 날에는 금광을 나 혼자 찾아낸 것 같은 기쁨에 들떴다. 중국 영화 공부하기를 잘했다고, 내 전공의 미래가 밝다며 뿌듯해했다.

신나는 보물찾기, '중국 영화 사냥'

　　보물찾기는 성공적이었다. 내가 찾던 건 중국 영화였는데, 좋은 사람들과 기회가 고구마처럼 줄줄이 따라왔다. 매일같이 중국 영화를 보며 첫 학기에 중국인 동기들 말을 이해하지 못해 주눅 들던 서러움을 극복하고 자신감이 붙었다. 스크린 위로 빠르게 지나가는 자막도 점점 빨리 읽어낼 수 있게 됐다.

　　영화는 사람들과의 교류를 비롯해 내 생활의 폭을 넓혀주었다. 특히 중영본색이 여러 플랫폼에 공유되면서 글을 구실삼아 많은 사람들과 인사를 나눈 덕에 연구생 학생회장이 될 수 있었다.

　　중영본색 연재를 지켜보던 친구의 소개로 인터뷰도 하고 방송도 출연했다. 지금의 직장도 중영본색 덕에 얻었다. 모든 인문대 학생들이 그렇듯, 전공을 살려 취업을 하기가 어려운데 나는 '중국'과 '영화'를 모두 살려 지금의 직장에 들어왔다. 면접에서 인사팀 담당자가 내 중영본색 글을 봤다며 성실함에 높은 점수를 주었다. 중영본색은 내게 바닥을 보이지 않는 보물상자가 된 셈이다.

　　중영본색의 시작은 나 혼자였지만, 주변 사람들의 도움으로 1년 연재를 해낼 수 있었다. 영화의 배경을 이해하지 못하는 외국인에게 관련 기사들을 보내주고 이해할 때까지 중국어와 영어를 섞어 설명해 준 중국 친구가 있었다. 어떤 코미디 영화를 볼 때는 중국 관객들 사이에서 나만 한 번도 못 웃었다고 칭얼대자 영화관에 따라와 한 마디 한 마디 무슨 뜻인지 설명해 준 고마운 친구도 있었다.

또 다른 친구는 개봉관이 많지 않아 못 보고 지나칠 것 같은 영화를 지금 꼭 봐야 한다며 등 떠밀어주기도 했다. 공들여 쓴 글을 많은 사람들이 볼 수 있도록 참여자가 수백 명인 방에 내 글을 공유해 주신 어른이 계셨다. 학교 근처 영화관은 기숙사 뒷문으로 가야 빨랐는데, 주말 아침마다 조조영화 보러 가는 나를 위해 개방 시간 전에 문을 슬쩍 열어준 경비 아저씨도 있었다.

중영본색 덕분에 중국 생활 10년간 안 가던 영화관을 가봤다는 분들이 있었고, 영화관에

필자 이조은이 중국 베이징대학 예술대학원에서 공부하던 시절 베이징대 랜드마크인 보야탑을 배경으로 포즈를 취하고 있다.

가기 전에 내 글을 꼭 읽고 간다는 고마운 구독자도 있었다. 중영본색 초안이 나오면 가장 먼저 읽어주던 친구가 있었는데, 중국 기사와 리뷰만 찾아보고 글을 쓰자 문체가 인민일보 신문 기사처럼 딱딱해졌다며 매번 빨간펜을 들고 고쳐주었다.

이렇게 중영본색을 연재하는 동안 아는 사람부터 모르는 사람까지, 국적과 나이와 성별을 가로질러 내가 기억하는 한 유아기 이래 가장 많은 주변의 애정과 도움을 받았다. 무엇보다 절기마다 '중영본색' 뉴스레터 이메일을 열어준 구독자들의 도움이 컸다. 누가 내 글을 기다려주고 읽어줄 것이라는 생각에 힘을 내며 2021년 곡우부터 2022년 하지까지 꼬박 일 년을 연재할 수 있었다.

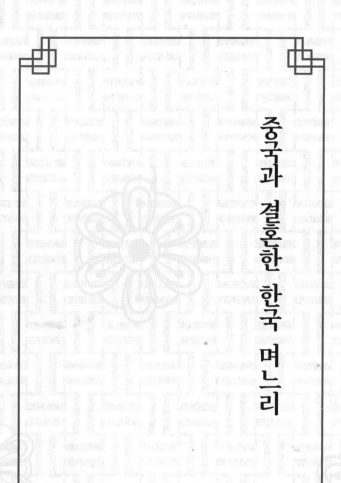

중국과 결혼한 한국 며느리

강윤아_법무법인(유) 광장 베이징대표처 수석대표

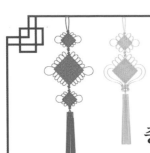

중국과 결혼한 한국 며느리

2008 년 여름, 중국어를 하나도 할 줄 몰랐던 나는 지린성(吉林) 스핑에 소재한 지린 사범대학 중문학과 교수님 댁에서 숙식하며 중국어 기초를 배우기로 했다. 당시 논어, 맹자 집주, 고문관지 등 주로 중국 고전 서적을 통해 중국을 알아 왔기에, 스핑에서 처음으로 현대 중국어와 중국 문화를 접하게 된 셈이었다.

당시 스핑에서 운행하는 공공 버스에는 요금을 직접 확인하고 다음 역을 안내하는 버스 안내원이 있었고 택시는 거리와 상관 없이 정액제로 5위안만 내면 어디든 갈 수

강윤아 법무법인 광장 베이징대표처 수석대표

있었으며, 길거리에는 애완용인지 식용인지 알 수 없는 오리에 목줄을 매어 끌고 가는 사람이 있어서 마치 시대를 거슬러 올라간 듯한 느낌이었다.

교수님은 막 퇴임하여 연세가 지긋한 분이셨는데 예의범절과 절약을 강조하셨다. 가장 처음 배운 사자성어는 '그 고장에 가면 그 고장의 풍속을 따라야 한다'는 뜻의 루시앙쉐이수(入乡随俗)로 교수님 댁의 규칙에 따라 물 절약을 위해 3일에 한 번 샤워를 하고, 샤워한 물을 보관해서 변기 물로 사용했다.

동네 서점에 들러 루쉰(鲁迅)과 위화(余华)의 산문집 10여 권을 사서 돌아온 날에 '돈을 낭비한다'고 혼쭐이 나기도 했다. 원래 여름이면 하루에 몇 번도 샤워를 하고 읽고 싶은 책을 마음껏 사기도 했기에 스핑에서 경험한 중국은 휴지 한 장도 아껴 썼다는 60년대의 옛날이야기 속으로 타임 슬립한 것 같은 느낌이었다.

 그러나 중국은 지역 간에도 수십 년의 시간 차를 느낄 수 있을 정도로 다양한 수준의 경제, 문화적 특성이 존재하는 큰 나라임을 금방 알게 되었다. 지린대학에서 보낸 가을학기, 베이징 칭화대학의 봄학기, 하얼빈, 다롄, 상하이 등 전국 각지로 여행을 다니다 보니 지역마다 경제발전의 정도나 문화와 규정에서 모두 차이가 있었다.

 어떤 지역에서는 택시 정액제가 아닌 미터 요금제가 활성화되어 있었고 거대한 쇼핑몰과 고급 레스토랑의 번화가가 들어선 곳도 있으며 음식 가격에서도 이미 한국 물가를 초월한 곳도 있었다. 그렇게 중국에서 1년의 유학 생활을 하면서 지역별로 시대를 넘나드는 듯한 다양한 생활 방식과 문화가 공존하는 나라인 중국에 대해 깊은 호기심을 갖게 되었다.

 변호사가 된 나는 2018년 법무법인(유)광장의 베이징 대표처로 발령을 받게 되었다. 한국 속담에 10년이면 강산도 변한다고 하는데 그 말이 딱 맞았다. 10년 전 중국 친구들과의 소통 수단이었던 페이스북은 더 이상 접속할 수 없어 옛 친구들을 찾기 어려웠다.

 친구들과 자주 먹었던 길거리표 샤오카오(烧烤)도 더 이상 구경하기 힘들었다. 오히려 10년 전에는 없었던 위챗, 디디, 알리페이, 따종디엔핑 등 중국 어플이 보편화되어 택시 호출, 결제, 지역 정보 등을 실시간으로 쉽게 알 수 있는 등 전자상거래 플랫폼을 통한 생활의 편의는 더 좋아져 있었다. 기억 속 향수로 남은 추억은 뒤로하고 다시 새롭게 현재의 중국에 적응해야 했다.

 10년 만의 중국은 많이 변해있었지만 중국인 친구들, 지인, 동료들의 많은 도움 덕분에 중국 생활에 차츰 적응할 수 있었다. 베이징에 온 지 얼마 되지 않았을 때의 일이다. 교통사고로 오른발 등뼈가 골절되어 뼈가 붙을 때까지 한두 달은 꼼짝 없이 집에 있어야 했다. 깁스를 하고 혼자 집에 덩그러니 누워 있었는데 초인종이 울렸다. 문을 열어 보니 휠체어가 있었다. 이어 간호원도 들어와 나를 보살펴 주었다.

거동이 불편한 나를 생각해 중국인 친구가 보내준 것이었는데 지금까지도 잊을 수 없는 큰 감동으로 남아있다. 또 다른 친구 취야오는 뼈에 좋다는 연근갈비탕(莲藕排骨汤)을 손수 요리해 주기도 했다. 당시 인사를 나눈 지 얼마 안 됐지만 살뜰히 챙겨주는 이들의 마음 덕분에 스산했던 베이징 생활에 정을 붙일 수 있었다.

업무적으로도 마찬가지였다. 킹넷(恺英)의 황위(黄宇) 변호사와 Globe 로펌(高文律师事务所)의 쫭옌(庄严) 변호사는 업무로 만났지만 먼저 친구처럼 조건 없이 무한한 호의와 친절을 베풀어 주었다. 함께 사건을 수행하고 세미나를 하며 꾸준히 교류하다 보니 나에게는 정말 소중한 법조계 멘토 선배들이 되었다.

차이다(柴达), 옌멍(闫孟)은 둘도 없이 좋은 친구인데 중국기업들의 한국 투자 관련 법률 자문 또는 송무 사건이 있을 때마다 나를 찾아주어 업무 파트너로서의 호흡도 맞춰갔다. 이렇게 소중한 인연을 통해 업무 경험을 축적하고 성장할 수 있고 또다시 업무를 통해 소중한 인연이 만들어질 수 있다는 것을 나는 중국에 와서 여실히 체득하게 되었다.

베이징 생활 초반에 가장 어려웠던 것은 언어의 장벽이었다. 비록 간단한 대화나 법률 서류 독해 정도는 가능했지만 막상 중국인들과 업무 회의를 하려니 법률 용어와 비즈니스 어휘가 난무하는 빠른 대화 속도를 따라가기란 여간 쉬운 것이 아니었다.

이러한 어려움을 극복하는데도 당시 곁에 있던 중국인 친구, 고객들의 도움이 매우 컸다. 이들은 종종 중국인들만 모인 자리에 나를 초대해 주었고 내가 이해할 수 있도록 천천히 질문을 해주며 느린 대답도 끝까지 경청해 주었다.

또한 중국 고객들은 중문 표현의 세밀한 뉘앙스 차이까지 알려주고 중국인 동료 지인분들도 중국 법률 용어의 정확한 사용에 관해 친절하게 설명해 줬다. 나는 이런 내용을 꼼꼼히 기록하고 복습하면서 점차 중국어로 회의하고 법률 서면을 작성하는 업무가 익숙해졌다. 그 결과 난생처음 중국 국제경제무역중재위원회(CIETAC)에서 중국어로 진행되는 국제중재 사건 변론에 참석하여 한국법을 설명할 수 있었다.

그러던 중 본격적으로 중국 문화 속으로 깊게 들어가게 된 것은 중국인 남편과 만나고 나서부터였다. 중국 변호사인 남편과는 처음 만난 순간부터 법률 이야기를 통해 많은 공감대를 형성해서 금방 가까워질 수 있었다. 두 번째 만남은 조양공원에서였는데 석양이 공원 호수에 비쳐 어른거리는 모습을 바라보면서 남편은 '보광린린(波光粼粼)'이라는 표현을 알려주었다. 해질녘 아름다운 노을이 반사되어 황금빛으로 변한 물결이 하늘하늘거리며 반짝이는 모습을 단 네 글자로 표현할 수 있는 중국어의 아름다움에 대한 감탄이 절로 일어났다.

그 '린(粼)'자 발음을 통해 물고기 비늘(鱗)도 연상이 되었는데, 잔물결의 모양이 마치 물고기 비늘과도 유사한 모양이었기에 그 표현이 더 멋스럽게 느껴졌다. '중국어가 이렇게 아름다운 언어구나!'하는 깨달음과 함께 자상하고 친절하게 중국에 대해 설명해 주는 남편, 황홀한 조양공원의 노을 풍경이 어우러지면서 남편과 중국 모두에 완전히 매료되었다.

2년의 열애 끝에 남편이 나고 자란 충칭 산골 조부모님 댁에서 결혼식을 올렸다. 결혼식 며칠 전부터 돼지를 잡고 음식을 준비하고 멀리서 오는 하객을 맞느라 분주했다. 마을 아이들도 함께 사탕 박스를 만들고 풍선을 불며 신혼 방을 꾸며 주었고 친구들 중에는 24시간 운전해서 오는 이들도 있었다. 결혼식 당일에는 신랑과 들러리들이 신부인 나를 데리고 예식장까지 긴 차량 행렬을 지어 이동하고 밤늦게까지 축하행사를 가졌다.

통상 한두 시간 안에 끝나는 한국 도시 결혼식과 비교하면 중국 산골에서의 결혼식은 신랑 신부 가족과 하객이 긴 시간 이동하고 다방면에서 참여해야 하기에 많은 시간과 체력이 요구된다. 그래서 긴 연휴 중간에 결혼식을 하는 경우가 많다. 참석하는 하객들은 긴 연휴를 반납하고 참석하는 것이라 정말 친한 사람들만 와서 긴 절차를 지켜보며, 그 과정에서 평생토록 함께 나눌 특별한 추억을 만들 수 있었다.

연애 초반 중국 춘절(음력 설)을 맞이하여 남편의 조부모님 댁에 처음 방문했을 때는 적응하기가 여간 쉽지 않았다. 조부모님 댁은 산기슭에 위치해 있어 물을 끌어오기가 어려웠다. 평소 빗물을 저장해 사용하는데 겨울인 춘절에는 그마저도 얼어붙어 찬물로 샤워를 해야 했다.

난방 시설이 없어 나무 장작으로 만든 화롯가를 벗어나면 한기가 서려 실내에서도 두꺼운 겨울 외투를 입어야 했다. 화장실도 방에서 멀리 떨어져 있고 야밤에는 빛이 없어 화장실 가는 것도 무서웠다. 도시의 편리함에 익숙한 나에게는 적응하기 쉬운 환경이 아니었다.

시댁의 가족들과 친척, 그리고 마을 사람들은 나를 사랑으로 맞아주었다. 할아버지는 경상도 남자처럼 정은 깊지만 평소 무표정하고 과묵한 분이신데 나에게 만큼은 언제나 활짝 웃어주신다.

춘절에는 가족들과 폭죽놀이를 했고 귤을 까먹으며 마작을 즐겼다. 사촌 동생들과 도란도란 대화를 나누며 놀던 충칭 산골 마을의 자연 등 매 순간이 따뜻한 추억이 되었고 우리는 진정한 가족이 되었다.

학생 때 동북 지린성 스핑으로 향했던 작은 발걸음이 중국에서 생활을 하며 가정을 이루고 중국 문화 속으로 당찬 걸음을 해 나갈 수 있는 단단한 밑거름이 될지는 꿈에도 몰랐다.

어떤 거대한 힘에 이끌리듯 변호사가 되어 다시 찾은 중국에는 고마운 친구와 지인들이 있었고 그들과 소중한 인연을 이어가면서 다양한 업무를 경험할 수 있었다. 특히 남편과의 만남은 중국의 새로운 매력을 발견하고 중국 사회와 중국 문화를 더 깊숙이 이해하는 계기가 됐다. 이런 경험들은 한중 간 법률 자문 또는 분쟁 사건을 다룰 때 더할 나위 없이 소중한 자산이 됐다.

또 그러한 경험들로 인해 자연스럽게 고객들이 늘어나고 2021년에는 베이징 대표처 수석대표로 승진하기도 했다. 이를 계기로 법률뿐만 아니라 관리 업무까지 다양한 경험을 쌓고 각계각층의 중국과 한국 분들과 교류하며 시각을 더욱 넓혀갈 수 있는 것 같다.

업무를 하다 보면 중국과 한국은 법률 실무에 있어서도 차이가 있다는 것을 종종 느낄 때가 있다. 예컨대 한국에서 소송할 때는 원칙적으로 제출된 증거가 원본임을 믿고 상대방의 이의제기가 없는 한 제출자가 일일이 증거가 원본임을 입증할 필요가 없다. 그러나 중국에서 소송할 때는 절차상 제출자가 증거 원본을 일일이 제시하여 제출된 증거가 원본임을 증명해 보여야 한다.

　　그동안 중국인 가족, 중국 친구들과의 문화적 차이를 조화롭게 해결해 왔던 것처럼 앞으로도 한국과 중국 간 법률 실무의 간극으로 인한 오해와 분쟁도 조화롭게 잘 해결하는 변호사가 되고 싶다. 더 나아가 여러 측면에서 나를 성장시켜 준 한국과 중국 사이 바로 그곳에서 굳건히 자리를 잡고 양국 간 교류와 이해를 증진하는데 도움이 되는 사람으로 쓰일 수 있기를 희망한다.

강윤아 법무법인 광장 베이징대표처 수석대표의 중국 현지 결혼식 사진

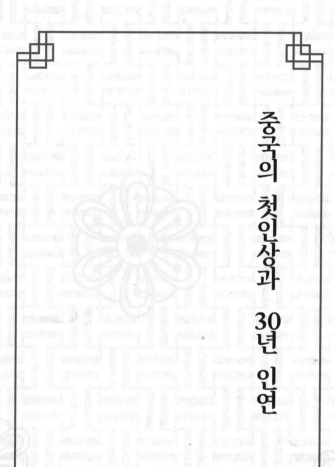

중국의 첫인상과 30년 인연

최헌규_뉴스핌통신사 중국본부 본부장
(중국전문기자)

중국의 첫인상과 30년 인연

한 중 수교 이전 막 신문사에 입사한 필자는 편집국 외신부에서 중국 관련 뉴스를 취급하는 책임을 맡았다. 당시엔 인터넷이 없었던 때라 전산 와이어로 전송되는 종이 프린트물을 통해 로이터와 AP 통신사 등 서방 매체의 중국 뉴스를 접한 뒤, 이를 기초 자료로 삼아 기사를 작성했다. 일본의 제휴사가 팩스나 항공 우편물로 보내오는 신문과 잡지에도 한국 사회가 궁금해 하는 중국 소식들이 많아 중국 뉴스 작성에 자주 활용했던 기억이 있다.

미국과 유럽, 일본 매체들의 중국 현지 주재 특파원(상주 기자)들이 전하는 생

필자가 2023년 봄 중국 광둥성 선전시 화웨이 본사의 ICT와 5G기술 전람관을 참관한 뒤 기념 촬영을 하고 있다.

생한 중국 뉴스는 풋내기 기자인 필자로 하여금 가슴을 뛰게 했다. 서방국 기업들의 중국 투자 진출과 활발한 경제협력, 문화 관광 예술 학술교류와 인적 왕래는 너무나 부러운 일이었다. 역사를 통해서만 배웠던 베이징의 자금성과 만리장성을 빨리 보고 싶고 백두산과 삼국지의 고장 쓰촨성 청두의 무후사도 가보고 싶었다. 중국에 한 번만 가봤으면 더 이상 소원이 없을 것 같았다.

이런 바람 때문에 필자는 일본과 미국, 유럽 나라들처럼 한국도 하루빨리 중국과 수교를 했으면 좋겠다는 생각을 했다. 얼마 지나지 않아 한중 양국은 수교전 단계로 대표부를 교환설치 했고, 비록 중국 방문증(비자)을 받는 절차가 까다롭긴 했지만 드디어 중국에 갈 수 있는 길이 열렸다. 중국에 가보고 싶은 열망과 성급한 마음을 주체하지 못하고 필자는 무진 애를 쓴 끝에 끝내 중국 방문증을 손에 쥐었다.

필자가 처음 중국을 찾은 것은 1992년 8월 17일인데 당시 수교 전이라 한중간에는 김포 ~ 톈진, 김포 ~ 상하이 구간에만 일주에 한 차례씩 전세기 항공편이 왕복 운항됐다. 아내와 함께 톈진공항에 내린 필자는 입국장 로비 밖의 광장으로 나가 서울의 지인으로부터 소개받은 조선족 교포를 만나 그토록 기대하던 중국 탐방 여행에 나섰다. 우리는 봉고차를 타고 약 두 시간 반 정도 걸려 베이징에 도착했다. 그로부터 먼 훗날인 2008년 이 톈진 ~ 베이징 구간에는 40여분이 채 안 걸리는 중국 최초 고속철이 놓였고, 필자는 중국 주재 한국 특파원으로서 개통식 때 시승 취재를 했다.

중국 현지서 들은 복음, 1992년 한중 수교

필자의 인상에 당시 베이징은 매캐한 연탄 냄새에 공기가 탁하고, 전체적으로 뿌연 잿빛을 한 무거운 도시였다. 주택들은 5층짜리 빌라 같은 건물이 많이 눈에 띄었다. 중국이 개혁개방에 나선 지 10년이 넘었지만 당시 중국에서 집(아파트)은 여전히 단위(직장)에서 배급을 주는 것이지 사고팔고, 또 개인이 소유하는 재산의 개념이 아니었다. 중국에서 주택을 사고팔고 하게 된 것은 1998년 무렵 부동산 개혁조치가 나온 뒤였다.

당시 중국 사람들의 복장은 필자가 입은 청바지와 컬러 무늬가 들어있는 단순한 티셔츠 차림이 화려하게 느껴질 정도로 온통 무채색 차림이었다. 창안제와 베이징역, 톈안먼, 고궁(자금성) 인근 거리의 군중들은 대체로 검정 바지나 치마, 날염조차하지 않은 아주 값이 싼 흰색 나일론 셔츠를 입고 있었다.

생애 첫 중국 방문이었던 당시 여행 일정은 일주일이었다. 필자는 언제 또 다시 중국에 오겠나 하는 생각에 짧은 시간이지만 최대한 일정을 빡빡하게 잡아 베이징의 유명 관광지와 우리 교포들이 많이 거주하는 옌벤 지역, 백두산 일대를 돌아봤다.

일주일간 베이징과 동북 지역을 여행하면서 만난 중국 사람들은 필자의 고향인 강원도 사람들처럼 소박해 보였고 별로 이질감이 느껴지지 않았다. 이제 막 입을 떼기 시작한 아이처럼 몇 마디 하는 정도의 중국어로 현지 사람들과 접촉해본 느낌은 모두가 체면을 중시하고 남에게 겸손하며 친절하다는 점이었다. 오랜 세월 유교와 한자 문화권 속에서 함께 지내와 양국인의 특성이 비슷한 것 같다. 필자는 수교 이후 만나온 모든 중국 친구들과 지금까지 한결같이 따뜻한 우정을 나누고 있다.

중국 현지 7일 여정은 순식간에 휙 지나갔다. 난생처음인 중국 여행을 마치고 귀국길에 오른 8월 24일은 공교롭게도 역사적인 한중 수교일이었다. 당시 휴대폰도 없고 수교가 극비에 붙여진 터라 필자는 기자 신분임에도 이 소식을 톈진(天津)공항 아시아나 항공기에 탑승한 뒤 기내 신문을 통해 알았다.

짧은 일주일간의 여행을 마무리하는 순간 아쉽고 서운한 차에 수교 소식을 들으니 기쁘기가 이를 데 없었다. 이제 마음만 먹으면 여행이든 취재 출장이든 얼마든지 중국을 오갈 수 있게 됐고 중국에 대한 지적 호기심을 마음껏 충족시킬 수 있게 됐기 때문이다.

필자는 무슨 인연이 있어서인지 수교 이후 10여 년간 평균 일 년에 한두 번은 출장이나 여행을 갈 일이 생겼다. 중국 출장 기회가 생기면 모든 계획을 변경한 뒤 손을 들어 지원했고, 한중 양국 간 기념할 만한 행사가 생기면 반드시 특별 취재 기획안을 만들어 중국 현지에 건너가 취재를 했다.

외신부가 아닌 다른 부서에 근무할 때도 틈틈이 중국 관련 책을 읽고 서울에 있는 중국어 학원을 다니며 중국 공부를 게을리하지 않았다. 그러던 중 필자는 중국 공부를 심화할 수 있는 절호의 기회를 맞았다. 2004년 한국기자협회 언론재단의 언론인 해외 연수 프로그램에 선발된 것이다.

당시 한국 주요 매체에서 선발된 5명 가운데 다른 기자들은 모두 미국 대학을 지원했고 필자만 중국으로 가겠다고 했다. 시험관들과 다른 기자들 모두 생활이 편리하고, 교육 환경이 모두 좋은 미국을 마다하고 중국으로 가겠다고 하는 필자를 의아해하는 눈으로 바라봤다.

그때만 해도 중국은 여전히 경제 규모가 그리 크지 않았고 국제 경제 영향력도 지금처럼 막강하지 않았다. 하지만 2001년 WTO(세계무역기구) 가입 이후 서서히 시간이 지나면서 수출 무역을 통해 중국 제조와 경제가 급성장세를 보이기 시작했다. 중국 상하이, 광둥성, 장쑤성, 산둥성, 푸젠성, 저장성 등 연해 지역은 세계의 공장으로 거듭났다.

한국기업들은 인건비와 임대료 등 기업 비용이 싼 중국을 기회의 땅이라고 여기고 너도나도 중국 사업을 확대하기 시작했다. 삼성의 중국 투자와 현대자동차의 중국 합작 진출 등 한중 경협이 급격히 증가했다. 기업 교류의 훈풍을 타고 중국 관광과 유학도 재차 붐을 일으켰다. 필자는 중국 경제의 이 같은 변화상을 현지에서 직접 확인하고 싶어 중국을 연수 목적지로 택한 것이다.

중국 공부에 자양분이 된 베이징대 연수

베이징대학 1년 연수(2004년~2005년)는 바쁜 기자 일상에서 벗어나 잠시 머리를 식힐 수 있고, 특히 중국 공부의 욕심을 마음껏 충족시킬 수 있다는 점에서 필자의 인생에 있어 화양연화와 같은 시간이었다. 베이징대학에서는 언어와 문화 경제를 중심으로 공부를 했고, 시간이 남으면 만사를 제쳐두고 경제 발전 도시와 산업현장, 삼국지 유적지, 유명 관광지 등을 찾아 체험 여행을 떠났다.

베이징대학 연수 시절 인상에 남는 일은 2023년 타개한 리이닝 교수(厉以宁 교수, 당시 베이징대학교 광화관리학원 원장)를 인터뷰했던 일이다. 또 당시 잘 알아듣지는 못했지만 사회주의 중국 경제의 주식제 개혁과 경제 체제 개혁에 대한 리 교수의 특강을 두어 시간 들었던 일도 잊혀지지 않는다.

리이닝 교수는 필자에게 손수 지은 시라며 작은 시집 한 권을 선물로 주셨다. 필자가 볼 때 리 교수는 소박한 성품에 선비와 같은 풍모를 지닌 분 같았다. 필자는 당시 리 교수가 선물로 주신 시집을 지금까지 소중히 간직하고 있다. 리이닝 교수에게서 못다 들은 강의는 나중에 리 교수의 저작을 찾아 읽으며 보충할 수 있었다.

베이징대학에서의 연수는 베이징 특파원으로 선발되는 계기가 됐으며 특파원으로서의 중국 현지 생활은 2009년 말까지 이어졌다. 베이징대 연수가 끝날 무렵 필자가 당시 몸담고 있던 헤럴드경제 사주이셨던 홍정욱 회장이 베이징으로 건너와 특파원을 해보지 않겠다고 말했고 필자는 감사한 마음으로 제의를 받아들였다.

중국의 2001년 WTO 가입은 폭발적인 경제 성장을 가져왔고 개혁개방에 따른 중국의 눈부신 발전상을 세계만방에 과시하는 계기가 됐다. 그중 가장 대표적인 것이 2008년 베이징 하계올림픽이었다. 필자는 2008년 저녁 8시 냐오차오에서 열린 베이징올림픽 개막식을 비롯해 육상과 수영, 양궁 등 주요 경기를 취재했다.

특히 장이머우 감독이 연출한 2008년 베이징 올림픽 개막식은 단기간 중국이 이룬 경제 발전의 눈부신 성과와 첨단 IT 기술, 공맹의 유교문화와 한자와 서예, 경극과 쿤취 등 수천 년 축적된 인문 전통을 세계에 과시하는 역사적인 무대가 됐다. 당시 필자는 외국 기자로서 베이징 올림픽을 지켜보면서 중국의 경제와 기술, 문화적 역량과 저력을 실감했다. 필자 생각에 베이징 올림픽은 한국을 포함한 서방 세계가 중국을 보는 관점에 커다란 전환점이 된 것 같다.

베이징 올림픽 전후, 그리고 올림픽을 치른 뒤인 2009년까지 중국은 독일 영국과 프랑스, 일본까지 차례로 따돌리고 경제 규모에 있어 미국 다음의 'G2 국가'로 도약했다. 중국 경제는 규모만 큰 게 아니라 신산업 분야에서 발 빠른 구조전환을 보여왔다. 첨단 기술 서비스 신경제 분야를 비롯해 퀄리티 면에서 선진 공업국가 대열을 향해 무섭게 줄달음쳤다.

중국은 2011년 12.5 계획(12차 경제개발 5개년 계획) 시절부터 신창타이(뉴노멀)를 강조하면서 저에너지 친환경 첨단 기술 위주로 경제의 성장 패러다임을 바꿔왔다. 최근 고질량 발전과 신품질 생산을 주요 경제발전 목표로 내세우고 있고 저탄소 정책도 강화하고 있다.

12.5 계획 이후 가속화한 '중국 제조 2025' '인터넷 플러스' 정책은 중국 산업에 일대 지각변동을 가져왔다. 중국 경제는 첨단 ICT(정보통신기술)에 의해 구동되는 뉴비즈니스 인터넷 모바일 신경제로 급격히 모습을 바꿨다. 베이징 중관춘과 이쫭 뉴타운, 선전기술 기업 화웨이 R&D 센터, 알리바바와 징둥의 물류 기지는 모두 '중국 기술 굴기'가 힘차게 맥박치는 현장들이다. 이제 또다시 중국은 'AI 플러스'를 내세워 세계적인 AI 경쟁을 주도하고 있다.

하계 동계 두 차례 베이징올림픽 현장 취재의 추억

필자는 2019년 가을 현재의 직장인 뉴스핌통신사의 중국 특파원으로 발령을 받아 두 번째로 중국에 머물며 현지 취재를 하게 됐다. 중국에 도착한 지 세 달 만에 발생한 코로나는 3년 여(2019년 말~2023년) 동안이나 지속됐다. 서방 세계의 이목은 온통 코로나19라는 전대미문의 전염병에 쏠렸다. 하지만 코로나 기간 중국에서는 정작 코로나보다 더 주목할 만한 기술 도약의 변화와 국가적 이벤트가 있었다.

특히 코로나 확산과 미국의 대중국 압박이 거세졌음에도 불구하고 필자가 보기에 오히려 이 기간 중에 중국의 기술 굴기가 한층 맹렬하게 진행된 것 같다. 코로나 기간 중 중국은 유럽 등 몇몇 선진국들의 전유물인 대형 크루즈선을 건조해 인도하는 데 성공했다. 미국과 유럽 외에는 어느 나라도 흉내를 못내는 상업용 항공기(C919)도 제작해 국제 인증을 마치고 상업 운항에 돌입했다. 코로나로 비대면이 일상화되면서 이커머스 등 중국의 디지털경제도 코로나 기간 급성장세를 나타냈다. 중국 디지털경제 규모가 총 GDP의 절반을 넘는 것도 우연이 아니다.

중국은 코로나 기간 중인 2020년 소강사회(의식주가 비교적 넉넉한 사회)를 맞았고 2021년 7월 1일 역사적인 공산당 창당 100주년을 맞았다. 2022년 2월엔 14년 전 베이징 하계올림픽에 이어 베이징 장자커우 동계올림픽을 치렀다.

같은 해 8월 24일엔 베이징 국빈관 조어대에서 한중 수교 30주년 행사가 열렸고 10월엔 시진핑 총서기 집권 3기를 여는 공산당 20차 당대회가 개최됐다. 이어 이듬해인 2023년 3월 중국은 코로나 통제를 전면 철폐한 직후 양회(전인대와 전국정협)를 열었다.

필자는 코로나라는 장애물을 헤치고 이들 대회와 행사를 전부 현장 취재하는 기회를 가졌다. 당시 대부분 행사 주최 기관은 코로나 확산을 우려해 취재 등록 인원을 최소한으로 제한했다. 하지만 기자는 하나하나가 모두 역사적인 이벤트라는 점을 주목, 어떻게 해서도 방법을 만들어 현장 취재에 임했다.

특히 2008년 베이징올림픽에 이어 2022년 베이징(장자커우)동계올림픽 개막식을 베이징 냐오차오(올림픽 메인스타디움)에서 현장 취재한 것은 잊지 못할 추

필자가 2022년 2월 베이징 동계올림픽 취재 도중 베이징 TV와 인터뷰를 하고 있다.

억으로 남아있다. 동계올림픽은 14년의 격차를 둔 중국 굴기를 다시 한 번 전세계에 과시하는 무대였다. 2008년 올림픽에 이어 재차 개막식 공연 총연출을 맡은 장이머우 감독은 중국 번영의 자부심을 유감없이 발산했다. 베이징 동계올림픽 개막식 취재 때 동행한 중국 외교부 직원은 필자가 2008년 베이징올림픽 개막식도 현장 취재했다고 하자 외국 기자로서 두 차례의 베이징올림픽을 모두 취재한 사례는 처음 들어본다고 말했다.

코로나 기간 도시 내 행사 취재는 물론 도시 밖 이동 통제도 엄격했다. 하지만 뜻이 있는 곳에 길이 있다는 얘기가 과히 틀리지 않았다. 현장 취재를 중시했던 필자는 간혹 규제가 완화될 때는 늘 기회를 놓치지 않고 베이징 밖으로 출장을 떠났다. 돌이켜보면 코로나 기간에도 평균 한두 달에 한 번 꼴로 베이징을 떠나 중국의 많은 곳을 살펴볼 수 있었다.

인상 깊은 현장 취재 중 하나는 중국 경제의 젖줄로 일컬어지는 장강(長江) 탐방이었다. 코로나 기간과 겹친 3년 여간의 특파원 임기가 끝날 무렵인 2023년 1월 춘제(春節, 설) 연휴 때 기자는 산샤(三峽) 유람선 장강 3호에 승선해 나흘 동안 장강(長江) 일대를 돌아볼 기회를 가졌다. 이 여행은 중국 경제 기적의 상징성을 지닌 장강 유역 경제와 인문, 자연을 한꺼번에 살펴보는 뜻깊은 기회

2022년 2월 4일 밤 8시 필자가 베이징동계올림픽 개막식이 열린 베이징 냐오차오에서 기념촬영을 하고 있다.

가 됐다.

당시 설 연휴라서 그런지 유람선 출발지인 충칭의 해방비 거리는 소비 인파로 발 디딜 틈 없이 붐볐다. 서부 대개발의 일선 지역인 충칭직할시가 연해 지역에 이은 신성장 허브로서 신시대 중국 경제 굴기를 뒷받침하는 것 같았다. 서방 일각에선 인구감소로 중국 경제가 쇠퇴할 것이라는 이른바 피크차이나론이 제기됐지만 충칭과 장강변 주요 도시의 경제 활력으로 볼 때 이런 전망은 탁상공론에 불과한다는 느낌이 들었다.

한중 교류를 지원하는
하늘 위 다리를 구축하다

중국국제항공공사 서울영업부

한중 교류를 지원하는 하늘 위 다리를 구축하다

"한중 양국 간의 인적 교류가 나날이 증가하고 있는 가운데, 중국국제항공공사는 안전 운항의 원칙하에 양국을 오가는 사람들을 위해 양질의 서비스를 제공하며 양국 교류를 지원하는 교량 역할에 힘을 다하고 있습니다."

- 자항위(賈航宇) -

자항위(賈航宇) 중국국제항공 한일지역 서울영업부 총경리(서울 소재 총경리 사무실에서)

중국국제항공은 일찍이 1994년 12월 서울−베이징 노선 운항을 개시하였으며, 양국 간 정치·경제무역·문화·관광 등 각 분야의 교류가 확대됨에 따라 양국 간 인적 교류도 지속적으로 증가 추세를 보여왔다. 지난 30여 년간 중국국제항공은 관련 시장 동향을 긴밀히 주시해 왔으며, 앞으로도 여행객의 방한 수요 증가에 따라 운항 노선 및 편수를 실제 상황에 맞춰 조정해 나갈 계획이다.

서울영업부 설립 이래 중국국제항공은
한국에서 어떤 발전을 이루었는지?

1995년 1월 1일 중국국제항공 서울영업부가 설립되었다. 서울 영업부의 직원 수는 총 70여 명에 달하며 그중 지상직 직원은 대부분 한국인이고 모든 지상직 직원이 한국 현지 업무에 필요한 한·중·영 3개 언어를 유창하게 구사한다. 또한 대부분의 한국인 직원들이 중국 유학 경험이 있고 중국 문화를 좋아한다. 이들 중 다수가 학창 시절 양국을 오가는 과정에서 중국국제항공을 자주 이용하는 등 중국국제항공에 매우 높은 충성도를 보여준 고객이기도 하다.

중국국제항공과 선전항공 등 중국항공그룹 계열 항공사들은 한국에서 한중 노선 및 제6의 자유 연계 수송 노선을 운영하고 있다. 한중 노선으로는 매주 서울, 부산, 제주와 베이징, 톈진, 옌지, 항저우, 원저우, 청두, 충칭, 선전 등 도시를 오가는 노선을 운항하고 있으며, 한국 여행객들을 위해 베이징, 항저우, 청두 등을 거쳐 유럽, 미주, 호주 등으로 운항하는 노선을 제공하고 있다. 중국국제항공 영업부 통계에 따르면 2024년 2월 현재 중국국제항공의 한중 노선은 코로나19 이전의 70% 정도 수준으로 회복되었다. 또한, 올해 3월 말부터 여행객 수요를 고려하여 한국과 베이징을 오가는 항공기를 더 큰 기종으로 교체했다.

중국국제항공 서울영업부는 영사관의 영사 보호 업무를 적극 지원한 공로를 인정받아 덩치웅(邓琼) 전 주한 총영사로부터 감사패를 수여받기도 했다.

덩치웅(邓琼) 주한 중화인민공화국 총영사가 중국국제항공 서울영업부에 감사패를 전달하고 있다.

덩치웅(邓琼) 주한 중화인민공화국 총영사 일행이 중국국제항공 서울영업부를 방문하여 기념 촬영을 하고 있다.

현재 중국국제항공 서울영업부는 여객 및 화물 운송 서비스를 확대하여 안정적인 고객 기반을 확보하고 한중 양국의 비즈니스 여행객 및 물류 유통에 안정적 채널을 제공하고자 적극적인 노력을 기울이고 있다. 차후 양국 간 인적 교류가 지속적으로 증가함에 따라 운항 노선 및 편수를 실제 상황에 맞게 조정하여 양국의 정치·경제 및 문화 교류를 지속적으로 지원해 나갈 계획이다.

코로나19 기간 중 기억에 남는 일이 있다면?

코로나19 기간 중 가장 기억에 남는 일은 서울영업부가 비상시기에 화물 전세기 수송 임무를 부여받아 9일이라는 짧은 시간 안에 성공적으로 임무를 완수했던 일이다. 이는 한국 인천국제공항의 운항권 신청 소요시간 관련 최단기록을 세웠을 뿐만 아니라, 중국 내 업무 복귀 및 생산 재개 이후의 물자 수출 및 운송에도 기여했다.

2020년 3월 25일, 중국국제항공공사 서울영업부는 4월 3일 상하이 푸둥과 한국 인천 사이를 오갈 여객 전세기를 물류 운송으로 전환하여 중국 내 업무 복귀 및 생산 재개 이후의 수출 물류 운송을 보장해야 한다는 긴급 통보를 받았다.

이는 중국국제항공 서울영업부가 코로나19 기간에 최초로 수행한 화물 전세기 보장 임무이자, 중국 내 업무 복귀 및 생산 재개 이후 양국 간 공급 체인의 운송 문제와 직결되는 막중한 임무였다. 매우 어렵고 힘든 임무였지만 한국의 중국국제항공 직원들은 조금의 주저함도 없이 의연히 임무를 받아들였다. 한국 지사의 자항위(贾航宇) 총경리의 리더십하에 영업부는 화물 수송, 공항 터미널 등 관련 부서를 긴급 동원하여 부서별 업무 분장, 업무 프로세스 및 계획을 통합적으로 관리하고 운영했다. 그 결과, 4월 2일 22시 40분 중국국제항공 서울영업부는 한국 국토교통부로부터 긍정적 회신을 얻어냈다.

그 일 후에 한국 국토교통부 관계자에게 들은 바에 따르면, 국토교통부 또한 이렇게 짧은 시간 안에 운항권 신청을 허가한 전례가 없었다고 한다. 중국국제

중국국제항공 인천공항 직원들이 화물 전세기 임무를 수행하고 있다.

항공 직원들의 열정과 성의가 관계자들을 감동시켰기에 국토교통부 담당자 역
시 야근까지 감수하며 신규 노선 운항권에 대한 허가를 신속히 처리해 준 것이
었다.

짧은 시간 내에 신규 운항권을 취득할 수 있었던 것은 중국국제항공 직원들
이 평소에 한국 국토교통부, 인천공항 공사 등 한국의 관계 부처 및 기관과 긴
밀한 관계를 유지해 왔기에 가능한 일이었고, 이는 우리 서울영업부의 훈장으
로 오래도록 기억될 것이다.

중국국제항공은 향후 한국에서 어떤 발전을 계획하고 있는지?

기업 명칭의 중요한 일부이기도 한 '국제'는 중국국제항공공사에 있어 창립
초기의 아름다운 염원뿐만 아니라 중국의 유일한 국적 항공사로서 마땅히 다해
야 할 사명과 책임 의식을 담고 있는 단어이다. 중국국제항공은 세계 일류의 항
공운수기업으로 거듭나기 위한 전략적 자신감과 의지를 시종일관 견지하며 안
전 운항 능력을 부단히 제고하여 한중 양국의 비즈니스 교류와 물류 유통을 위
한 안정적 통로의 역할을 다할 것이다.

중국국제항공 서울영업부는 품질 경영 전략을 추구하고 있다. 한국의 여러 저명한 기업과의 폭넓은 협력을 통해 여객 서비스 수준을 제고하기 위해 노력하고 있다. 항공 분야에서는 한국 항공사들과 여객 및 화물 세일즈, 기내 서비스, 공항 안전 보장 등 분야에서 긴밀히 협력하고 있다. 또한 여러 한국기업들과 대형 고객사 협약을 맺고 인천공항 내에 대형 고객사 전용 체크인 카운터를 설치하여 비즈니스 교류 수요가 있는 양국 기업들에 신속하고 편리한 서비스를 제공하고 있다. 그 밖에도 중국국제항공 탑승권을 제시하면 한국 협력사에서 소비하는 상품 및 서비스에 대해 할인 혜택을 제공하는 등 고객 체험 향상을 위해 한국의 여러 비항공 분야 기업과도 호혜적 협력 관계를 맺고 있다.

　중국국제항공은 중국과 한국의 정치 및 비즈니스 환경의 지속적 개선을 계기로, 고객들에게 더욱 다양한 선택권과 양질의 서비스를 제공하고 한국 유수의 항공사들과 함께 한중 우호의 하늘 위 다리를 구축해 나아갈 것이다.

진심 어린 30여 년의 동행,
안정적인 발전으로 새로운 장을 펼치다

중국공상은행 서울지점

진심 어린 30여 년의 동행,
안정적인 발전으로 새로운 장을 펼치다

ICBC 서울지점이 위치한 태평로 건물

노래가 되어 울려 퍼진 30여 년은 우리의 심금을 울리고, 한배 타고 지나온 30여 년은 원대한 포부를 같이 품게 만든다.

중국공상은행(ICBC)은 1993년 한국에 진출해 대표처를 설립한 후, 30년간 한중 양국의 경제 무역 협력 및 투자 활성화를 위한 뜻깊은 여정을 함께 해왔다. 그리고 1997년 중국공상은행 서울지점을 정식으로 설립했다.

30년의 경험과 노련함으로 꽃피운 아름다운 정원

한중 수교 초기 양국의 무역 규모는 50억 달러에 불과했다. 중국공상은행(ICBC) 서울지점의 직원 수도 20~30명 정도였다. 그러나 수교 30년을 맞이한 지금, 양국의 무역액은 3,623억 달러로 사상 최대 규모로 성장했다. 서울에서 시작한

ICBC는 부산에도 진출하여 본점과 지점 3개를 둔 자산 규모 190억 달러의 은행으로 성장했다. 기업금융, 기관업무, 금융시장 및 소매금융 업무 등 폭넓은 금융상품과 위안화, 원화, 달러, 엔화, 유로화 등 다양한 통화 서비스를 제공하고 있다. 세계 500대 기업에 속하는 한국 18개 기업을 포함한 1,500여 개 기업의 법인고객과 4만여 개의 일반고객을 보유하고 있으며 한국의 주요 은행, 증권사, 자산관리회사, 산업협회, 법률사무소 등 중개 기관과도 광범위한 협력 관계를 맺고 있다.

초심을 지키며 한중 양국 고객을 위해 정성을 다한 30년

고객 수요에 맞는 차별화된 금융 서비스를 제공하는 것이 ICBC의 중요한 사명이다. ICBC 서울지점은 고객을 최우선에 두고 수익성, 긴급 자금조달 등 고객이 가장 관심을 갖는 현실적인 문제에 초점을 맞추어 ICBC의 우수한 글로벌 경영 시스템을 바탕으로 '원클릭 글로벌 대응' 서비스를 향상시켰다. 또한 글로벌 네트워크 역량을 활용하여 한중 양국에 특화된 금융서비스를 만들고 우수한 금융서비스를 제공함으로써 한중 양국 기업의 협력을 확대하기 위한 다리 역할을 하는 등 한국 사회와 경제의 발전을 위해 기여하고 있다.

ICBC 해외 지점 분포도(2023년 말 기준)

고객 발전 지원: 제조업의 안정적이고 상호보완적이며 견고한 밸류체인을 위해 유동자금 대출, 무역자금 조달, 채권 투자 등의 금융상품을 최첨단 제조기업, 강소기업, 국내외 무역 통합 선도 기업 등 한중 산업체인 공급망의 핵심 기업에게 지원해 왔다. 지난 3년 동안에는 주요 외자 무역 기업에 약 300억 달러의 자금 서비스를 제공했다. 한국에 투자한 중국기업의 금융 서비스 수요에 맞춰 주한(駐韓) 제조기업과 전기차와 태양전지, 리튬전지로 대표되는 '신3종' 민간 기업에 글로벌 급여 지급, MT 940(글로벌 계좌 발신) 등 글로벌 현금관리 서비스를 제공함으로써 자금 관리의 어려움을 해소해 주었다.

고객 비즈니스의 편의성 제고: ONE ICBC라는 그룹 통합 역량을 발휘하여 ICBC 국내 기관과 협력함으로써 자본 확충, 증자, 자산심사, 계좌개설, 결산, 송금, 환전 등 한국에 투자한 중국기업의 연동을 위한 전 과정 서비스를 제공하고 있다. 또한 중국에 투자한 주요 한국기업과 금융서비스 관계를 맺는 등 우수한 현지 고객 서비스를 바탕으로 한중 기업이 협력을 통해 함께 성장할 수 있도록 적극적으로 지원하고 있다. 한중 양국 고객의 제3시장 내 협력 및 글로벌 운영을 위한 금융 서비스를 제공하고 있는데, 특히 베트남, 캄보디아, 이탈리아, 튀르키예, 중동, 미국, 홍콩, 마카오 등 국가 또는 지역에서 성공적으로 금융 서비스를 제공한 바 있다.

고객 네트워킹의 효율성 제고: ICBC 서울지점은 ICBC 그룹의 국가 간 통합 플랫폼, '박람회+금융 서비스', ICBC 글로벌 브랜드를 기반으로 한 글로벌 경영 네트워크를 활용하고, ICBC만의 고객 및 금융상품, 서비스 등의 장점을 적극 발휘하여 한중 양국 고객의 협력을 돕고 있다. 또한 한국기업이 중국 시장에 진출하고 중국기업이 다양한 제품과 기술을 소개할 수 있는 새로운 기회를 제공하고 있다. 중국 국제 수입박람회의 경우, 100여 개의 기업을 박람회에 유치하여 약 30개 현지 기업이 박람회에 참가하도록 하고 있다. 또한 중국 내 여러 성(省) 및 시(市)가 한국에서 투자유치 및 박람회 초청 활동을 할 수 있도록 적극적으로 지원하고 한국기업이 중국 시장을 개척할 수 있도록 매칭 서비스를 제공하고 있다. 그중 광시성, 선전시, 베이징시, 허난성 등 10여 개 성 및 시의 한국 내 투자유치 활동을 적극 지원하고 참여하였다.

혁신적인 고객 서비스 모색: 한중 양국 기업 고객과 개인고객에게 보다 나은 서비스를 제공하기 위해 인프라를 지속적으로 개선하고 현지 결제 네트워크 및 위안화 국제결제시스템(CIPS)과 연계하여 위안화 국제결제 서비스를 시작하였다. ICBC는 한국 시장에서 가장 높은 비중을 차지하는 원－위안화 마켓메이커이자 한국중앙은행의 오픈마켓 오퍼레이션 지정 거래처로서, 기업 고객과 개인고객에게 효율적인 위안화 국제결제 서비스를 제공하고 있다. ICBC의 인적자원 및 전문성을 활용해 고객의 특수한 요구에 맞춘 다채로운 서비스를 제공하기 위해 지속적으로 노력하며 위안화 국제결제 거래의 특징에 맞는 한중 간 크로스보더 금융서비스를 혁신적으로 도입하였다. 또한 'ICBC 글로벌 결제' 브랜드를 출시해 고객에게 ICBC만의 새로운 글로벌 현금관리 서비스를 제공할 계획이다.

비바람을 뚫고 달려온 30년, 준법 경영 원칙으로 더 멀리

ICBC 서울지점은 '준법을 원칙으로 한 안정적인 경영'이라는 경영철학을 바탕으로 법규에 따라 각종 업무를 수행하며 규제 요건을 적극적으로 이행하고 규정 준수를 위한 자원을 지속적으로 투입해 왔다. ICBC의 규정 준수 및 자금세탁방지 업무는 관리·감독 기관의 인정을 받아 대한민국 금융위원회 위원장 표창을 수상하기도 했다.

또한 ICBC는 규정 준수 및 가치 창출의 이념을 견지하며 고객에게 규정에 부합하는 금융서비스를 제공하고 있다. 먼저 외자 기업의 한국 투자 및 운영에 관한 법률 및 규정의 틀, 국가 간 자금조달 및 자본 송금 관리에 관한 규정 등 일련의 내용들을 수집 및 정리하여 기업이 빠른 시간 내 현지 시장의 규정과 환경에 적응하도록 지원하고 있다.

정성을 다한 30여 년, 사회에 공헌하며 성과 창출

ICBC 서울지점은 경영 안정을 추구하는 동시에 사회적 책임을 적극적으로 실천하기 위해 노력하고 있다.

공익 활동에 적극 참여하며 사회와 함께 발전: 수년간 지속적으로 '도시 숲 조성' 공익사업에 참여하여 한국 기부단체인 사회복지공동모금회(사랑의 열매)에 기부금을 전달하고 서울지점 임직원의 생태공원 나무 심기 활동 참여 등 녹색 사회로의 지속가능한 발전을 위해 힘써왔다. 코로나19 기간에도 당시도 외국계 은행으로는 처음으로 대한적십자사에 1억 원을 기부해 대한적십자사 표창을 수상했다. 그 외에도 사회취약계층을 위한 기부금 및 장학금 전달, 장애인 활동 지원, 플로깅 등 공익 활동을 펼치고 있다.

녹색 금융의 지속적인 추진과 ESG 경영 실천: ICBC는 2022년 한 해에만 9개의 ESG 채권에 투자했다. 총금액은 2억 2,800만 달러였으며 투자 건수와 금액 모두 사상 최고치를 기록했다. 참여했던 프로젝트 중 한 한국 업체의 풍력발전 프로젝트는 ICBC 그룹 ESG 프로젝트로 선정되었다.

손을 맞잡고 발전을 이룬 30여 년, 고객과 함께 성장

ICBC 서울지점은 한중 양국의 지속적인 경제 무역 교류와 투자 협력 덕분에 한 걸음 한 걸음 성장할 수 있었다. 한중 양국 고객의 지지와 신뢰, 양국 임직원의 끊임없는 노력과 근면성실한 태도가 있었기에 성장할 수 있었다. 미래는 이미 우리 곁에 와 있다. ICBC 서울지점은 고객을 중심으로 우수한 금융서비스를 지속적으로 제공함으로써 한중 양국 고객의 발전을 돕고 양국 경제 무역 협력에 힘을 더하여 고객과 함께 성장해 나갈 것이다. ICBC 서울지점은 고객의 곁에 있는 은행, 신뢰할 수 있는 은행으로서 고객과 함께 발전을 도모할 것이다.

ICBC 서울지점이 지원한 한국 풍력발전 프로젝트

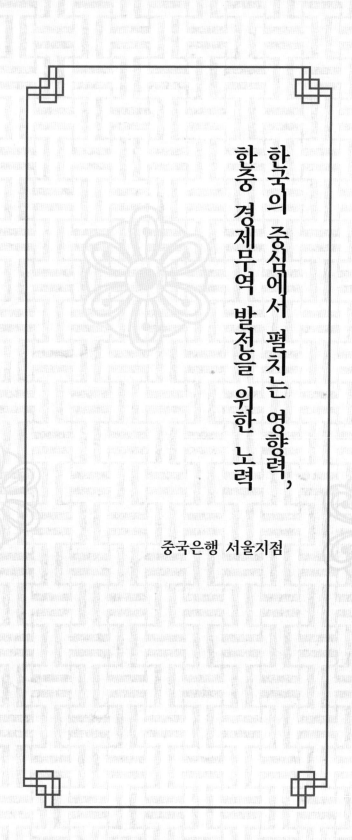

한국의 중심에서 펼치는 영향력,
한중 경제무역 발전을 위한 노력

중국은행 서울지점

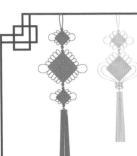

한국의 중심에서 펼치는 영향력,
한중 경제무역 발전을 위한 노력

중국은행의 설립은 1912년으로 거슬러 올라간다. 백여 년의 발전 과정에서 중국은행은 중국의 외환 및 무역 전문 은행으로서 대외 무역을 위한 금융 업무를 수행하는 대형 국유은행으로 성장했다.

중국은행 서울지점은 한국 시장에 처음 진출한 중국계 금융 기관이다. 1992년 한중 수교가 이루어진 해에 중국은행 대표처가 한국에 세워졌으며 1994년 1월 '중국은행 한성지점'이 정식으로 문을 열었다. 한성지점의 수준 높은 금융 서비스와 규모는 그간 한국에서 보기 어려웠던 수준이어서 각계의 주목을 한 몸에 받았다. 2005년 12월 21일 중국은행 한성지점은 중국은행 서울지점으로 명칭을 변경했다.

중국은행 서울지점 영업부

2003년 8월 9일에는 중국은행 안산지점이 정식으로 운영을 시작했다. 2006년 10월 12일 대구광역시에 위치한 대구지점이 정식 업무를 시작했고 중국은행의 금융 서비스 범위는 이를 기점으로 한국 중남부 지역까지 확장되었다. 2008년 6월 5일 서울 구로지점이 정식 운영을 시작했다.

지난 30여 년간 중국은행 서울지점은 한중 관계의 발전과 더불어 성장했다. 오랜 역사를 보유하고 있는 중국은행의 개방 정신을 이어받아 한중 경제 무역 발전에 이바지해왔다. '양국 시장을 하나로 잇는다'라는 설립 초기 사명을 계승함으로써 한중 기업 간 소통 및 교류와 협력 분야 확대를 위해 금융 차원에서 부단히 힘써왔다. 한중 협력관계가 질적 발전을 거두면서 중국은행 서울지점은 한국 내 우수 기업과 주요 금융 기관의 중요 협력 파트너로 성장하였으며 한중 기업 간 매칭 플랫폼으로써의 금융 관련 지원을 하고 있다. 구체적으로는 산업 밸류체인 개발, 중국 자본 시장 투자, 통상 채널 확대, 협력 플랫폼 개설 등 다양한 측면에서 금융 서비스를 제공하고 있다.

설립 초기 서울지점은 중국의 대외 개방 정책 기조를 성실히 이행하여 '글로벌 통일형 수신' 업무 방식으로 한국기업의 중국 투자 시 필요한 자금 관련 서비스를 제공했다. 이후 LG전자, 현대자동차그룹, LG화학과 업무 협약을 체결했고 한국의 주요 우수 기업과 순차적으로 협력 관계를 체결했다. 또한 한국 내 타 지점과 협력하여 삼성전자의 중국 산시성 반도체 프로젝트, 장쑤성 옌청시에서 이루어진 기아자동차의 중국 합작 법인 웨다 기아 3공장 생산량 증대 등 대표적인 양국 간 투자 관련 금융 프로젝트를 성공적으로 수행했다.

중국은행 총재가 대표단을 이끌고 한국을 방문해 대형 마케팅 활동을 실시하고 '한중 경제무역 협력 금융 매개' 세미나에 참가하여 기조연설을 하기도 했다. 중국은행 총재는 한국의 부총리, 금융감독위원회 위원장, 삼성전자, 현대자동차, LG전자 등 대기업 회장, CEO 등 임원진과 회동을 하였으며 한국산업은행과 『전면적 업무 협약』을 체결하여 서울지점 금융 업무의 질적 성장을 위한 기반을 다졌다.

위안화 국제화 바람이 일면서 크로스보더 위안화 시장이 빠르게 성장했다.

한국 내 원-위안화 시장이 정식 개설된 건 2014년 7월로, 당시 중국은행 서울지점 또한 원-위안화 직거래 시장에 참여해 거래 시작 1초 만에 첫 직거래를 마쳤는데 이는 한국 내 크로스보더 위안화 시장 발전사에서 기념비적 의의를 지닌다. 이후 은행 간 원-위안화 거래 시 더 이상의 중간 환전 과정이 불필요해졌고 이로 인해 통화 교환과 거래 비용이 크게 줄었을 뿐 아니라 한중 양국의 무역 거래 및 투자 편의성이 높아졌다.

한국 내 위안화 업무 발전을 위해 중국은행 서울지점은 위안화 관련 금융상품 혁신에 박차를 가했다. 그리고 이 과정에서 국제 결산, 위안화 국제결제, 위안화 청산, 위안화 예대 업무 등에서 탄탄한 시장 경쟁력을 갖추게 되었다. 아울러 한국예탁결제원, 한국거래소와 전략적 협력을 위한 업무 협약을 체결하여 위안화 금융 상품 시장 개척을 논의해 왔다.

서울지점은 중국은행 그룹의 네트워크를 발판 삼아 중국 일대일로 건설 프로젝트에 참여 또는 제3신흥시장 개척에 나선 한국기업에 금융 서비스를 지원했다. 요르단, 튀르키예, 인도네시아, 베트남을 비롯한 일대일로 관련 프로젝트에 참여한 여러 한국기업이 중국은행의 도움을 받았다.

새로운 패러다임 속에 서울지점은 중국 정부와 그룹 전략에 따라 한중 통상

중국은행 서울지점은 '의정부시 중×한 연예인 컬링대회'을 지원함으로써 베이징 동계올림픽을 응원했다.

협력이라는 큰 흐름에 적극적으로 참여했으며 중국은행은 질적 성장을 핵심 과제로 두고 종합적 금융 서비스 제공 역량을 끌어올렸다. 또한 중국의 국가 발전 전략 및 경제 발전에 기여하기 위해 끊임없이 노력해 왔다. 최근에는 중국 국제 수입박람회, 중국 국제 소비품 박람회에서부터 광저우 수출품교역회(캔톤페어), 중국 국제 서비스 무역교역회, 베이징 동계올림픽 및 패럴림픽에 이르기까지 대규모 국제 행사가 성공적으로 개최될 수 있도록 지원을 했다. 한중 기업가 원탁 포럼과 한국 내에서 열린 다수의 중국 성(省) 정부 투자 유치 설명회, 서울−베이징 투자주 등 행사를 공동 개최하여 사회 각계의 뜨거운 관심을 받았다.

한중 경제 무역 협력을 위한 금융 서비스 제공의 사명

최근 몇 년 동안 중국은행 서울지점은 중국 신(新)국가 발전 비전에 기여하는 역량을 지속적으로 강화했다. 한국 내 경영이라는 이점을 발휘하여 전자 과학 기술, 바이오 의료, 첨단 제조업 기업을 유치하여 한국기업과 정부, 산업단지, 기업 간 크로스보더 프로젝트 협력에서 성과를 냈다. 외화보유고의 적절한 사용으로 중국기업의 해외 진출을 독려하고 외국기업을 중국 내로 유치해 해외 자본과 기술을 유치하는 국가 방침인 '주출거, 인진래(走出去, 引進來: 중국기업의 해외 진출과 외국기업을 중국 내로의 유치)' 전략에 적극 동참하여 기여했다. 실제로 중국은행은 중국 수입박람회, 소비품 박람회, 캔톤페어 등 행사를 한국 내에 널리 알렸으며 수백 개에 달하는 한국의 우량 중소기업 클라이언트가 중국은행의 도움을 받아 중국이라는 큰 소비시장에 진출하도록 지원했다. 중국은행 서울지점은 또한 양국 기업의 자본이 상호 융통될 수 있도록 크로스보더 자금조달, 위안화 결산 및 청산 등 분야에서 갖고 있는 전문성을 바탕으로 우수 프로젝트 및 기업에게 자금을 공급함으로써 중국기업과 함께 기회를 공유하고 이로써 양국 기업 간 양질의 협력 발전을 추진하는 데에 기여했다.

양국 간 경제무역 교류의 연결 고리 역할

중국은행 서울지점은 양국 경제무역 교류의 다리가 되어 중국의 대외 개방 방침의 질적 향상에 기여하고 한중 양국 간의 각종 경제무역 교류를 적시에 적극적으로 추진해 왔다. 또한 중국은행 그룹의 글로벌 네트워크를 활용해 네트워킹을 도모함으로써 해외 시장에 진출하는 한국기업에 도움을 제공하고 있다. 서울지점은 2022년 중국은행 샤먼지점과 협력하여 2022 샤먼―서울 경제무역 협력회의 및 대기업과 중소기업 간 인재·자금·기술 등의 매칭 활동 프로그램을 일컫는 '백장만기(百場萬企)' 투자 상담회를 공동으로 개최하여 양국 기업을 대상으로 국경을 뛰어넘는 교류의 장을 마련한 바 있다.

위안화 국제화 업무의 역량 향상

중국은행 서울지점은 한중 경제무역의 교류를 위한 고객 니즈에서 시작해 위안화 국제결제 업무의 기반을 마련했다. 나아가 결산 대행, 위탁, 자금 거래 등 비즈니스 기회를 창출하여 다양하고 종합적인 금융 서비스 수요를 충족시켰다. 또한 최근 몇 년 동안 서울지점의 위안화 국제결제 및 국제 결산 업무는 업계 선두 자리를 놓치지 않고 있다. 중국은행 서울지점은 위안화 청산 업무 수단 마련에 부단히 힘써 청산 시스템 기능을 보완했으며, 비청산 결제 은행임에도 불구하고 위안화 청산 거래 계좌의 업계 점유율이 90% 이상 차지하는 등 한국 내 위안화 청산 업무 시장에서 점유율을 지속적으로 늘려 나가고 있다.

'환경'을 주목하여 '경제적 이익' 창출, 그리고 녹색 금융 발전에 대한 기여

중국은행 서울지점은 중국 정부의 녹색 발전 전략 구체화를 위해 적극 나섰고 한국 내 중국 자본의 녹색 금융 실현을 위해 힘썼다. 한중 양국은 산업 고도화를 가속화하고 있는데, 이러한 상황에서 현지 성장 전략을 고도화하기 위해서도 힘썼다. 첨단 조선업, 신재생 에너지 및 배터리, 바이오 의약, 친환경 등 새로운 산업 내 시장 확장에 집중하며 눈에 띄는 업적을 달성했다. 중국계 은행 중 유일하게 SK그룹 산하 기업의 친환경 은행단, 한화 에너지 친환경 채권단 형성에 참여해 한국 금융 기관과 양자 간 수신 및 신디케이트 프로젝트 업무를 적극적으로 수행했다. 또한 다른 중국계 은행과 손을 잡고 현대두산인프라코어에 녹색 대출을 연속 실시하였으며, 여러 프로젝트에서 한국기업평가 ESG 인증평가 최고 등급인 G1 등급을 획득하며 한국 내 중국계 은행으로서 친환경 발전에 이바지한 모범사례가 되었다.

한국 사회 발전을 위한 적극 지원과 브랜드 영향력의 제고

중국은행 서울지점은 '중국의 이야기'를 풀어내는 것을 목표로 한중 양국 정부 기관에서 주최한 문화 교류 활동에 적극 참여했다. 베이징 동계올림픽 개막을 앞두고 중국은행 서울지점은 한국 문화체육관광부, 경기도 의정부시와 주한 미군 대사관에서 공동 주최한 한중 컬링 우호교류 대회에 후원사로 참여해 양국의 문화 및 체육 교류를 심화하는 데 기여했다. 또한 공자학원의 유일한 한국 내 중국계 파트너사로서 한국에서 개최되는 '한어교(漢語橋)' 대회를 적극 지원하며 양국 문화 교류에 크게 기여했다. 아울러 13만 개인고객에게 우수한 금융 서비스를 제공하기 위한 혁신을 거듭함으로써 모바일 은행 기능 및 오프라인 은행 업무 프로세스를 최적화하고 개인 업무의 디지털화 수준을 제고했다.

우수한 금융 서비스로 한중 양국으로부터 받은 긍정적 평가

30년 이상 한국 시장에서 업무 역량을 갈고닦은 중국은행 서울지점은 중국의 국가 전략을 실천하고 한국 현지 시장에 잘 적응함으로써 양국 경제 무역 발전을 위한 우수한 종합 금융 서비스를 제공하기 위해 노력했다. 그 결과 한중 양

한국은행으로부터 '우수 마켓메이커'상을 수상했다.

국 모두로부터 높은 평가를 받았다. 2002년, 중국은행 서울지점은 '한중 경제협력 우수기업상 대상'의 영예를 안았는데, 이는 한중 수교 10주년을 기념해 마련한 상으로서 중국은행 서울지점과 LG전자가 각각 한중 대표 기업으로 대상을 수상했다. 2011년에는 한중 금융 업계에서 유일하게 '한·중 우수 투자 기업상'을 수상하기도 했다.

2013년에는 중국은행 홍콩 지점이 SK케미칼의 홍콩 딤섬 채권 발행권을 취득하는 데 도왔다. 이는 당시 한국계 기업의 채권 발행 업무를 유럽과 미국계 은행이 독점하던 시장 패러다임을 벗어난 첫 사례이다. 이 사례로 한국 내 유력 경제신문사인 '머니투데이더벨(Money Today The Bell)'이 주관하는 '올해의 비 G3 통화 부문 채권 최우수 거래상'에 선정되었다.

같은 해 중국은행 서울지점은 위안화 금융업무 부문에서 우수한 성과를 냈고 한국 시장 마케팅협회가 시상한 2013년 CSV(Creating Shar Value) 경영 특별상을 수상했다. 2018년에는 한국은행과 한국기획재정부가 합동 주최한 서울 원－위안화 직거래 시장 및 위안화 청산 은행 설립 4주년 세미나에서 한국은행으로부터 '우수 마켓메이커'로 뽑혀 한국에 진출한 외국계 은행 중 유일하게 수상의 영광을 안았다. 그 밖에도 중국은행 서울지점은 2021년 '한－중 기업 경영 대상'에서 최우수 기업 대상을 수상하기도 했다.

한중 경제무역 교류에 초점을 두고,
현지화로 발전을 도모

중국건설은행 서울지점

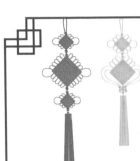

중한 경제무역 교류에 초점을 두고,
현지화로 발전을 도모

왕 위제(王玉潔) 중국건설은행 서울지점 대표는 중국 복단대 국제관계학 박사과정 중 한국과 인연을 맺었다. 졸업 후 왕 대표는 중국건설은행에서 일을 시작했는데 한국은 왕 대표의 첫 번째 해외 파견 근무지였다. 2007년부터 2018년까지, 왕 대표는 RM(Relationship Manager)으로 시작해 부지점장에 오르며 서울지점에서 수많은 경험을 쌓으면서 성장했다. 2018년 8

발표 중인 왕위제 중국건설은행 서울지점 대표

월부터는 도쿄지점에서 근무했고 2022년 3월에 다시 서울로 돌아와 서울지점 대표직을 맡게 되었다.

중국과 한국의 문화 차이로 인해 생활하는 데 불편한 점은 없는지?

직장 생활의 절반이 넘는 시간을 서울에서 지냈으니, 태어나고 자란 고향을 제외하면 서울이 가장 익숙한 곳이다. 한국에서 몇 년간 지내면서 한국 생활과 식습관에 이미 적응이 되었다. 타지에서 생활할 때 고향 음식이 가장 그립게 마련인데, 한국 음식과 중국 음식은 비슷한 점이 정말 많다. 쌀을 주식으로 삼는 점도 그렇고 만두나 면요리를 많이 먹는 점도 그렇다. 다른 점이라면 한국 만두가 중국 만두보다 크고 주로 안에 당면, 두부, 각종 채소 등이 들어간다는 점, 그리고 가장 인기 있는 면요리가 라면이라는 점이다. 서울 거리에는 각양각색의 소규모 식당들이 즐비해 있다. 겉보기에는 작고 평범해 보이는 오래된 식당이지만 몸에 좋은 식재료와 오랜 세월 변치 않는 맛으로 수많은 연예인과 셀럽이 찾는 맛집이 되었다. 한국음식 하면 김치를 빼놓을 수가 없는데, 하루 세끼 반찬에 김치가 빠지지를 않는다. 전통적인 배추김치 외에도 오이김치, 무김치, 고추김치, 고사리김치 등 다양한 종류의 김치가 있다. 대부분의 가정에 김치전용 냉장고가 있어 김치에 적합한 온습도 및 공기순환방식을 이용해 김치를 맛있고 신선하게 보관한다. 한국의 식기도 특별한데 한국과 중국 모두 젓가락을 사용하지만, 한국에서 주로 사용하는 젓가락은 스테인리스 젓가락으로 청결하고 친환경적인 것이 특징이다. 또한 요리할 때 정교한 칼질이 중요한 중국과 달리, 한국에서는 가위가 주방과 식탁에 없어서는 안 될 도구이다. 한국을 떠나 도쿄로 갈 때도 김치 두 봉지를 따로 챙겨갔으며, 가위도 우리 집 주방 필수품이 된 지 오래다. 로마에 가면 로마법을 따라야 하듯, 몸소 현지 생활을 체험하며 색다른 경험을 해야 삶을 더욱 풍성하게 만들 수 있고 서로를 깊이 있게 이해할 수 있다고 본다.

한국 근무 기간 동안 잊지 못할 추억이 있다면?

한국에서 10년 넘게 근무하면서 가장 크게 느낀 점을 두 글자로 말한다면 바로 '변화'이다. 첫째로는 직원들의 변화를 들 수 있다. 서울지점 설립 당시 전체 직원 수는 20여 명에 불과했는데, 당시 지점장과 나, 두 명의 파견 직원을 제외하면 모두 한국 현지에서 고용한 직원이었다. 그들은 대부분 중국어를 할 줄 몰랐다. 그 당시 중국어를 할 줄 아는 직원을 구하기가 매우 어려웠다.

10여 년 동안 한중 간 경제 및 문화 분야의 교류와 협력이 부단히 심화되면서 자발적으로 중국어를 배우고 중국 유학을 선택하는 한국 젊은이들이 늘어났고 한국에서 공부하는 중국 유학생도 많아졌다. 현재 서울지점 임직원 86명 중 절반 이상이 한·중·영 3개 국어로 소통이 가능하며, 그중 근속연수가 10년 이상인 직원이 약 40%를 차지한다. 안정성이 눈에 띄게 향상되었다.

두 번째는 지점 외관의 변화이다. 서울지점은 원래 서울 파이낸스센터(SFC) 7층 한켠의 약 600㎡ 공간을 임대하여 사용하였는데 2014년 명동에 있는 빌딩을 매입해 이전하며 면적이 12,000㎡로 늘어났다. 직원 근무 여건도 크게 개선되어 소속감도 높아졌고 직원 간의 거리감도 줄었다. 중국건설은행이 한국에 진출한 중국계 금융기관 중 최초로 부동산을 매입한 것은 현지 시장과 한중 간의 우호적인 미래에 대한 확신이 있었기 때문이다.

중국건설은행이 지난 10년 동안 한국에서 이룬 성과를 소개한다면?

2004년 중국건설은행 서울지점 설립 초기에는 현지 업무량도 적었고 고객 인지도도 낮았기 때문에 신뢰를 얻기도 힘들었다. 10여 년 동안 현지에서 자리를 잡고 현지 경영에 힘쓰며 현지 시장을 위한 서비스를 제공하고 현지 시장에

중국건설은행 서울지점과 수협은행의 MOU 체결

녹아들기 위해 부단히 애를 썼다.

중국건설은행은 수협, IBK기업은행 등과 MOU를 체결함으로써 입출금 및 대출, 청산결제, 자금거래, ESG 프로젝트, 핀테크 등 다양한 분야에 걸쳐 서로의 강점을 살릴 수 있는 업무 통합의 새로운 이정표를 세웠다. 또한 경영 기반을 다지는 등 끊임없는 노력을 통해 2022년 8월 한국 금융기관의 ESG 평가에서 최고 등급인 A등급을 받았다.

중국건설은행은 삼성전자가 중국에 공장을 세울 때 중국 내 기관들과 손잡고 각 지역의 시장 정보 및 우대 정책에 대한 자료를 적극적으로 수집하여 삼성전자의 시안공장 부지 선정에 도움을 주었다. LG 디스플레이가 광저우에 정착할 때도 광둥지점과 공동으로 자금을 지원하며 중국 시장 개척을 도왔다. 삼성, 현대, LG, SK, CJ 등 세계 500대 기업에 속하는 한국기업 및 주요 금융기관이 모두 우리의 파트너이다. 또한 중국건설은행은 8년 연속 한국 정부로부터 원－위안화의 마켓메이커로 지정되었으며 한국 정부, 한국은행과 금융감독원으로부터 표창도 여러 차례 받은 바 있다.

그 밖에도 시스템 개선을 가속화하며, 과학기술을 접목해 서비스의 질과 효율성을 높였다. 우선 현지화 수요에 맞춰 거액의 원화를 결제할 수 있는 다채널 체계를 구축하고 '국제 간편 결제' 서비스를 제공하였으며, 기업용 인터넷뱅킹 플랫폼을 활용해 한국금융결제원(KFTC)의 현지 청산을 기반으로 한 '일괄처리식 원화 거액 결제' 기능을 구현했다. 또한 금융소비자보호법 개정 후 기업 인터넷뱅킹에 '예금자보호제도 알림' 기능을 추가해 호평을 받기도 하였다. 또한 표준화 및 프로세스 구축에 힘써 운영 프로세스 및 비즈니스 관리를 사람이 직접 하던 것에서 기계가 하는 방식으로 전환하였고, 유동성 관리 모델을 적용하여 유동성 리스크에 대한 대응 능력을 향상시켰다. 고객 맞춤형 서비스를 제공하기 위해 일정 기준 이상 수출 환어음 매입상품 거치기간 기능을 도입했으며, 또한 시스템 내 최초로 거액결제 대행 기능을 최적화해 현지 고객대행 파생상품에 관한 조기 청산(Early Termination) 수요를 충족시켰다.

중국건설은행 서울지점이 대한적십자사에게 기부금을 전달하고 있다.

중국건설은행이 한국 사회 발전에 기여한 점이 있다면?

지난 10년간 모든 것이 소리 없이 변화했지만, 중국건설은행 서울지점의 준법 원칙, 성실 경영 원칙, 사회 환원 원칙은 변한 적이 없다. 우리는 한중 교류에 초점을 두고 '한중 미래 경제 협력 포럼', '한중 법학회 금융입법 개혁 심포지엄', '여성 금융전문가클럽의 금융시장투자 심포지엄' 등 교류 활동을 주관해 왔다.

또한 새로 업데이트된 중국건설은행의 공식 홈페이지에 '일일 한국정보' 게시판을 추가하여 그날그날 한국의 외환시장, 주식시장 등 경제 정보를 게재하며 시장 동향을 주시하고 있으며, 금융의 힘으로 민간 거래를 활성화하고 '중국의 이야기'를 풀어내며 건설은행의 목소리를 내고 있다.

중국건설은행은 '최근 3년간 누적 납세액 1,000억 원으로 서울시 우수 납세자'로 선정되기도 했다. 업무 영역을 확장하는 중에도 공익사업을 추진하며 기업의 사회적 책임을 실천하고 있다.

코로나19 팬데믹 기간에는 한국과 중국의 방역을 지원했고, 서울시에서 추진하는 '녹색 서울 만들기, 정원 도시 만들기' 사업에 동참하며 3년 연속 나무 기부와 의무 식수 캠페인을 실시했다. 녹색 금융 서비스를 확대해 '지구사랑, 환경보호'라는 환경이념을 전함으로써 서울시로부터 녹색성장 공로상을 수상하기도 했다.

2022년 10월 31일에는 사랑과 온정을 담아 10월 29일 서울 용산구에서 발생한 이태원 압사 사고 희생자와 유가족을 위한 위로금 2,000만 원을 대한적십자사에 전달하여 한중 양국의 깊은 우정을 다시 한 번 몸소 실천했다. 중국건설은행 본점의 전폭적인 지원 속에 서울지점이 대한적십자사에 일곱 번째로 한 기부였다. 우리는 한국에서 143번째로 1억 원 이상 기부한 기관이 되었다.

향후 한국 내 업무 계획은?

한중 양국은 지정학적으로 가까운 위치에 있으며 인적·물적 교류가 매우 활발한 사이다. 한중 수교가 30주년을 맞이하였다. 중국건설은행 서울지점은 늘 그래왔듯 앞으로도 양국의 경제무역 투자를 지원하고 지속적인 현지화 경영을 실시함으로써 한국에 뿌리를 내리고 한국 고객을 위한 서비스를 제공할 것이다. 또한 준법경영 원칙하에 한국 고객을 위한 서비스를 확대해 가며 중국계 은행으로서 가교역할을 잘 수행할 것이다. 590억 달러 규모의 한중 통화 스와프 협정을 십분 활용해 한국기업의 비용 절감을 돕고 녹색금융, 과학기술 혁신 분야에서도 한국 기관 및 기업과 긴밀히 협력할 것이며, 한국기업의 현지화 경영 및 대중 투자에 대한 지원과 서비스 강도를 높이고 중국기업의 한국 투자도 도울 것이다.

또한 한중 양국 기업의 무역과 투자를 위한 결제, 자금조달, 환전, 컨설팅 등 전방위적인 서비스를 제공하여 협력과 공영을 촉진하며 고객을 위한 가치 창출을 해 나갈 것이다. 양국의 인적·문화적 교류가 활발해지도록 상호이해와 상호신뢰를 증진하고 질적 성장을 실현하여 한중 양국의 우정을 더 공고히 하고 심화하는데 많이 기여하도록 노력할 것이다.

시노트란스의 지속가능한 성장을 이끄는 세 가지 요소

시노트란스코리아쉬핑

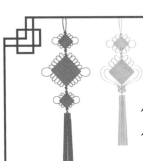

시노트란스의 지속가능한 성장을 이끄는 세 가지 요소

시노트란스(SINOTRANS LIMITED)는 1872년 중국 초상그룹(CHINA MERCHANTS GROUP) 산하의 물류 업무를 일괄 관리하는 플랫폼으로 시작했다. 시노트란스는 '물류로 성공적인 산업 발전을 이끈다'라는 사명을 안고 완벽한 글로벌 서비스망을 구축해 왔다. 중한 양국

시노트란스코리아쉬핑 서울 본사

은 이사 갈 수 없는 이웃이자 헤어질 수 없는 협력 파트너로서 수교 후 30여 년 동안 여러 분야에서 가슴 벅차고 소중한 추억을 쌓아왔다. 본고에는 시노트란스코리아쉬핑이 수년간의 현장 운영 및 관리를 통해 얻은 귀중한 노하우와 실질적인 성과가 정리되어 있다. 이를 통해 시노트란스코리아쉬핑의 세 가지 성장 동력, 즉 본사의 역량, 현지화, 지역 협동에 관해 이야기하고자 한다. 우리는 이 세 가지 성장 동력으로 여러 협력 파트너도 함께 발전할 수 있는 새로운 국면을 이끌어 낼 수 있었다.

1. 본사의 역량(Empower)

시토트란스는 뛰어난 서비스망과 풍부한 물류 자원, 전문적이고 선도적인 공급망 물류 모델에 30년 이상 한국 현지에서 쌓아온 노하우와 현장 경험을 더하여 고객에게 전문적인 맞춤형 물류 솔루션과 통합적인 공급망 서비스를 제공하고 있다.

❶ 브랜드 효과

시노트란스는 70여 년의 역사와 경험을 보유한 유명 브랜드사로서 업계 내 중요한 상들의 여러 수상 경력을 갖고 있을 정도로 국내외 물류 업계에서 좋은 평가를 받고 있고 고객과 공급업체 사이에서도 '시노트란스(SINOTRANS)'라는 브랜드는 평판이나 이미지 모두 매우 우수하다. 시노트란스는 수많은 국내 유명 기업 및 다국적 기업과 오랜 시간 동안 안정적인 협력관계를 이어오며 인정을 받아왔다. 또한 안정적인 고객 자원과 우수한 물류 서비스 능력을 바탕으로 해외 유명 선박회사, 항공사 등 공급업체와도 오랜 시간 동안 안정적인 협력 파트너십을 이어왔다.

2023년 말 현재, 시노트란스는 전국 각지에 국내 서비스망을 보유하고 있다. 전체 면적은 약 1,300만㎡로 창고(400여 만㎡), 터미널(약 200만㎡), 내륙항(총 11개) 등 시설을 포함한다. 또한 4,400여m의 연안을 끼고 있다. 시노트란스 그룹은 2015년 말 초상국그룹에 병합되었는데, 이후 자체적인 해외 네트워크를 위한 투자를 이어가며 발전을 이룸으로써 '해외 진출'을 실현하였다. 현재 전 세

시노트란스 상하이의 컨테이너선

시노트란스 컨테이너 야드

계 42개 국가 및 지역에 66개 직영망을 보유하고 있으며, 이를 통해 전 세계 어디든 닿을 수 있는 물류 서비스를 제공하고 있다. 시노트란스 본사는 과학기술을 활용한 스마트 물류 및 친환경 물류를 통해 현지 맞춤형 물류 서비스를 제공하고 있다. 한국에서도 우수한 실적을 거두며 건전한 발전을 이뤄왔다.

❷ 고객층 이동

시노트란스의 비전은 '세계 일류의 스마트 물류 플랫폼 기업'이며 전문적인 물류 사업에 중점을 두고 '고객 맞춤형 솔루션, 업계 맞춤형 세일즈, 종합적 서비스, 통합 운영' 솔루션을 제공함으로써 포괄적인 발전을 모색해 왔다. 시노트란스는 현지 사업 역량 강화를 위해 전략적 마케팅을 강화하고 유연한 글로벌 공급망을 구축함으로써 시장 수요에 부합하는 '신형 운송' 모델을 구축하였다. 수출입을 타깃으로 하는 한국 업계의 핵심 수요에 초점을 맞춰 산업망을 심층적, 전문적으로 구축하여 해상, 항공, 육상, 네트워크 등의 전문성과 노하우를 활용해 중점산업에 대한 솔루션을 제공하고 있다. 또한 우수사례를 축적하고 한국 수요 맞춤형 정보 시스템을 구축하였으며 중국 내 및 타 국가의 전략적 고객에게 서비스를 제공했던 사례를 효과적으로 적용함으로써 밸류체인 시스템에 깊숙이 참여하고 있다. 여기서 주목할 점은 한국 내 운영 과정에서 한국의 협력 파트너와 함께 현지의 비즈니스 관례 및 업계 관례에 부합하는 필요한 조치를 취해야 한다는 점이다.

2. 현지화(Localization)

우리 회사는 다년간 한국 시장에서 쌓아온 우수한 신용을 바탕으로 전문성과 언어능력 등의 장점을 현지 시장에서 활용해 일상적인 경영을 수행함과 동시에 사업모델의 혁신을 추진함으로써 지속가능한 발전을 위한 '제2의 상승곡선'을 만들어 가고 있다.

❶ 현지 시장에서의 장점

시노트란스코리아쉬핑은 1994년에 설립되었다. 한국에서 가장 먼저 설립된 중국기업 중 하나로서 30년의 세월을 보냈다. 2024년 1사분기 말 기준 직원 수는 47명으로, 서울 본부 직원이 33명, 부산 사무소 직원이 14명이다. 시노트란스코리아쉬핑은 한국중국상회 부회장 기관, 한국국제해운대리점협회(ISAAK) 이사 기관, 한국 국제물류협회(KIFFA) 회원 기관, 국제항공운송협회(IATA) 회원 기관, 주한 외국적 선사 대표협회(AFSRK) 회원기관, 글로벌 품질관리시스템 인증기관 등 여러 권위 있는 기관이 부여하는 전문 자질을 갖추고 있다. 한국 업계의 여러 유명 기업과 오랜 시간 안정적인 협력 파트너 관계를 이어오고 있으며, 부산, 인천, 광양, 평택 등 지역 항구에 부두, 야드, 창고 등 자원을 안정적으로 보유하고 있다. 주요 사업 분야로는 컨테이너선 및 일반 화물선의 선대, 해운 및 항공 수출입 화물 대행, 계약 물류, 프로젝트 물류, 국제 전자상거래 등이 있으며 차별화된 서비스를 통해 각 고객사의 물류 수요를 충족시키고 있다.

❷ 사업모델의 혁신

끊임없이 변화하는 외부 환경 속에서 기업은 혁신을 통해 활력을 이어 나가야 한다. 시노트란스코리아쉬핑은 역내 시장 상황이 물류 업계에 미치는 영향을 심층적으로 연구함으로써 통합적인 계획 및 올바른 정체성을 수립하고 있다. 또한 고객 및 프로세스를 핵심 요소로 하여 자원을 배치하고 시장 및 고객 서비스 등 새로운 발전 가능성을 지속적으로 발굴하고 업무의 다원화를 꾀함으로써 핵심 경쟁력 및 영향력을 부단히 향상시키고 있다.

시노트란스는 중국의 철도와 자원이 상호보완적이고 오랜 인연으로 긴 협력 역사를 갖고 있다. 2023년 말 현재, 시노트란스 보유한 국제 운송 열차는 1만 대가 넘으며 누적 수송량도 130만 TEU 이상이다. 시장 점유율도 끊임없이 늘어나고 있다. 이러한 흐름에 힘입어 시노트란스코리아쉬핑도 한국에서 해운과 철도를 결합한 서비스 상품(Sea & Rail Service)을 내놓았다. 이 상품은 시노트란스와 시노트란스코리아쉬핑이 해외시장에서 이룬 혁신으로 향후 전망이 밝고 발전 잠재력이 크다. 이 상품은 '항공운송보다 경제적이고 해상운송보다 빠르다'는 장점을 내세워 7개 핵심 절차를 통해 품질을 보장하고 있다. 이는 항공운송과 해상운송의 장점을 결합해 한국의 여러 협력 파트너에게 도움이 될 수 있는 3가지 물류 경로를 이용한 것인데, 즉 한국에서 해상운송을 통해 화물을 중국으로 보낸 후 중국에서 중국—유럽 또는 중국—아시아, 중국—몽골 철도를 이용해 유럽, 중앙아시아, 몽골 등지의 여러 나라로 화물을 배송하는 복합운송 방식을 모색하는 것을 목적으로 한다. 중국 철도의 '전체 시간표 및 열차 편'이 계속 확대됨에 따라 이 혁신 상품 역시 양적인 측면에서뿐만 아니라 질적인 측면에서도 지속적으로 발전해 나갈 것이다.

3. 지역 협동(Synergy)

시노트란스는 시장과 업계의 변화를 깊이 있게 통찰하고 산업의 전환을 통한 발전을 적극적으로 추진하며 네트워크망을 충분히 활용하고 있다. 현장에서 시노트란스의 광범위하고 포괄적인 글로벌 서비스망을 활용해 한국을 기점이자 종착점으로 하는 서비스 루프를 구축하고 지역적 이점을 활용하여 발전을 촉진하고 있다.

❶ 서비스 루프

무역 관련 규정 및 업무 종류에 따라 물류의 기점에서 종착점으로 이어지는 서비스 루프의 요건과 수요도 달라진다. '서비스 루프'는 유연한 글로벌 공급망 구축을 위해 시노트란스가 갖고 있는 장점이다. 이를 위해 시스템 내부 커뮤니케이션, 협동 효율, 서비스망의 확장성 및 현지에서 익힌 전문성이라는 세 가지 핵심 자원이 필요하다.

시노트란스코리아쉬핑은 한국 현지의 우수한 인재를 초빙함으로써 현지화 경영을 실현하고 있다. 이는 효과적인 현지화 전략에 도움이 된다. 약 50명의

대형 설비 수출입 프로젝트 현장

직원 중 한국 국적 직원이 93%를 차지하고, 그중 절반 이상이 중국어에 능통하다. 수십 년 동안 성실하게 일하며 회사의 발전에 중요한 기여를 한 직원이 많은데, 이들은 회사의 귀중한 자산이다. 직원 전체의 노력으로 업계의 변화 추세에 대한 판단과 고객 수요에 대한 통찰을 통해 중한 양국, 나아가 제3국에도 우수한 물류 서비스를 지속적이고 안정적으로 제공해 왔다. 코로나19 시기에 기술 난제, 이상기후, 코로나19 대응 등 여러 가지 어려움 속에서도 국내 관련 기관과 협력하여 반년 만에 한국 유명 업체의 전체 생산라인 대형 설비 수출입 프로젝트를 완수하였다. 중국 국내에서 출발한 설비가 한국의 현장에 도착하는 모든 과정에서 세심하고 전문적인 물류 서비스를 제공함으로써 인정과 호평을 받았다.

❷ 지역적 이점

시노트란스는 중국뿐만 아니라 전 세계적으로 광범위한 서비스 네트워크를 형성하고 있다. 정책 파트, 고객 파트, 운영 파트를 3대 축으로 지역적 이점과 편의성을 활용해 효율성 극대화 목표를 실현하였다. 가장 대표적인 실적은 무역과 세무의 적절한 조율이다. 지역적 이점을 극대화하기 위한 핵심은 해당 국가의 거시적, 중시적(Meso) 산업정책 및 산업 규범을 해석하고 파악하여 이행하

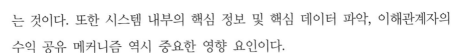

는 것이다. 또한 시스템 내부의 핵심 정보 및 핵심 데이터 파악, 이해관계자의 수익 공유 메커니즘 역시 중요한 영향 요인이다.

시노트란스코리아쉬핑은 상술한 3가지 요소를 바탕으로 다년간 발전을 이뤄왔다. 그 이면에는 각계 인사 및 여러 협력 파트너의 오랜 성원과 관심, 애정이 있었다는 것을 잘 알고 있다. 이번 기회를 빌려 깊은 감사의 인사를 전한다. 기업의 안정적이고 건전한 경영을 위해서는 '액셀러레이터'를 밟는 것도 중요하지만 적시에 '브레이크'를 밟는 것도 중요하다. 종합적인 발전과 리스크 관리, 위기의식 강화, 마지노선을 중요시하는 사고방식, 확실한 리스크 예방, '해야 할 일과 하지 않아야 하는 일을 구분'하는 경영철학, 수준 높은 리스크 통제를 통한 질적 발전은 경영자의 사명이다.

'멀리 떨어져 있어도 마음이 가까우면 서로 도울 수 있다'는 말이 있다. 물류 업계는 전환과 업그레이드를 이뤄가는 시기에 놓여 있다. 물류 업계에 몸 담고 있는 기업으로서 시노트란스코리아쉬핑은 글로벌 공급망에서 나타나는 '다원화, 협력의 블록화, 친환경 산업으로의 전환, 디지털화의 가속화'라는 특징을 고려하여 새로운 시대, 새로운 기점에서 초상국그룹과 시노트란스의 종합적 이점을 활용하고 현지화 능력을 부단히 늘려나감으로써 한국 시장 비즈니스에 지속적으로 힘을 기울일 것이다. 또한 여러 고객사 및 협력 파트너와 내실 있는 협력을 추진하고 친환경 발전을 촉진해 나갈 것이다. 산업망, 공급망, 가치사슬을 둘러싼 동아시아의 협력 전망이 매우 밝은바, 중한 양국은 경제무역 등 분야에서 호혜 협력을 지속 확대해 나가고 새롭고 더 큰 역할을 발휘해 나가야 할 것이다.

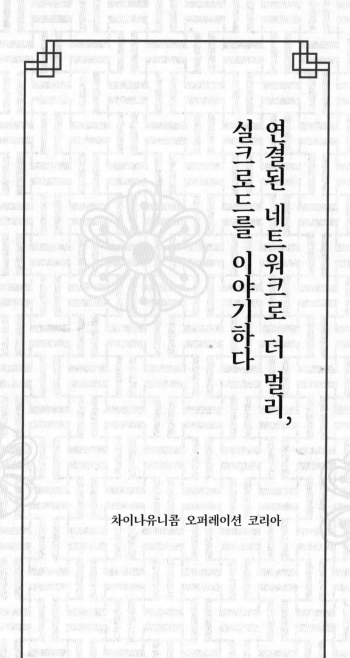

연결된 네트워크로 더 멀리,
실크로드를 이야기하다

차이나유니콤 오퍼레이션 코리아

연결된 네트워크로 더 멀리,
실크로드를 이야기하다

차이나유니콤 오퍼레이션 코리아, 10년의 발전사

차이나유니콤이라는 회사는 아마 모두 알고 있을 것이다. 최근 몇 년간, 통신 및 인터넷 산업의 급속한 발전과 일대일로(一帶一路) 사업의 추진으로 수많은 중국기업이 활발하게 해외로 진출하였다. 지역 경제의 번영과 발전으로 글로벌 통신 수요가 크게 증가하면서 차이나유니콤은 글로벌 통신 네트워크 구축에 적극적으로 참여하고 있다. 차이나유니콤은 아태지역의 통합과 발전을 촉진하기 위해 2011년 서울에 한국대표처를 설립하였고, 2017년 11월 22일에는 차이나유니콤오퍼레이션스코리아 주식회사(이하 '차이나유니콤코리아')를 정식설립하였다. 차이나유니콤코리아는 설립 이후 한국 통신사와 다양한 한국, 중국 고객에게 글로벌 원스톱 연결망, 데이터 센터, 클라우드 컴퓨팅 등 다양한 서비스와 국내외 통합형 솔루션, 글로벌 엔드투엔드 ICT 통합 솔루션을 제공하여 높은 평가를 받았으며, 중국 중앙 국유기업으로서 사회적 책임을 다하고 있다.

직원들의 눈에 비친 차이나유니콤코리아

창립 초기 차이나유니콤코리아는 단 몇 명의 직원으로 시작했지만 10년간 회사 규모가 커지고 인력도 늘어나면서 전문 인력, 조화와 질서, 높은 실행력을 자랑하는 한중 인력을 갖추게 되었다. 회사 직원 대부분이 한국어와 중국어에 모두 능숙하며, 절반 이상은 한국어, 영어, 중국어 등 3개 국어로 소통할 수 있다.

한중 양국 간 차이가 업무와 생활에 불편을 초래할까?

차이나유니콤코리아 직원 대다수는 한국 현지에서 채용되었으며, 한국인과 중국인 비중이 각 50%이다. 다양한 배경을 가진 직원들이 모인 덕분에 독창적인 업무 분위기와 라이프 스타일을 형성하였다. 중국인 직원 대부분은 한국에서 유학한 경험이 있으며 이들은 학업을 마친 후 한국에 남아 재한 중국기업을 위해 자신의 에너지와 열정을 쏟기로 결정하였다. 한국 직원 대부분은 '화웨이, 텐센트' 등 중국기업에서 근무한 경험이 있거나 중국어를 공부하고 중국에 거주한 적이 있다. 한중 양국 간 차이로 인해 업무와 생활에 불편한 점이 있지 않냐는 질문에 직원들은 거의 모두 "잘 적응하였다. 불편한 점은 없다"고 답했다. 한 직원은 웃으면서 "때로는 두 국가 간에 습관이나 문화적 차이가 있다고 느끼기도 했지만 서로 이해하고 포용했기 때문에 지금은 그저 재미있는 에피소드로 남아 있을 뿐"이라고 말하였다.

차이나유니콤코리아에서 근무하면서 잊지 못할 추억이 있는가?

차이나유니콤코리아에서의 시간은 마치 우정으로 가득한 그림과 같이 모두의 마음속에 소중하게 간직될 것이다. 한상현 세일즈 디렉터에게 가장 잊을 수 없는 기억은 10년 전 차이나유니콤코리아 입사 초기 삼성으로부터 11만 달러(약 80만 위안)에 달하는 대규모 오더 2건을 수주한 때이다. 이 어려운 임무를 제대로 해내기 위해서는 많은 어려움을 극복해야 했다. 당시 차이나유니콤코리아는 차이나유니콤 국내외 직원들 및 협력 파트너들과 적극적으로 협력하여 성공적으로 임무를 완수하였다. 한상현 세일즈 디렉터는 해당 프로젝트를 통해 통신 업계와 차이나유니콤을 한층 더 깊이 이해할 수 있었으며 이것이 그의 커리어를 통틀어 가장 귀중한 경험이었다고 회상한다. 이후 그는 해당 직무에서 더욱 굳건히 자리 잡기로 결심했고, 통신 업계에 대한 뜨거운 열정을 바탕으로 고객이 가장 필요로 하는 곳에서 언제나 최선을 다하였다. 2018년, 그는 차이나유니콤코리아 세일즈 디렉터로 승진하면서 세일즈 디렉터와 어카운트 매니저라는 두 가지 역할을 담당하였는데 이는 그에게 새로운 도전이자 원동력이 되었다. 현재 한상현 세일즈 디렉터는 통신사와 한국 사업체 등을 이끌고 고객을 대상으로 맞춤형 솔루션 및 네트워킹 회선, 통합 서비스 등 분야에서 전면적이고 세심한 서비스를 제공하고 있다. 이를 통해 KT, SKB, LG 유플러스, 네이버 등 고객사로부터 오랜 신뢰와 성원을 받았으며, 3대 통신사 데이터 센터에 POP를 구축하고 각 POP를 연결함으로써 한국 내 상호연결 문제를 효과적으로 해결하였다.

차이나유니콤코리아는 어떤 회사인가?

차이나유니콤이라는 이름을 들으면 '중국 중앙 국유기업', '중국 3대 통신사 중 하나', '폭넓은 비즈니스 범위' 등이 가장 먼저 떠오를 것이다. 하지만 직원들에게 차이나유니콤코리아는 단순한 회사가 아닌 사랑이 넘치는 대가족, 함께 일하며 성장하는 원팀이다. 통신 업계에서는 높은 수준의 팀워크가 필요하며, 직원 한 명 한 명 모두 대가족을 이루는 데 없어서는 안 될 중요한 일원이다. 동료들은 공동의 비

회사 팀빌딩 사진

전을 바탕으로 긴밀한 유대감을 형성하는 한편, 긍정적이고 발전적이며 활력

넘치는 업무 환경을 만들었다. 세일즈 지원을 담당하는 한국 동료 Jason OH는 "회로 개통 시 동료가 한 명이라도 빠지면 작업을 제대로 마무리할 수 없다"고 말하였다. 차이나유니콤코리아가 '글로벌 비즈니스 우수 리더', '선두 기러기상' 등 수많은 영예를 얻을 수 있었던 것은 바로 이러한 팀워크 덕분이다.

차이나유니콤코리아의 사회적 책임

차이나유니콤코리아는 2014년 제17회 인천 아시안게임, 2018년 제23회 평창 동계올림픽 등 주요 국제 스포츠 행사에서 핵심적인 역할을 담당하였을 뿐만 아니라, 중대한 사회적 사건에서도 중앙 국유기업의 책임을 다하였다. 2020년 코로나19 발생으로 물자가 부족한 시기에도 한국 내 화교와 유학생(대부분 국민건강보험 미가입 상태)에게 마스크를 공급하였다. 당시 한국 내 최대 중국인 커뮤니티인 'iCNKR(편도우코리아)'에 '한국 내 화교 및 유학생을 위한 마스크 기부 촉구'라는 글이 게재됐다. 이에 차이나유니콤코리아는 발빠르게 대응하였다. 시중에 마스크가 극도로 부족한 상황에서 의료용 마스크 5,000개를 단기간에 조달했고 직원들이 자발적으로 준비, 정리, 배분 작업을 도맡아 하였다. 심지어 '2교대' 근무까지 자원하여 도움이 필요한 이들에게 신속하고 안전하게 방역 물자를 배급하였으며 한국 내 중국인들에게 실질적인 도움을 주었다. 주한중국대사관 교육처와 전한중국학인학자연의회(CSSAK)의 전폭적인 지원으로 모든 물자를 배포할 수 있었고, 차이나유니콤코리아는 한국 각계로부터의 칭송과 한국 각지 중국인들로부터 진심 어린 감사를 받았다. 차이나유니콤코리아의 줘멍(左濛) 부총경리는 "차이나유니콤은 중국기업으로서 위기의 순간에도 초심을 잊지 않고 나서서 사랑과 책임감으로 사회에 보답해야 한다. 이는 우리의 책임이자 의무이다. 우리는 더 많은 중국기업, 중국인, 화교가 서로의 든든한 지지자이자 보호자가 될 수 있기를 바란다"고 언급하였다.

感 谢 函

　　谨谢 中国联通(韩国)运营有限公司 捐助 5000 个一次性口罩 ，奋韩网以公开透明的原则，已于 5 月 23 日切实、负责的完成派发。奋韩网代表受助在韩华人华侨留学生，对您的爱心善举及公益精神表示衷心的感谢并致以崇高的敬意！

　　特致此函以表谢忱。

韩国(株)新华国际 奋韩网

总经理

2020 年 5 月 26 日

www.icnkr.com

한국 내 최대 중국인 커뮤니티 'iCNKR'에서 보내온 감사 편지

차이나유니콤코리아의 향후 계획

　차이나유니콤코리아는 '고객은 기업의 지속가능한 성장을 가능하게 하는 원천이며, 기업경영 전 과정에 거쳐 고객을 최우선으로 생각해야 한다'는 이념을 항상 고수해 왔다. 동사는 고객 가치를 핵심으로 삼고 고객 수요에 맞는 질 높은 서비스를 제공하며, 새로운 수요를 이끌고 창출하고자 한다. 또한, 우수한 품질의 네트워크를 구축하고 양질의 제품과 서비스를 제공하여 고객 가치와 기업 가치를 실현하고자 한다.

　차이나유니콤코리아 왕이스(王亦石) 총경리는 회사의 향후 계획에 대한 질문에 "차이나유니콤코리아는 항상 혁신을 사업 발전의 핵심 원동력으로 여겨왔다. 앞으로도 우리는 고객의 다양한 통신 관련 니즈를 충족하기 위해 기술 혁신을 강화하고 클라우드 컴퓨팅, 빅데이터, AI를 활용하며, 통신 관리 서비스의 자동화를 지속적으로 추진할 것이다"라고 답하였다. 그는 또한 한국 비즈니스 확장에 대한 의지를 강조하며, "차이나유니콤코리아는 현지 파트너와의 협력을 한층 더 강화하고 더 많은 시장 기회를 모색할 것이다. 한국에서 네트워크와 인재에 대한 투자를 늘리고자 한다. 인프라 구축에 대한 투자뿐만 아니라 회사의 현지 채용 규모도 확대해 한국 사회에 더 많은 기여를 하겠다"고 언급하였다.

　그뿐 아니라, 동사는 각 고객층의 다양한 수요를 충족하기 위해 더욱 맞춤화된 서비스를 제공할 것이다. 차이나유니콤코리아 쥐밍 부총경리는 인터뷰에서 "한국에 진출한 중국기업의 수요를 정확히 이해하고 혁신과 보안 규정을 모두 고려할 것이다. 또한, 시장 피드백을 바탕으로 제품과 서비스를 지속적으로 개선할 것이다. 앞으로는 사용자 인식과 경험을 향상시키기 위해 한국 현지 수요에 맞는 맞춤형 제품을 더 많이 출시할 예정이다"라고 밝혔다.

　앞으로도 차이나유니콤코리아는 인프라 운영 보안 역량 강화에 중점을 두고 다국적 기업의 상호 연결을 위한 전송 네트워킹 서비스를 제공하며, 디지털 경제를 원활하게 실현할 수 있도록 기반을 제공할 것이다. 사용자의 개인 정보 보호를 강화하고, 사용자가 건전하고 지혜로우며 안전한 디지털 라이프를 누릴 수 있게 할 것이며 정보 서비스 역량 방어 체계를 개선하고, 보안 산업의 기본 역량을 강화할 것이다. 또한 클라우드 네트워크 보안 통합 제품 및 서비스 역량을 제고하며, 고객에게 높은 수준의 보안 운영 서비스를 제공하는 동시에 보안 강화를 통해 사이버 공간에서 공격과 방어를 수행하고, 안전하며 신뢰할 수 있는 1차 방어선을 구축하여 새로운 디지털 정보 인프라 분야에서 강력한 수호자의 역할을 할 것이다. 차이나유니콤코리아는 위와 같은 노력을 통해 한중 양국 경제의 활성화와 발전을 이끄는 선구자가 되고자 한다.

차이나유니콤코리아가 진행한 설명회에서의 단체사진

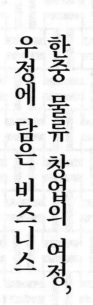

한중 물류 창업의 여정,
우정에 담은 비즈니스

량중진(梁忠金)_윤형풍국제무역주식회사 총재

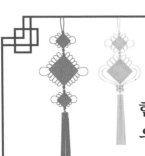

한중 물류 창업의 여정,
우정에 담은 비즈니스

량중진(梁忠金) 윤형풍국제무역주식회사 총재

물류 업계에서 일한 지도 벌써 15년이 되었다. 15년이라는 시간 동안 많은 한국기업 및 업체들과 협력관계를 만들어왔고 한중 간의 물류 협력을 위한 새로운 모델과 새로운 방법을 끊임없이 탐색해 왔다. 나의 창업 여정은 개인적인 꿈을 위해 달리고 그것을 실현한 과정일 뿐만 아니라 한중 물류 업계를 위해 깊이 탐색한 과정이기도 하다.

처음 접한 물류의 세계: 도전과 성장

90년대 초 한국기업이 처음 중국 산둥성에 진출했다. 2000년 이후 한중 양국 간의 무역 거래가 점차 활발해지면서 물류운송업계에 커다란 발전 가능성을 가져다주었다. 2008년 여름, 나는 대학을 졸업하고 사회초년생의 패기와 미래에 대한 동경으로 도전과 기회로 가득 찬 한중 물류 업계에 뛰어들었다. 나는 물류 업계가 궁금했고 물류 업계에 대한 기대를 품고 있었다. 처음 입사했을 당시 나는 모든 업무 하나하나에 주의를 기울이며 실습과 실천을 위해 노력했다. 서류

처리부터 운송 조율까지 모든 과정을 직접 처리하고 감독했다. 회장님은 이런 내게 금방 총경리직을 맡기셨다. 예상치 못한 사건들은 늘 나의 인내심을 시험했고 경영 능력과 정책 결정 능력을 길러 나갔다. 과정은 험난했지만, 그러한 경험이 나중에 창업을 위한 튼튼한 기초가 되었다.

2013년 나는 창업을 향한 첫걸음을 내딛었다. 파트너와 함께 중국 칭다오에서 칭도오 윤형풍국제무역 유한공사를 설립한 것이다. 회사 설립 초기에는 자금 부족, 치열한 시장경쟁 등으로 여러 가지 어려움이 있었다. 그러나 우리의 결심과 성공을 향한 갈망으로 어려움을 하나하나 이겨나갔다.

그 후 해외시장 개척을 위해 한국에 왔다. 처음으로 낯선 환경을 접하다 보니 여러 어려움이 있었다. 가장 큰 어려움은 경제적인 어려움이었다. 하룻밤 숙소비도 부담스러웠다. 비용을 아끼기 위해 나는 사무실에서 지냈다. 생활은 어려웠지만 성공을 할 수만 있다면 어떠한 어려움도 이겨낼 수 있다는 확신이 있었다. 한국의 동대문에서는 야근이 일상이었다. 동료들과 함께 밤낮을 가리지 않고 교대근무를 하며 24시간 전화를 받았다. 이렇게 밤낮 없이 일한 시간은 바빴지만 도전으로 가득했으며 고생과 기쁨이 공존했다. 어떻게 하면 어려움 속에서도 침착함을 유지할 수 있는 법과 돌발상황에 빠르게 대처하는 법을 배웠다.

나의 고객이던 이 선생님과의 일화가 가장 기억에 남는다. 2014년, 업무적인 관계로 이 선생님을 알게 되었다. 낯선 고객으로 처음 만났던 이 선생님은 어느새 두터운 우정을 나누는 친구가 되었고 나중에는 형제 같은 사이가 되었다. 사실 이 선생님은 여러 고객 중 주문량이 가장 적은 고객이었다. 그리하여 우리가 자신의 일을 소홀히 할까봐 우려했다. 나는 이 선생님에게 주문량이 많든 적든 최선을 다해 성심성의껏 서비스를 제공하겠다고 약속했다.

시간이 흐르면서 이 선생님과의 협력 관계는 점차 공고해졌다. 우리의 물류 서비스에 힘입어 한두 건에 불과하던 이 선생님의 주문량이 수천 건으로 늘어났다. 경쟁업체가 저렴한 가격으로 이 선생님을 유혹하기도 했지만, 이 선생님은 우리와의 협력을 이어갔다. 우리에 대한 신뢰가 흔들리지 않은 탓이다. 수년간 우리를 인정해 주고 성원해 준 점에 대해 나 또한 매우 감사하게 생각한다.

업무적인 협력에서뿐만 아니라 생활 속에서도 우리는 아주 친한 친구가 되었다. 업무에서나 생활에서나 어려움이 생기면 아낌없이 서로 나누고 격려하며 도왔다. 비즈니스를 넘어선 우정 덕에 나는 한국에서 일하면서 만난 모든 인연과 일에 대해 소중함과 감사함을 느낀다.

기회와 희망: 어려움의 극복, 이코머스 플랫폼과의 협력

한국에 막 왔을 때 느꼈던 가장 큰 어려움은 전혀 모르는 시장에서 어떻게 알맞은 포워더를 찾아 비행기 편을 확보할 것인가였다. 이 문제는 우리의 효율적인 화물운송 및 순조로운 비즈니스와 직접적으로 상관이 있는 문제이기 때문이었다. 처음 한국에 와 아무것도 없는 상태에서 이 문제를 해결하는 것은 매우 어려웠다. 나는 많은 시간을 들여 시장조사를 실시했고 여러 포워더와 접촉했다. 협력 파트너를 찾는 과정에서 어려움을 겪고 있을 때 기회가 찾아왔다. 한 한국 업체에서 우리에게 손을 내민 것이었다. 그들은 우리가 중국에서 보유하고 있는 자원과 경험을 활용해 통관과 배송 업무를 처리하는 데 도움을 받기를 원했다. 우리는 이 기회를 소중하게 여기고 곧 협력에 합의했다. 이 협력을 통해 나는 물류업계의 업스트림 업무에 대해 이해할 수 있었다. 더 중요한 것은 우리가 상대방의 성원과 신뢰를 얻었다는 점이다. 이 협력을 통해 우리는 업무 범위를 더욱 확대하였으며 신용을 쌓아 나갈 수 있었다.

2014년은 또 한 번의 중요한 전환점이었다. 친구의 소개로 운달익스프레스 국제부 담당자를 알게 되었다. 우리는 금세 협력에 합의했고, 운달익스프레스 코리아의 1급 가맹업체가 되었다. 운달익스프레스 덕에 우리의 업무 범위가 부단히 확장되었고 서비스 능력도 눈에 띄게 향상되었다.

2015년에서 2017년 사이 회사는 전환기를 맞이하였다. 한국에서 중국으로 보내는 개인화물 운송 루트를 대대적으로 확대한 것이다. 새로운 루트를 오픈하고 여러 가지 어려움이 있었다. 고객도 없었고 인지도도 낮았으며 주문량도 적었다. 2017년 업무가 거의 중단된 상태로 3년 연속 큰 손실이 이어졌다.

2018년 이후 개인화물 운송 분야는 관련 정책에 힘입어 조금씩 봄날을 맞이하게 되었다. 시험적으로 화물을 보낸 업체들에게 통관의 희망이 비춰왔고 구름이 걷히며 빛이 뿜어져 나오듯 VIPShop, 페이뉴망, 펑취닷컴 등 여러 플랫폼과의 협력이 이루어졌다. 새로운 루트 오픈 이후 매칭 과정에서 업체들이 직면한 어려움을 해결하기 위해 우리는 자체적인 기술팀을 꾸렸다. 2019년 항저우에 IT회사를 설립하고 자체적인 물류 매칭 시스템을 개발했으며 한중 양국을 연결해 자체적으로 쌍방향 통관 수속을 처리하고 운송 모든 과정을 추적하여 운송을 끝까지 책임졌다. 2021년에는 국가정책에 따라 BC 사업을 시작했다. 처음에는 주문량이 매우 적었지만 3년이라는 시간을 거치며 틱톡, 더우, 징둥, 차이냐오 등 유명 플랫폼과 협력관계를 맺을 수 있었다.

전략적 돌파: 한중 무역이라는 한 우물, 물류망의 다원화

한국에서 물류망을 다원화하기로 결정한 것은 특별한 고객 덕분이었다. 그 고객은 언어적 장벽과 지리적인 한계로 인해 고생스럽게 부산에서 서울로 올라와 화물을 발송하고 있었다. 불편하고 경제적이지 않은 방법이었다. 만약 한국의 주요 도시에 물류망을 두고 있다면 고객이 멀리 이동하지 않고도 상품을 발송하는 편의와 언어 서비스까지 제공할 수 있었다. 이로써 고객이 직면한 실질적인 문제를 해결하고 중국에서 한국으로 오는 제품에 대해서도 마지막 1km까지 책임지는 배송 서비스를 제공함으로써 더욱 포괄적이고 효율적인 물류 체험이 가능하도록 할 수 있을 것이라 생각했다.

나는 서울, 인천, 경기도, 부산, 제주도 등 여러 핵심지역에 물류망을 구축하기로 결정했다. 꼼꼼한 계획과 부단한 노력으로 물류망 구축이 하나씩 완성되었으며 한중 양국 무역 거래의 중요한 허브가 되었다.

한국 내 주요 물류망은 우리 회사의 물류 서비스를 확장시키는 루트이자 한중 양국을 연결하는 다리이기도 하다. 물류망이 바쁘게 돌아가는 모습을 볼 때마다 양국 간의 거리를 좁히고 제품 유통 및 무역 거래를 촉진하는 데 기여한 것 같아 마음이 기뻤다. 물류망을 계속 개선하고 발전시켜 나간다면 더 많은 고객에게 효율적인 양질의 물류 서비스를 제공할 수 있을 뿐만 아니라 한중 양국의 경제무역 협력에도 새로운 활력을 불어넣을 수 있으리라 확신한다.

시간이 흐르면서 우리는 사업을 지속적으로 확장시켜 나갔고 물류망도 계속 늘어났다. 이는 모든 직원들의 노력, 고객들의 신뢰와 지지 덕분이며 정책적 지원이 바탕이 되었다는 사실을 잘 알고 있다. 우리는 한중 무역 거래를 위한 교량이자 연결고리의 역할을 함으로써 기업과 소비자에게 더욱 편리하고 효율적인 물류 서비스를 제공하기 위해 항상 힘쓰고 있다.

책임과 사명: 코로나19 상황 대응

2020년, 갑작스러운 코로나19 발생으로 전 세계는 전례 없는 도전에 직면하게 되었다. 우한의 전염병으로 우리의 마음이 아팠다. 필자는 한국에 있는 중국인으로서 무거운 책임감과 사명감을 느끼게 되었고, 발 빠르게 코로나19에 대응했다. 설 하루 전날 급히 한국으로 돌아와 코로나19 대응을 위한 물자 지원 및 운송 업무에 모든 직원을 투입시켰다. 그 당시 우한을 포함한 중국 각지에 의료용품이 시급했기 때문에 순풍에 급히 연락해 한국에서 우한으로 보내는 무료 운송 노선을 개통하고 현지에 지원되는 방역물품이 신속하게 필요한 곳에 전달되도록 했다.

그해 2월 하순, 한국에서도 코로나19가 휘몰아쳤다. 붐비던 거리가 순식간에 조용해졌다. 많은 중국인 동포들이 타국에서 마스크 등 방역물품을 구하지 못해 어려움을 겪고 있었다. 우리는 중국인 동포들에게 시급했던 '건강 키트' 등 방역물품을 중국에서 한국까지 무료로 운송했다.

이 일로 우리는 중화자선총회와 주한중국대사관으로부터 감사패를 받았다. 당시 마음에 자부심과 감동이 일었다. 그 감사패는 우리에 대한 인정일 뿐만 아니라 하나가 되어 서로를 도와 어려움을 극복하는 재한 중국인의 정신을 높이 평가한 것이라는 점을 잘 알고 있었기 때문이다. 어려웠지만 사랑과 희망이 넘

한국에서 무상 지원한 방역 물품을 인천에서 중국으로 운송

'건강 키트' 등 방역 물품을 중국에서 한국까지 무료로 운송

치던 그때 그 시간을 생각하면 깊은 감동과 따스함이 느껴진다.

과감한 혁신: AGV 스마트 창고의 선제적 구축

2022년 초, 우리는 기존 창고의 입체화, 스마트화를 시도했다. 한국 택배 업계에서 가장 먼저 6면 스캐너를 사용했다. 사람이 일일이 택배를 한 방향으로 돌릴 필요가 없어지자 스캔 및 집하 효율성과 정확성이 크게 향상되었다.

우리는 또한 가장 선진적이고 실용적인 상자형 AGV(무인 운반차)와 팔레트형

인천 AGV 스마트 창고

AGV 시스템을 도입했다. 그리고 이를 기존 WMS 시스템과 연동해 창고의 스마트화와 무인화 수준을 최대한 끌어올림으로써 전체적인 운영 효율, 작업 효율 및 작업의 정확도를 향상시켰다.

스마트 설비와 우리 회사가 자체적으로 개발한 스피드 포스트 시스템을 결합해 모든 택배 내용물 및 신고 정보를 검사하고 확인하여 의심스러운 택배와 중국 및 한국의 세관 신고 요건을 갖추지 못한 택배를 배제함으로써 발송된 모든 택배가 법과 규정을 준수하도록 하고 있다. 한국 세관 시스템과도 연결되어 한국 세관 시스템에서 검사할 택배를 자동으로 걸러내고 있다.

스마트 창고의 건립은 물류 자동화, 스마트화를 위한 이정표적인 의미를 갖는 한 걸음을 내딛었다는 것을 의미한다. 또한 새로운 시각으로 과학기술이 물류 업계에서 갖는 거대한 잠재력과 무한한 가능성을 보게 된 것이기도 하다.

맺음말: 한중 우정을 위한 상업적 연결고리

지난 몇 년간의 창업 여정을 되돌아보면 다행스럽고 자랑스럽게 느껴진다. 아무 경험도 없던 초보자가 이렇게 한중 물류 업계의 중요한 일원이 되는 과정에는 많은 고생과 도전이 따랐다. 한중 양국이 비즈니스 협력 분야에서 보여주는 우호적인 관계가 우리 사업의 발전에 얼마나 중요한지를 알 수 있었다. 한 걸음, 한 걸음이 모두 한중 양국 국민의 노력과 지혜의 결실이다. 그간 걸어온 길은 나의 개인적인 꿈의 실현일 뿐만 아니라 한중 간의 우정이 비즈니스 분야에서 부단히 심화되어 온 것을 여전히 보여준 것이기도 하다.

앞으로 우리는 한국의 협력 파트너와 지속적으로 협력을 심화하며 더 많은 비즈니스 기회를 함께 탐색해 나갈 것이다. 또한 양국의 경제발전과 문화교류를 촉진해 나갈 것이다. 나는 앞으로도 지속적으로 한중 무역을 위해 중요한 역할을 해 나감으로써 양국 경제무역의 번영과 발전에 크게 기여할 것이다. 끊임없는 노력과 협력으로 한중 간의 우호적인 비즈니스 관계가 더욱 견고해질 것이라 믿으며 양국이 함께 번영하는 미래를 만들어 나갈 수 있으리라 믿는다.

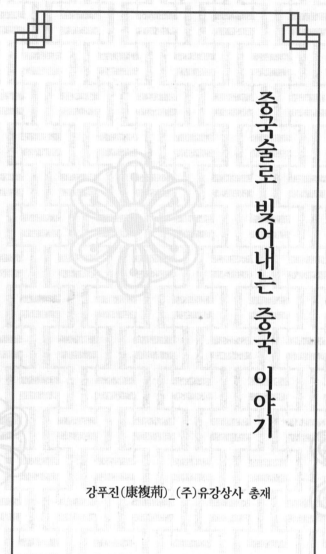

중국술로 빚어내는 중국 이야기

강푸진(康複荊)_(주)유강상사 총재

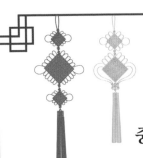

중국술로 빚어내는 중국 이야기

'**이**백은 술 한 말만 있으면 시 백 수를 지었다'

JING 유한공사 사옥

는 말이 있을 정도로 중국은 술로 유명하다. 요즘 많은 애주가들의 사랑을 받고 있는 중국술이 있으니, 바로 중국의 징주(勁酒)이다. 예로부터 '모임에 술이 빠져서는 안 된다', '살랑이는 봄바람에 술 한잔이 미덕이다', '마음이 맞는 친구와는 술을 아무리 마셔도 부족하다'와 같은 말이 전해질 정도로 중국에서는 술을 권하는 것 자체가 일종의 미덕으로 여겨진다. 한편, '중국 징주'가 최근 한국 주류계의 샛별로 떠오르고 있다. 이에 중국의 명주를 한국 시장에 들여와 판매하고 있는 유명 기업 (주)윤강상사에 대해 소개하려 한다.

1990년대 초, 중국은 국가 차원에서 자국 기업의 해외 진출을 독려했다. 마침, 한중 수교가 막 이루어졌던 터라 양국의 무역 및 인적 교류도 황금기를 맞이했다. 당시 중국술에 대한 열정으로 한국에서 창업을 했다.

윤강상사가 취급하는 중국 주류 브랜드는 징주, 구징궁, 우량예, 마오타이주 계열의 도수 높은 술이다. 윤강상사는 지난 22년간 프리미엄 간식 브랜드 량핀 푸즈를 론칭하는 등 제품 라인업을 늘리고 품격을 더했다. 브랜드 소싱 업무에서 윤강상사는 '고객 중심', '세심함'을 최우선 가치로 삼고 제대로 된 양질의 제품을 한국 소비자에게 전하고자 한다.

상사의 스타브랜드: 징주와 구징궁

징주는 백주 단일제품으로 시작해 건강주 중심의 제품군을 발전시켰다. 건강주, 초본백주, 중약업을 포함하는 3대 비즈니스 영역과 중국징주, 마오푸주, 츠정탕을 포함하는 3대 핵심 주류 브랜드를 보유하고 있다.

징주는 중국 막부산맥의 온천수로 빚어낸 맑은 소곡백주를 기주(基酒)로 한다. 엄선한 현지 약재에 최신 디지털기술을 활용한 추출공법을 적용하여 만든다.

징주는 신장(腎腸)을 건강의 기본으로 보는 중의학 이론을 바탕으로 양조 단계에서 옛 중국 황실의 배합 방법을 계승하였으며, 5,000년 역사를 지닌 중의학 이론의 핵심을 담고 있다. 또한 현대 바이오 기술을 활용한 종합적 연구를 통해 체계적이고 우수한 양조법을 개발함으로써 다채로운 맛을 구현하였으며 유명하고 진귀한 약재를 녹여냈다.

건강기능 개선 측면에서 징주는 중의학에서 말하는 '표본겸치(標本兼治: 병의 근원과 외적 증상을 동시에 고친다는 뜻)'의 원칙을 따른다. 기능학적 임상 테스트 결과에 따르면, 징주는 천연 다당, 플라본, 사포닌을 비롯한 수십 가지의 유효성분과 다양한 아미노산과 유산과 필수 미량원소를 포함하고 성분 배합 비율 및 작용이 적정수준으로 뛰어나 인체의 면역시스템 활성화에 효과적이다. 또한 세포면역 및 체액 면역기능을 촉진시킴으로써 면역력 증강에 도움이 된다.

또한 징주는 피로 개선에도 도움이 되며 유기체의 에너지 대사 활동을 돕고 탄수화물의 연소 과정에서 생기는 체내 젖산 찌꺼기를 줄여준다. 피로감을 유발하는 암모니아, 젖산, 요소 등 대사 찌꺼기를 제거하여 뇌의 피로감과 근육통을 완화시키기도 한다. 그 밖에도 징주는 혈액순환 개선 및 체내 미세순환(microcirculation) 촉진으로 근육과 대뇌에 산소 공급량을 늘려 피로감을 빠르게 해소해 준다.

구징궁주의 광고

2023년 3월 21일, 징주는 중국 국가산업정보화부가 주도하고 중국 경공업 연합회가 발간한『업그레이드 버전 혁신 소비품 가이드 – 전국 혁신 소비품 경공업 부문 제9판』에 수록되기도 했다. 이는 징주를 적당히 마시면 음주의 즐거움을 느낄 수 있을 뿐만 아니라 건강에도 도움이 된다는 것을 알 수 있다. 징주를 선택하는 것 자체가 건강한 음주와 생활이념을 선택한 것이다.

중국 하우저우지역의 대표적인 전통주로서 중국 8대 명주 중 하나로 꼽히는 구징궁주는 안휘성 하우저우시에서 만들어진다. 하우저우지역의 특산품인 대곡 농향형 백주에 속하며 '술 중의 모란'이라고도 불린다.

구징궁주는 중국의 양조 역사에서 유구한 역사를 보유하고 있는 술로서 건안 원년(196년)에 시작되었다. 당시 조조가 고향인 하우저우에서 생산되는 '구양춘주'와 그 양조법을 한나라 헌제 유협에게 진상한 것에서 유래했다고 전해진다. 수정처럼 맑고 한란처럼 향긋하며, 달콤하고 산뜻한 맛이 오랫동안 입 안에 맴도는 특징 덕분에 중국 내에서 뿐만 아니라 해외에서도 사랑받는 술이다.

구징궁주는 향이 진한 백주의 한 종류로, 안후이성 화이베이 평원에서 나는 고품질의 밀과 구징전에 흐르는 깨끗한 지하수, 낱알이 통통하면서도 찰기가 강한 고품질의 수수를 원료로 한다. 또한 하우저우 구징전 특구에는 자연적인 미생물 환경이 조성되어 있고 여기에서 구징궁주의 전통 양조기법 그대로 술을 만든다.

여타 농향형 대곡주에 비해 구징궁주에는 술의 향과 맛을 내는 에스테르 물질이 다량 함유되어 있다. 분석 결과에 따르면, 구징궁주에는 80여 종의 식품 향료가 함유되어 있는데, 이는 다른 농향형 술에 비해 15~30종 정도 더 많은 것으로 식품 향료의 함량 또한 2~3배 많다. 구징궁주에는 완전한 형태의 아세트산 프로필이 들어있는데 이는 다른 농향형 대곡주에는 들어있지 않은 성분이다.

구징궁주는 중국 주류 품평회에서 총 4차례 금상을 수상해 명주로 불리기 시작했다. 1988년 제13회 파리 국제식품박람회에서는 1위에 오르는 영예를 안기도 했다. 2018년 구징궁주의 양조법인 '구양주법'은 '현존하는 세계 가장 오래된 증류주 양조법'으로 기네스북에 등재된 바 있다. 2019년 구징궁주 연분원장 시리즈 전통양조구역은 중국 국가산업문화유산에 이름을 올렸으며 2021년에는 '구징궁주 전통 양조법'이 중국 국가무형문화재에 등재되면서 '연분원장'이 구징궁주의 공식 상표가 되었다.

윤강상사 창업 기록

파란만장했던 창업 여정은 나의 가장 소중하고 절절한 추억이다. 2006년 혈혈단신으로 한국에 온 나는 어렵게 사업을 준비한 끝에 2008년 윤강상사를 공식 설립했다. 맨손으로 시작했으나 지난 10여 년간 어려움에 굴하지 않고 앞만 보고 열심히 달렸다. 그 결과, 현재 500개 이상의 음식점에 주류를 납품하고 있다.

특히 코로나19가 극심했던 지난 3년 동안 중국 징주는 면역력 증진, 피로 개선, 신장 및 비장 건강 증진이라는 독보적인 효능을 내세워 업계 내 최고의 성과를 거두었다. 요식업계가 전반적으로 불경기인 상황에서도 연 20% 성장이라는 실적을 이뤄냈고 2022년에는 한국 대형마트 프랜차이즈인 홈플러스에 공식 입점하기도 했다. 나는 모든 일은 시작이 어려울 뿐, 어려움을 두려워해서는 안

되며 일이 뜻대로 되지 않는 건 능력이 아니라 대부분 자신감 부족이라고 생각한다.

중국 경제의 규모와 영향력이 커짐에 따라 '일대일로' 연선 국가에 진출을 시도하는 중국기업이 늘고 있다. 이로 인해 현지인들의 라이프 스타일에 '중국화' 현상이 나타나기 시작했다. 국가 간 교류가 늘어나면서 중국과 오래전부터 왕래해 온 한국 국민들은 중국 백주를 좋아하기 시작했으며 중국 방문 후 귀국길에 선물용으로 백주를 사기도 한다. 나와 회사는 '일대일로' 프로젝트의 시행이라는 시대적 흐름에 발맞춰 중국 주류 브랜드의 국제화에 속도를 내고 있다. 굳은 의지로 한국 시장 내 사업 확장에 힘씀으로써 중국 백주에 대한 한국 소비자들의 인지도를 높이고 고객들로부터 인정받기 위해 고군분투 중이다.

독보적 성과와 극찬 받는 품질

한국은 중국술의 최대 수출 대상국이며 지리적으로 가깝기도 하다. 그래서 한국 소비자들에게 중국술은 결코 낯설지 않다. 통계에 따르면, 2021년 중국 백주가 전 세계 80개 국가 또는 지역에 수출되었는데, 그 가운데 한국에 수출된 술이 전체의 31.92%에 달하는 0.55만 킬로리터(KL)이다.

중국 백주는 독보적인 양조기법에 힘입어 남다른 향과 맛을 자랑하며 도수가 높은 것이 특징이다. 한국술과의 큰 차이로 한국 소비자들이 중국술을 처음 마실 때는 어색하게 느끼기도 하지만 여러 차례 마셔보면 점차 그 맛에 적응하고 중국 술의 매력에 빠져들게 된다.

또한 가격과 관세 등의 문제로 인해 한국에서 중국술을 구매하면 소주에 비해 가격이 비싸기 때문에 한국에서 중국 백주는 값비싼 프리미엄 주류라는 이미지와 인식이 있다. 이로 인해 중국 백주를 마시는 것이 소비력 과시를 위한 수단 중 하나로 인식되기도 한다.

중국 국내적으로 백주 산업 내 경쟁이 치열하다 보니, 주류기업 입장에서 국제화는 협력을 꾀하는 길이기도 하고 기업의 성장을 모색하는 또 다른 길이기

중국 징주 및 마오푸주 광고 표지

도 하다. 중국 내 백주 시장은 이미 성장둔화 단계에 접어들었고 시장점유율은 서로 '나눠 먹기식'으로 차지하고 있는 상황이다. 따라서 장기적으로 봤을 때 주류회사의 성장 여부를 결정짓는 것은 해외시장이라 할 수 있다.

이와 같은 시장 상황에서 중국 주류 브랜드 징주 등 우리가 취급하는 중국술은 건강기능 향상 및 보양의 기능을 갖는 동시에 기본적으로 백주 시장 자체에서 지속적으로 프리미엄을 추가하여 세분화된 시장에서 높은 점유율을 차지하고 있다.

중국술로 빚어내는 중국 이야기

향후 회사의 발전계획은 세 단계로 나누어 진행할 것이다. 첫 번째는 '중국 음식에 중국술을 페어링'하는 단계이다. 한국 음식이 담백한 편이라 한국 소비자들은 도수가 낮은 술에 익숙하지만, 한국 음식에 도수 높은 중국술을 곁들이게 되면 마셨을 때 목구멍이 화한 느낌과 속쓰림을 느낄 수 있어 자극적으로 느껴질 수 있다. 그리하여 윤강상사는 중국 백주를 시음할 수 있는 팝업스토어를 만들어 다양한 라인업의 중국술을 선보이고 술맛을 극대화할 수 있는 중국 음식을 같이 내어 완성도 있으면서 훌륭한 중국 음식을 경험할 수 있는 공간을 마련하고 있다.

두 번째 단계는 소비자의 시음 기회를 늘리는 단계이다. 대형마트에서 장기 판촉 및 현장 시음행사를 함으로써 한국 소비자들이 백주를 더욱 친근하게 느끼고 일상에서 즐길 수 있도록 할 계획이다. 한편 한국 현지에서 열리는 박람회에 참가하여 오랜 전통의 중국 백주를 선보임으로써 중국 백주에 대한 한국 바이어의 이해를 높일 계획이다. 예를 들어 윤강상사는 주한중국대사관의 추천으로 서울주류박람회에 참가해 중국 주류 브랜드 부스를 운영한 경험이 있는데 당시 우량예, 구징궁주, 량핀푸즈(중국 유명 간식 브랜드) 등 몇몇 브랜드의 이름을 널리 알리는 기회가 되었다.

마지막 단계는 중국술 문화를 널리 알리는 단계이다. 앞서 언급했듯이 중국의 술문화는 오랜 역사를 자랑하며 깊이가 있다. 중국 백주는 해외에서 유명한 프리미엄 주류일 뿐만 아니라 오랜 세월을 거친 중국의 문화를 담고 있다. 중국 백주는 앞으로 전 세계 먹거리 문화 트랜드를 대표하는 중요한 매개체 중 하나로서 그 역할을 할 것이다. 한국 내 중국 주류업계의 대표 격인 회사이자 유명 브랜드로서 윤강상사는 술을 매개로 중화민족의 우수한 전통문화와 '화이부동 미미여공(和而不同 美美與共, 다름을 인정하되 좋은 것을 나누자는 뜻)'의 정신을 바탕으로 세계 각국에 중국술의 이야기를 지속적으로 전하고자 한다. 향후 윤강상사가 한국의 블루오션 시장에서 큰 성과를 거두어 중국 술의 재도약에 날개를 달아줄 수 있게 되기를 바란다.

신뢰경영을 통한 장기적 발전, 끝임없는 성장 추구

지난 시간을 돌아보면 창업 성공까지 아직 갈 길이 멀다는 생각이 든다. 한국 진출을 생각하는 중국 기업인들에게 '신뢰경영'에 집중해야 하며 믿음을 줄 수 없다면 성과를 거두기 어렵다는 조언을 하고 싶다. 중국에는 '술맛이 좋으면 제아무리 깊은 골목에 있는 주점이라 할지라도 걱정할 것이 없다'는 격언이 있다. 윤강상사는 십수 년간 고군분투하며 준법 경영, 성실납세, 합법 고용 등 면에서 '신뢰 최우선'의 정신을 실천 중이다. 윤강상사가 중국의 우수한 백주로 한국 주류시장에서 중국만의 멋진 이야기를 써 내려갈 수 있을 것이라 믿는다.

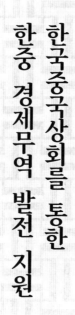

한국중국상회를 통한
한중 경제무역 발전 지원

뤼펑(呂丰)
_전 중국국제무역촉진위원회 한국대표부 수석대표
_전 한국중국상회 상무부회장

한국중국상회를 통한 한중 경제무역 발전 지원

한 중 양국은 눈 깜짝할 사이에 수교 30주년을 맞이했다.

중국국제무역촉진위원회(이하 "CCPIT") 한국 대표처는 중국 경제계(기업 및 기관) 중 가장 먼저 한국에 진출한 대표적인 단체로서 한중 수교 과정에서 큰 역할을 했다. 한중 수교 이전에는 정부 파견 기구로서 일부 역할에 대한 수행 권한을 부여받았으며, 수교 이후에는 양

뤼펑(呂丰) 전 한국중국상회 상무부회장

국 간 경제무역 교류와 기업 및 산업 협력을 활성화하기 위해 노력했다. 한국중국상회의 설립을 주도한 것이 대표적인 사례이다. 한국중국상회는 설립 후 20년간 지속적으로 발전해 왔다. 한중 경제계의 교류와 협력을 촉진하고 양국 기업의 비즈니스 환경 개선에 기여하는 등 양국 기업의 공동 발전에 긍정적인 역할을 해왔다.

1992년 한중 수교 이후 양국은 다양한 분야에서 매우 긴밀한 관계를 유지해 왔다. 특히 경제, 무역, 투자, 노동, 기술 훈련 등 분야에서 협력이 급격히 늘어났다. 수교 이전 양국의 교역액은 수십억 달러에 불과했으나 2003년 기준 양국 교역액은 연평균 26%씩 증가하며 630억 달러를 넘어섰다. 한국의 대중국 투자도 빠르게 증가하여 당해 연도 중국은 한국의 최대 해외 투자 대상국이자 최대

수출 대상국이 되었고, 중국은 한국의 3대 교역 파트너가 되었다.

양국의 투자 분야를 살펴보면, 한국은 대중국 투자를 늘리고 있으며 중국기업의 대한국 직접투자는 무역과 서비스 투자에서 다원화된 투자로 점진적이고 빠르게 변화하고 있다. 주한 중국기업과 대표 기관의 업무 분야는 금융, 항공, 해운, 노동, 여행, 무역 등 다양한 분야를 아우른다.

한중 양국 간 교역 및 투자가 급속히 성장하는 가운데 주한 중국기업의 건전하고 안정적인 발전을 위해 CCPIT 한성대표처(2004년 한국대표처로 명칭 변경)의 주도로 2001년 12월 26일 서울에 한국중국상회(China Chamber of Commerce in Korea)가 설립되었다. 한국중국상회는 주한 중국기업의 자발적이고 자율적인 조직으로 초기 회원 55개 모두 한국 정부 부처의 정식 승인을 받은 기업 법인 및 대표 기구로 이루어졌다. 사업 분야는 금융, 교통 및 운송, 관광, 여행, 무역, 제조, IT 등 다양한 산업을 포괄한다. 한국중국상회에는 금융투자분회, 해상운송분회, 항공여행분회, 노동 및 건설 프로젝트분회, 노동 및 제품유통분회 등 5개 분회가 있다.

한국중국상회는 한중 양국의 경제, 무역, 투자 협력 촉진을 목표로 한중 경제계의 상호 이해와 교류를 증진하고 회원 기업의 정당한 권익을 보호하는 데 최선을 다하고 있으며 한국 내 중국기업의 비즈니스 환경 개선을 촉진하고, 한중 기업 간 경제, 무역, 투자 협력 및 발전을 도모한다. 한국중국상회의 주요 기능은 다음과 같다. 회원 기업이 중국 및 주재국 정부 부처에 의견, 제안, 요구사항을 제기할 시 도움을 주고 비즈니스 활동에 대한 정부 관련 부처의 지침을 회원 기업에 전달한다. 한국의 비즈니스 법규 및 절차를 파악하고 투자 및 무역에서 발생하는 문제를 분석하여 해결을 지원하며, 법에 의거하여 중국기업의 합법적인 권익을 보호한다. 또한 한국의 관련 기관 및 경제단체와 협력하여 경제 교류 활동에 참여하거나 이를 공동 개최한다. 한중 양국의 민간 무역에 대한 이해를 증진시키고 한국중국상회 회원 간 교류 및 협력을 강화하고 주한 중국기업의 교역 및 사업 시 현지 조사 활동을 지원하며 한국 현지 기업과 단체의 요청에 따라 지원 서비스도 제공한다.

한국중국상회는 중국기업이 한국 시장에 진출하기 시작한 지 얼마 지나지 않아 설립되었고 대부분 신규 인력이었기 때문에 실제 상황에 부딪혀가며 업무를 발전시켜 나갈 수밖에 없었다. 다행히 여러 기업, 회원 및 대사관 상무처의 전폭적인 지원이 있었기에 설립 후 1~2년 내에 상당히 많은 성과를 거두고 새로운 발전 단계로 접어들 수 있었다.

한국중국상회는 한국무역협회, 대한상공회의소, 대한무역투자진흥공사, 한국경제인연합회, 한국중소기업협회 등 주재국인 한국 여러 단체와 협력 관계를 맺었다. 한국중국상회 창립 초기, 한국중국상회의 임원들은 한국의 주요 경제협회와 기관을 방문하고, 한국 내 외국 상공회의소 위원회와 주재국의 경제협회 및 조직이 주최하는 다양한 교류 행사에 참여하였다. 이를 통해 한국 경제협회 및 외국 상공회의소와 네트워크를 형성하고 협력 가능성을 모색하였다.

2002년 3월 한국중국상회는 '주한 중국기업망' 홈페이지를 개설하였으며, 2003년 3월에는 '한국중국상회 소식지'를 발행하여 한국중국상회의 기능, 업무, 회원 기업 등을 대대적으로 홍보하는 등 한국중국상회의 영향력과 인지도를 향상시켰고 회원 기업에 유용한 정보를 제공하기 시작했다. 한국중국상회는 2002년, 2003년, 2004년 1분기 등 3년 연속으로 한국 국제무역박람회에 참가하여 한국중국상회의 기능, 역할 및 회원기업 관련 자료를 배포하였다. 이러한 방식을 통해 한국중국상회를 효과적으로 홍보하고 주한 중국기업 및 기관의 업무 내용과 활동 사항을 널리 알렸다.

한국중국상회는 사업 보고회, 비즈니스 만남 행사 등을 개최하여 회원 간 사업 교류를 강화하고 있다. 2002년에는 '중국의 경제 상황과 중국기업의 한국 내 경영' 보고회와 '한국의 세무, 회계 법규 실무 지식' 보고회를 개최하여 긍정적인 성과를 거두었다. 특히 회원들은 실무 관련 법률 지식에 깊은 관심을 보였는데 이를 통해 한국 비즈니스 법규 환경에 대한 수요를 확인할 수 있었다. 2003년에는 '2004년 한국 경제 전망'과 '한국 금융위기 대비 메커니즘' 등 특별 보고회를 두 차례 개최하고 한국 전문가를 초청하여 주한 중국기업이 시야를 확장하고 한국의 비즈니스 환경에 대한 이해를 넓히는 데 도움을 주었다.

2002년 7월, 한중 IT 산업 세미나

한국중국상회와 분회에서는 매년 비정기적으로 야유회 등 회원 친목 행사를 개최한다. 일부 분회에서는 색다른 활동을 마련하여 회원들로부터 호평을 받았으며, 친목회, 야유회 등 다양한 활동을 통해 회원들에게 비즈니스 교류와 네트워킹의 기회를 제공하였다.

또한, 한국중국상회는 회원기업과 함께 '중국의 날 문화 축제', '중국기업의 대한 투자 현황'에 관한 상무부 조사연구팀-한국중국상회 회원 간 좌담회, 제1회 전국여성대회 등 한국의 경제 사회 행사에 참여하기도 하였다. 그뿐 아니라 회원 기업과 홍콩 상공회의소 간 친목 행사를 주관하고 '한·중 기업인 교류의 밤' 행사에 참여하였으며, 한국중국상회 회원 대표를 조직해 연세대 국제학대학원 중국고급경영반 학생들과 교류 및 토론을 진행하였다. 한국중국상회는 한화중국화평통일촉진협회, 한국중화총상회, 한중우호협회, 한국문화관광부 등 단체가 주관하는 행사에도 참여하였다.

한국중국상회는 중국기업을 대표하여 주한중국대사관과 주한 중국기관의 협조하에 다양한 공익 행사에 참여하는 등 긍정적인 영향력을 발휘하였다. 2002년 제1회 한·중·일 비즈니스 포럼에는 20여 개 기업으로 구성된 중국 대표단을 파견하였고, 중국 해군 함정 방한 시 회원 대표단을 조직해 인천항에서 환영 행사를 진행하기도 하였다. 한국중국상회 치어리더팀을 광주시로 파견하여 중국 축구팀 경기를 응원하고, 회원기업과 함께 주한중국대사관에서 개최하는 주요 행사에 적극적으로 참여하기도 하였다.

한국중국상회 사무국은 일상적인 기업 컨설팅 업무도 수행한다. 한중 간 경제 관계가 밀접해지면서 중국에 투자하여 시장을 확장하려는 한국기업의 열의가 사그라지지 않고 있다. 이에 중국 시장과 무역 및 투자 환경을 이해하고 협력 정보를 얻기 위해 한국중국상회 사무국을 방문하는 한국 각계 인사들이 많다. 이 밖에도 사무국은 끊임없이 밀려오는 편지, 전화, 이메일을 처리하고 있다.

한국중국상회 사무국은 CCPIT 한국대표처에 설립되어 있으며, 사무국 업무는 CCPIT 한국대표처에서 겸직하여 담당한다. 한국중국상회 업무를 원활히 수행하기 위해 CCPIT 한국대표처는 CCPIT의 각종 업무를 수행하는 동시에 상회의 여러 가지 일상 업무를 무상으로 처리해야 했다. 이에 많은 에너지를 쏟았고 업무량이 상당히 많이 늘어났다. 대표처는 한국중국상회 간부들의 요청에 따라 한국중국상회의 업무 추진 방안을 적극적으로 모색하고 제반 업무를 적절하게 배분하였으며, 다양한 활동을 세심하게 계획하였다. 특히 사무국 동료들은 업무에 대한 열정과 세심함을 바탕으로 뛰어난 성과를 냈고 한국중국상회가 자리 잡을 수 있도록 기반을 마련하는 데 적극적으로 기여하였다.

한국중국상회는 주한 중국기업 간의 비즈니스 교류를 위한 기관일 뿐만 아니라 본질적으로는 네트워킹 기능을 갖춘 자발적이며 자율적인 비정부 플랫폼이다. 활동 경비 지원이나 전문 인력이 없는 상황 속에서 회장 및 회장단의 리더십과 역량이 아주 중요하다. 2001년 말 설립부터 2005년 말 필자가 사임하고 귀국할 때까지 한국중국상회에서는 초대 위에이(岳毅) 회장, 제2대 뤼펑(呂丰) 회장, 제3대 왕리쥔(王立軍) 회장 등 세 명의 회장을 임명하였다. 위에이 회장과 왕리쥔 회장은 중국은행 한성(서울)지점의 전 총경리였다. 이 기회를 빌려 강력한 리더십을 바탕으로 여러 가지 활동을 지원하신 두 회장님께 존경과 감사의 마음을 전한다. 이 밖에 역대 부회장들도 한국중국상회 사업을 전폭적으로 지원하였다.

　지난해 8월에는 CCPIT, 한국무역협회, 대한상공회의소, 대한무역투자진흥공사가 공동 주최하고 한국중국상회와 중국한국상회가 공동 주관하여 한중 수교 30주년 기념 비즈니스 협력 포럼을 개최하였으며, 중국의 리커창 총리와 한국의 한덕수 국무총리가 참석해 축사를 하였다. 지난 30년을 돌이켜보면 한중 수교 30년 동안 경제무역 분야는 눈부신 성과를 거두었으며, 한중 양국 기업들은 이에 중요한 기여를 하였다.

　한중 양국은 가까운 이웃이자 역사적, 문화적 전통이 유사하며 경제 구조적으로 높은 상호보완성을 지닌 국가로서 경제무역 협력에 있어 유리한 조건과 거대한 잠재력을 지니고 있다. 한국중국상회는 한중 양국의 발전 기회를 바탕으로 경제무역 협력을 위해 적극적으로 노력하고 있다. 앞으로도 한중 상공업계의 상호 협력과 교류를 촉진하고 중국기업의 한국 비즈니스를 지원함으로써 더욱 중요한 역할을 해 나갈 것이다.

　이상은 한국중국상회 설립부터 2003년까지에 대한 필자의 회고이다. 이후 한국중국상회는 20년간 발전을 거듭하며 더 많이 성장하였다. 한국중국상회는 거대한 조직으로 변화하였고 사업도 확대하였다. 한중 양국관계가 전면적으로 개선되고 경제무역 협력이 활발해지면서 한국중국상회에 주어진 역할과 임무는 더욱 막중해졌다. 나의 두 동료 위하이옌과 양샤오쥔은 한국중국상회 집행회장직을 차례로 역임하며 한국중국상회를 지속적으로 발전시키고 기업을 위해 헌신하고 있다.

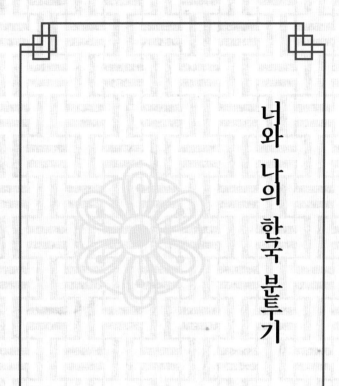

너와 나의 한국 분투기

왕쥔린(王俊霖)_펀도우코리아(iCNKR) 창시자

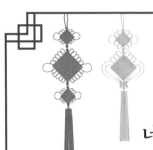

너와 나의 한국 분투기

이 글은 나와 한 포털사이트가 한국에서 함께 성장하고 함께 분투한 이야기이다. 내 진짜 인생은 2006년에 시작된 것일지도 모른다. 위화 선생님의 단편소설 『십팔 세에 집을 나서서 먼 길을 가다(十八歲出門遠行)』처럼, 당시 열여덟, 열아홉이었던 나는 중국을 떠나 현실의 쓴맛을 겪고 매우 당황스러웠다.

한국 유학, 출항을 꿈꾸다

처음 한국에 왔을 때, 내 꿈은 산산조각 났다고 느꼈다. 바다를 낀 시골의 작은 도시, 전교 100등 밖의 성적, 과거와는 너무 다른 환경 등으로 끊임없이 낚였다는 또는 속았다는 괴로움에 빠져들었다. 그 당시에는 한국에 대해 알 수 있는 경로가 매우 부족했기 때문에 많은 오류와 오해가 있을 수밖에 없었다. 그렇다면 '이를 바꾸기 위해 내가 뭔가를 할 수 있지 않을까'하는 생각이 들었다.

때로 사람과 사람의 만남은 감탄을 자아낸다. 마치 더 일찍 만나지 못한 것을 한탄하듯, 금슬 좋은 부부의 인연도 운명처럼 만나듯, 먹구름 속에서 헤매다 운 좋게 한줄기 빛을 만나듯 말이다. 나는 나의 가장 중요한 동업자가 될 그를 아주 우연히 만나게 되었다. 서로 의기투합하고 진심으로 아끼는 사이가 될 고향 친구 장진카이(張津凱)를 말이다.

장진카이는 나보다 반년 먼저 한국에 왔지만, 그때 그는 이미 '한국통'이었다. 성격이 침착하고 생각이 깊은 그는 나의 책사 역할을 하며 끊임없이 아이디어를 내고 나와 함께 머리를 맞대고 고민하였다.

어느 날 밤 기숙사에서 인터넷을 하고 있을 때였다. 무심코 한 유학생 카페에 들어갔을 때 좋은 아이디어가 떠올랐다. 나는 허벅지를 탁 치고 손으로 모니터를 가리키며 장진카이에게 흥분한 목소리로 말했다. "우리 한국 온라인 커뮤니티를 만들어 보자!"

우리의 의견은 일치했다. 일사천리로 도메인 등록까지 마쳤고 8월 1일 정식으로 한·중 유학생 온라인 커뮤니티를 만들어 꿈을 펼치기 시작했다.

그해 여름방학, 우리는 중국에 돌아가지 않고 우리가 만든 사이트를 홍보하고 콘텐츠를 제작하며 회원들과 계속 정보를 주고받느라 모든 시간을 보냈다. 그렇게 몇 날 며칠 밤낮 없이 PC 앞에서 시간을 보냈다.

공든 탑이 무너지지 않는다고 했던가. 한 달 만에 우리가 운영하는 사이트의 회원 수가 거의 천 명에 이르게 되었고 매일 수백 개의 댓글이 달렸다. 그러나 아직 부족했다. 장진카이는 다시 한번 냉정하게 판단했다. 온라인 홍보만으로는 성장이 더디니 유학생들이 많이 모이는 대학가에서 홍보를 해야 한다는 것이었다.

9월이 되어 학교는 개강을 했고 우리는 수업이 없는 날이면 포스터를 들고 기차나 지하철을 타고 서울, 인천, 부산 등 주요 도시를 분주히 돌아다니며 대학가에서 중국 유학생들에게 홍보를 했다. 그 효과는 대단했다. 2006년 말, 회원 수는 1만 명을 돌파했고 그 반년이 넘는 시간의 경험과 느낌을 바탕으로 사이트 재정비에 들어갔다. 그리고 2007년 1월 1일, 펀도우코리아(iCNKR)라는 지금의 이름이 탄생하게 되었다.

모든 것이 순조롭게 흘러갔다. 2월에는 화교 교류 사이트와 통합하였고 한국 특색의 인터넷방송도 개설하였으며, 5월에는 처음으로 서울에서 오프라인 회원 모임을 가졌다. 1주년이 되던 2007년 8월, 회원 수는 3만 명을 넘어섰고 댓글도 10만 개 이상 달렸다.

우리가 운영하는 사이트는 나날이 성장했고, 그에 따른 운영비와 유지관리비 또한 지속적으로 증가했다. 사이트를 유지하기 위해 나와 장진카이는 아르바이트를 시작했고 식당을 비롯해 헬스장, 슈퍼마켓, 양식장에 이르기까지 수많은 곳에서 땀을 흘렸다.

9월, 우리는 서울과 대구 두 곳에서 오프라인 모임을 가졌다. 낯설지만 열정으로 가득 찬 그들의 얼굴에서 우리를 얼마나 필요로 하고 있는지, 우리를 얼마나 신뢰하고 있는지를 느낄 수 있었다. 2007년 말 회원 수가 5만 명을 돌파하면서 우리는 아주 대단한 일을 했다는 자부심을 갖게 되었다.

1년 반이라는 짧다면 짧고 길다면 긴 시간을 걸어오면서 우리는 많은 것을 경험했고 많은 것을 얻었으며 많은 성장을 이루었다. 마치 우리가 인류 역사의 숲을 오랫동안 헤쳐 나간 듯, 시련과 변화를 겪고 사람들의 따뜻한 격려와 신뢰를 얻으며 그들의 필요에 의해 천천히 성장하고 점차 힘을 갖게 되었다.

2008년 5월 12일 원촨(汶川)에서 발생한 쓰촨 대지진은 중국 전역을 충격에 빠뜨렸다. 우리는 신속히 기부금 모금을 제안했고 수많은 화교와 유학생들의 따뜻한 마음을 담아 대사관에 전달했다. 그 순간, 전에 느낄 수 없었던 책임감과 사명감이 마음속에서 용솟음쳤고 큰 에너지를 얻을 수 있었다.

11월에 사이트가 새롭게 업그레이드되면서 콘텐츠 등 다양한 채널과 메뉴가 새로 개설되었다. 일반사이트에서 종합 포털 사이트로 바뀌면서 우리가 그렇게 입버릇처럼 말하던 사이트가 'iCNKR(펀도우코리아)'로 변신하게 된 것이었다. 처음에는 작았던 꿈이 더욱 커지게 되었다.

분야를 확장하고 여기저기서 꽃을 피우다

2009년은 중국 인터넷 역사에서 이정표적 의미를 갖는 해라고 할 수 있다. 웨이보(微博)가 갑자기 등장했고 중국의 최대 쇼핑 축제인 광군제(쌍 11)에 사람들이 열광하며 모바일 인터넷이 두각을 나타내기 시작했다.

우리도 그해 대학을 졸업했고, iCNKR 회원 수가 10만 명을 돌파한 지 3주년을 맞이했다. 작은 학교 기숙사는 점점 더 커지는 우리의 꿈을 담아내기에 부족했다. 그래서 우리는 군산을 떠나 서울로 상경하기로 결정했다.

나와 장진카이는 9월에 각각 건국대와 동국대에서 석사 공부를 시작하며 비즈니스 영역을 확장하고자 했다. 10월에 서울에 사무실을 얻어 법인회사를 설립하고 본격적인 상업화에 나섰다. iCNKR은 빠르게 성장했다. 회원 수가 40만 명을 돌파했다. 뉴미디어도 적극적으로 활용했는데 웨이보(微博), 위챗(微信·중국판 카카오톡) 플랫폼의 팔로워 수가 천만 명을 넘어 한국 최대의 중국인 온라인 커뮤니티로 발전했다. 이렇게 해외 중문 매체 중 최고로 거듭났다.

창업은 힘들다. 그러나 노력하면 성공할 수 있다. 창업은 힘든 과정이고 실적에는 엄청난 압박이 뒤따른다. 학업과 사업을 병행하기 어렵게 되자 나의 창업 파트너인 장진카이는 자퇴를 선택했고 창업의 무거운 짐을 홀로 지게 되었다.

유명해진 iCNKR은 2012년, 장쑤위성TV의 제안으로 중국 인기 예능 프로그램인 "페이청우라오(非誠勿擾)"의 한국 특별편 제작을 주관하게 되었다. 흰 양복을 입고 멍페이(孟非, 중국의 유재석이라 불리는 유명 MC)와 TV에서 인터뷰를 할 때 내 마음속에는 설렘보다 큰 자긍심과 자부심이 자리하고 있었다. 이는 40만 'iCNKR 人' 전체의 자긍심이자 자부심이었다.

'이왕 하는 거 최고가 되자'는 것이 우리의 신조였다. 2012년 석사과정을 마치고 회사로 복귀해 당시 한창 붐이던 한국 여행 시장을 위해 열정을 불태웠다. 우리는 온라인여행사(OTA) 한유망(韓遊網)을 설립하였다. 한유망은 중국 인터넷 업계에 보편화되어 있던 온라인 예약, 온라인 결제, 온라인 좌석 선정, 공동구매 등 신개념, 신패러다임으로 한국 관광시장을 빠르게 장악해 나갔다. 중국어로 된 한국 지도, 지하철 노선도, 쿠폰 및 면세점 등 다양한 실용적 사이트와 앱을 개발하고 출시하여 예약, 할인 및 쇼핑, 교통을 아우르는 원스톱 한국 관광 서비스 체계를 구축해 다년간 연속 한국 관광명소 입장권 및 공연 티켓 판매량 1위라는 성과를 거두었다. 우리는 한국 관광산업 발전에 기여한 공로를 인정받아 한국관광공사로부터 감사패를 받기도 했다.

2014년에는 iCNKR의 회원 수가 100만 명을 돌파했다. 중국 관영 중국중앙방

iCNKR 10주년 기념 행사

송(CCTV 4) '화인세계(華人世界)'와 뉴스 방송(CCTV 13) '뉴스 라이브룸(新聞直播間)'에 iCNKR의 특별인터뷰가 실렸다. 우수한 청년 해외 창업 스토리로 선정돼 보도된 것이다.

2016년 9월, iCNKR은 열 번째 생일을 맞이하여 서울 63빌딩에서 덩충(鄧瓊) 주한중국대사관 총영사, 김의승 서울시 관광체육국장, 한성호 중국재한교민협회 회장, 이권표 청와대 대통령비서실 실장, 최일화 한국연극배우협회 이사장, 쑨궈성(孫國生) 산둥성팡위안부동산개발유한공사 회장, 펑민위(彭旻昱) 주한중국대사관 영사, 왕하이쥔(王海軍) 중국재한교민협회 총회장 등 200여 명의 내빈과 iCNKR 회원이 참석한 가운데 10주년 기념행사를 열었다.

iCNKR와 한유망의 성공은 우리 사회 각계각층으로부터 인정과 찬사를 받았다. 우리는 2018년 국회 외교통일위원회 위원장이 수여하는 '2018 한중 기업경영 대상'과 문화체육관광위원장이 수여하는 '2018 세계한류문화공헌대상'을 수상했다. 나는 주한중국대사관의 추천으로 중국공산당 중앙조직부의 초청을 받아, 2019년 10월 1일 천안문 광장에서 거행되는 중화인민공화국 건국 70주년 기념 국경절 열병식과 친교 활동에 해외 고급인재 한국 대표로서 참여하는 기회를 얻기도 했다. 천안문 광장에서 국기가 게양될 때 모두 함께 국가를 제창하는 모습을 보며 가슴이 웅장해지고 뜨거워지는 것을 느꼈다. 열병식에 등장한 군대는 위엄 있고 웅장했으며 쇳물이 흐르듯 세찼다. 첨단무기가 등장하자 분위기가 고조되었다. 기세 넘치는 분위기 속에서 조국의 성대한 번영을 목격하면서 중화민족의 위대한 부흥이라는 중국의 꿈을 조속히 실현하기 위해 고군분투하고 있다는 자긍심과 사명감, 책임감으로 마음속

2019년 초청받아 중화인민공화국 건국 70주년 기념 열병식에 참여

에 기쁨이 가득 찼다. 조국이 영원히 번영하기만을, 조국의 미래가 더욱 아름답기만을 축복했다.

타향을 지키며 코로나19 방역에 힘을 보태다

사건사고가 언제 들이닥칠지 우리는 절대 예측할 수 없다. 많은 사람들의 기억 속에 2020년은 결코 잊을 수 없는 해가 되었을 것이다. 당시 갑작스럽게 코로나19가 전국을 휩쓸었고 코로나 방역 물자 공급에 비상이 걸렸다. 나는 설상봉의 즐거움을 만끽할 겨를도 없이, 1월 26일 정월 초이틀에 한국으로 돌아와 가장 먼저 모금과 긴급 의료 물자 조달에 나섰다. iCNKR은 재한 중국인들의 도움 속에 긴급 구매 후 기부된 마스크, 방호복 등 의료물자 2만여 점을 후베이성(湖北省) 코로나19 방역 최전선 의료진에게 전달했다.

2월에 한국도 코로나19 환자가 폭발적으로 늘어났다. 우리는 최대한 신속하게 코로나19 보도팀을 꾸려 코로나19 관련 기사를 번역한 후 한국의 상황을 실시간으로 보도했다. 또한 재한 중국인들을 위해 코로나19 로드맵 중문판과 코로나19 발생 상황 자료를 만드는 등 주한중국대사관, 화교, 중국 유학생 단체에

iCNKR와 주한중국대사관이 유학생들에게 건강 키트를 배포하는 사진

적극적으로 협조하며 코로나19 방역 작업에 참여했다.

3월에는 한국에 있는 중국유학생들의 방역물자 상황을 파악해 재빠르게 중국 내 유관기관에 도움을 요청함으로써 유학생들이 한국에 운송된 마스크를 무료로 지급받을 수 있도록 도왔다. 또한 주한중국대사관의 건강 키트 배포를 도와 누적 89만여 개의 마스크를 비롯한 의료물자 무료 배급을 도와 재한 중국교민 및 유학생들의 호평을 받았다.

3월 28일에는 중국 관영매체 CCTV에서 iCNKR의 코로나19 방역 스토리를 다룬 '화인고사(華人故事) - 코로나 19 속에서 젊은이의 힘을 보여준 왕쥔린(王俊霖)'편이 방영되기도 하였다.

삽십이립(三十而立), 다시 새로운 페이지를 펼치다

2009년부터 2019년까지 급속한 성장한 이룬 지난 10년의 황금기 동안, 우리는 iCNKR와 한유망이라는 이름으로 사회 각층의 찬사를 받고 인지도를 쌓았다. 나 또한 여러 차례 대사관 및 중국 교민 사회의 심포지엄, 해외 중문 매체 고급연수반, 국제 중문 매체 포럼 등 각종 행사에 초대되어 참석하였고 중국교민연합청년위원회 위원, 중국교민연합신교혁신창업연맹 해외위원, 구미동학회(중국유학생연의회) 제8차 이사회 해외이사, 산둥교민연합 해외위원, 산둥성교민연합신교혁신창업연맹 제1차 이사회 이사, 신교혁신창업칭다오연맹 제1차 이사회 집행부이사장 등을 역임했다.

지난 10년 사이에 나는 대학생에서 창업가로 성공적인 변신을 하였고, 더 넓은 세상과 더 높은 차원의 환경을 접하였다. 그러나 식견을 넓힐수록 더욱 겸손하게 나를 더 확장하여 미지의 영역과 지식을 탐구하고 싶다는 생각이 들었다. 캠퍼스를 떠난 지 7년이 지난 2019년, 나는 서른 살의 나이로 경기대에 입학해 류자양(劉子陽) 교수님 밑에서 국제경영학 박사과정을 공부했다. 그리고 2022년 졸업 후 대학에 남아 강단에 서게 되었다. 나는 창업자로서 내가 알고 배우고 다년간 업계에서 피땀 흘리며 익힌 소중한 경험들을 계속 공유해 나갔다.

2023년 5월 8일, 나는 영광스럽게도 재한 중국인 대표로 초청되어 베이징에서 열리는 중국 제10회 세계화교화인동아리연의대회에 참가할 기회를 얻게 되었다. 시진핑 주석의 친절한 응대를 받게 되어 매우 자랑스러웠고, 재외 중국인에 대한 시 주석의 깊은 배려를 충분히 느낄 수 있었다. 나는 재외 중국인으로서 다른 이들을 보살피는 것을 동력으로 삼아 적극적으로 내 주변의 중국인들과 한마음으로 협력하고, 한중 양국 간 우호를 위한

편도우코리아 창시자인 왕쥔린(王俊霖)의 박사 학위 사진

매개체가 되어 서로가 원원하고 함께 성장할 수 있는 촉진제의 역할을 다할 것이다.

시간은 참 빠르게 흘러간다. 벌써 한중 수교 30년이 넘었다. '삼십 년간 세

워진(三十而立)' 한중 관계는 비바람을 이겨내고 더욱 견고해지고 성숙해질 것이다.

지난날을 돌이켜보면, 한국에서 열심히 달려온 수년 동안 나는 많은 도전과 변화를 겪었다. 그러나 '한국에서 열심히 달려보자'던 우리 초심만큼은 변하지 않았다. 앞으로 갈 길이 아직 멀다. iCNKR는 해외 중문 매체로서, 나는 재외 중국인이자 해외 중문 매체 관계자로서 나의 능력을 십분 발휘하여 '중국의 이야기'를 풀어내고 중국의 목소리를 전달하는 한중 양국 민간교류의 다리 역할을 적극적으로 모색해 나갈 것이다. 또한 새 페이지를 열어 한국에서 분투하는 우리 이야기를 계속 써 내려갈 것이다.

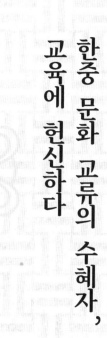

한중 문화 교류의 수혜자, 교육에 헌신하다

류즈양(刘子阳)

_경기대학교 글로벌 비즈니스학과 교수

_한중 경제발전연구소 소장

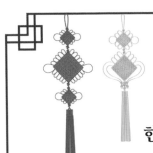

한중 문화 교류의 수혜자, 교육에 헌신하다

17년 전, 필자는 한국으로 유학을 떠났다. 당시 우연한 기회에 중국어 과외를 시작하면서 필자에게 '알리고, 가르치고, 의문을 해소하는' 능력과 책임이 있음을 깨달았다. 그리고 한중 문화 교류의 수혜자로서 양국의 교육과 글로벌 인재 양성에 힘쓰기로 결심하였다.

필자는 학업과 직장생활 중 여러 가지 어려움을 겪었지만 포기하지 않고 다양한 시도를 거듭하며 꿈을 향해 한 발씩 나아갔다.

중국 유학생의 한국 도전기: 교육을 향한 꿈이 싹트다

2006년은 필자의 인생에서 중요한 전환점이었다. 중국에서 4년간의 학부 과정을 마친 후 한국어와 한국 문화에 대한 호기심과 동경을 품고 해외 유학길에 오르게 된 것이다.

새로운 나라에 가니 전에 느껴보지 못한 신선함이 느껴졌다. 다양한 정보 채널을 통해 더 넓은 세상을 바라보며 깊은 사고를 할 수 있었다. 하지만 여러 가지 어려움도 잇달아 찾아왔다. 첫째, 한국어 실력이 부족해서 한국인과 소통할 기회를 늘려야 했다. 둘째, 한국 생활비가 중국의 6~8배에 달해서 경제적 부담을 무시할 수 없었다. 당시 중국의 소득 수준은 한국의 1/10에 불과했기 때문에 부모님께 부담을 드리지 않는 것이 꽤 어려운 과제였다.

이런저런 일로 고민하던 나에게 행운이 찾아왔다. 중국어를 가르치는 과외 선생님이 될 기회를 얻은 것이다. 그렇게 과외를 통해 한국인과 소통할 수도 있었고 생활고를 해결할 수도 있었다.

한국 유학 초기

그 시절에는 정말 '빠듯하지만 알찬' 하루하루를 보냈다. 마치 물을 흡수하는 스펀지처럼 최선을 다해 한국어를 배우면서 나의 '학생'에게 중국어도 가르쳤다. 사실 엄청나게 팍팍한 생활이었다. 매일 아침 6시에 일어나 7시에 중국어 과외를 했고 8시에 과외가 끝나면 학교에 가서 계속 한국어를 공부했다.

그 한 해 동안 동기들, 그리고 나의 '학생'과 함께 한중 양국 문화의 본질을 깊이 탐구하고 양국 문화의 유사점과 차이점을 비교하는 등 활발한 교류를 통해 세계관을 형성해 나갔다. 이렇게 언어를 배우고 가르치는 과정에서 필자는 언어가 강력한 문화적 매체라는 사실을 깨달았다. 동시에 자신의 경쟁력이 무엇인지도 발견하였다. 필자는 중국 유학생으로서 한국어와 한중 문화에 대한 지식을 어느 정도 갖출 수 있었고, 교사로서의 인내심과 문화 교류 사절로서의 자질도 지니고 있었다.

치열하게 배우고 가르치는 과정에서 필자는 미지의 세계에 맞설 용기와 강인한 의지를 얻었다. 필자가 흘린 모든 땀방울은 한국에 남긴 특별한 기록이 되었고, 모든 노력은 꿈으로 다가가는 귀중한 경험이 되었다.

직업 탐색: 탄탄한 실무 기반 마련

필자는 중국어 과외 교사로 일하면서 많은 것을 얻었고 진로에 대한 명확한 생각을 갖게 되었다. 이론은 죽은 것이지만 실전은 살아있는 것이라고 하지 않던가. 중국어 과외 교사 일을 그만둔 후에는 더 많은 도전을 하고 더 큰 역량을 쌓고 싶다는 생각이 들었다. 이에 대학원에서 경영학 석, 박사 과정을 공부하며 실전을 통해 이론적 틀을 강화해야 했다.

졸업 후 필자는 한국 내 미국기업에 입사할 기회를 얻었고, 첫 담당 업무는 한국어 통번역이었다. 평범해 보이는 업무였지만 필자는 이를 통해 한중 양국의 문화를 더욱 깊이 이해할 수 있었다.

직장생활 초기에 한국어를 중국어로 번역하면서 물 만난 고기가 된 듯했다. 두 언어 사이에 소통의 다리를 놓고 장벽을 조금씩 허물고 있다는 느낌을 받았다.

하지만 직장생활은 기대한 것만큼 순조롭지 않았다. 시간이 지나면서 업무에 변화가 생겼기 때문이다. 처음에는 한국어 통번역 업무를 담당했지만 시간이 지나면서 어설프게 영어 통번역을 해야 했다. 담당 언어가 바뀌면서 전문성에 대한 요구치가 더욱 높아졌다. 필자는 다문화 환경에서 유연하게 대처하는 한편 언어 콘텍스트라는 도전에 직면하게 되었다.

또한 다국적 기업 환경 속에서 열린 의사소통과 혁신에 대한 존중을 경험하였는데, 이는 과거의 경험과는 전혀 다른 새로운 경험이었다. 그곳은 언어 실력에 대한 시험대이기도 했지만 활발한 문화 교류의 장이기도 했다.

다시 또 기회가 왔고 필자는 계속 도전했다. 통번역사로서의 삶이 끝난 후 삼성그룹 산하의 협력사에 입사할 기회를 얻었다. 필자는 그곳에서 한국의 기업문화를 제대로 경험하였다. 강력한 팀워크와 기술혁신을 향한 집념에서 기업의 저력과 활력을 느낄 수 있었다.

그 시기를 거치면서 전문성이 크게 향상되었고 한국기업 문화의 특수성을 더 깊이 이해하게 되었다. 4년간의 업무 경험은 마치 장거리 달리기와 같았다. 한국에서 일에 대한 열정을 배웠고 끊임없는 도전을 통해 한층 더 성장하였다.

각각의 도전은 모두 꿈을 실현하기 위한 발판이 되었다. 알리고, 가르치고, 의문을 해소하는 교육자가 되려면 먼저 탄탄한 이론적 기반을 갖추어야 하며, 실무에서 다뤄지는 중요한 문제들에 민감해야 한다. 실무에 존재하는 다양한 논리적 관계를 이론을 통해 분석하고 내재된 규칙을 찾는 것도 중요하지만 궁극적으로는 실제 현실에 맞는 서비스를 제공하는 것이 중요하다.

글로벌 인재 양성을 위한 여정

2012년 박사과정을 마치고 대학원을 졸업할 무렵 경기대학교에서 나에게 손을 내밀었다. 한 국가와 사회에서 상아탑은 분명 중요한 역할을 하며 고등교육 종사자의 책임감 역시 막중하다. 이들은 싱크탱크이자 사회 발전의 주춧돌이다. 외국인이 한국의 대학교 강단에 서는 건 결코 쉬운 일이 아니다. 하지만 그렇기 때문에 더욱 소중한 기회라고 생각했다.

상아탑의 세계는 비즈니스 조직과 분위기가 확연히 다르다. 분주한 직장을 떠나 평온한 캠퍼스에 들어서니 마치 새로운 세계에 들어온 것 같았다.

이는 직업적인 측면에서의 발전이기도 했지만 개인적으로는 자신을 제대로 이해하는 계기가 되기도 하였다. 필자가 몸담고 있는 국제경영이라는 전공에서는 복합형 인재가 필요하다. 이론적 기초가 탄탄해야 할 뿐만 아니라 실무에서 직면하는 새로운 문제들에 대해서도 충분히 이해할 수 있어야 한다.

'종이로부터 얻은 지식은 늘 부족한 것이니, 실체를 이해하려면 몸소 행하여 아는 것이 중요하다.' 필자는 항상 수업 시간을 이론과 실제를 결합하는 실험실로 여겼다. 실무를 통해 축적한 경험을 강의에 녹여내 학생들의 열정을 자극하였다. 이렇게 경기대학교 강단에서 완전히 새로운 여정을 시작하였다. 책임감과 더불어 희망이 가득한 교육 여정을 말이다.

물론 강사부터 정식 교수가 되기까지 직업적인 여정은 결코 순탄하지 않았다. 진정한 능력을 가지기 위해서는 스스로 부단히 노력해야 한다. 필자는 교육 분야에서 끊임없이 탐색하면서 자신만의 지식 체계를 구축하였다. 처음 한국에 와서 중국어 과외를 하던 때와 마찬가지로 지식을 흡수하고 전수하는 과정에서 알게 된 것들을 다양하게 적용하였고 학생들에게 많은 에너지를 불어넣었다. 교육 분야에서 학술적 이론과 실무를 결합하는 방식을 통해 마치 거인의 어깨

경기대학교에서 근무 중 모습

에 올라탄 것처럼 지속적으로 성장 동력을 얻고 앞으로 나아갔다. 그렇게 경기대학교에서 몇 년간 전임 교수를 지낸 뒤 2020년 드디어 정식 교수로 임용되었다. 한국에서 정식 교수가 된 외국인은 거의 없다. 그렇기 때문에 커다란 영광이 아닐 수 없었다. 이는 필자 개인의 노력에 대한 인정일 뿐만 아니라 미래의 글로벌화 교육에 대한 지원과 격려이기도 하다. 필자는 교육계 종사자로서 책임이 막중하다는 것을 느낀다. 따라서 끊임없이 지식 창고를 늘려가고 강의 수준을 높여야 할 것이다. 매 학기마다 필자는 커리큘럼 설계에 큰 공을 들여서 학생들에게 가장 생생하고 효과적인 방법으로 지식을 전달하려 애쓴다.

1미터 남짓한 강단에서 강의를 한지도 어언 11년이다. 필자는 언제나 이 강단이 주는 책임감을 기억하며 이를 앞으로 나아가는 원동력으로 삼는다. 11년 교직 생활을 되돌아보니 필자의 정원에는 향기로운 꽃이 가득하다. 나무의 나이테에는 노력과 헌신이 새겨져 있고 교육에 대한 깊은 사랑도 담겨 있다. 이 과정에서 필자는 더 깊은 학문적 성취를 얻었을 뿐만 아니라 인생에 있어서도 다채로운 경험을 얻었다. 한국에서 공부하고, 일하고, 생활하면서 한국이라는 나라의 발전과 변화를 몸소 체감하였으며 한국은 떼려야 뗄 수 없는 삶의 일부가 되었다.

교사의 가르침은 계속되고 배움은 대대로 이어진다. 앞으로도 필자는 한국의 강단에서 학생들에게 에너지를 전달하고 학생들을 높은 이상과 책임감을 가진 경세제민의 글로벌 인재로 양성할 것이다. 필자는 한국과 중국의 교육산업에 여생을 바치겠다고 다짐하였다. 한중 양국에 모두 깊은 애정을 품고 있는 사람으로서 더 많은 소통의 다리를 놓고 양국 간 교류를 촉진하는 데 기여하고자 한다.

　한국에서 공부하던 시절, 필자는 사랑하는 사람을 만났다. 한국에서 평생을 함께할 인생의 반려자를 만난 것이다. 우리는 타국 생활의 어려움도 함께 겪었고 가족의 따뜻함도 경험하였다. 결혼과 자녀의 출산은 인생의 큰 축복이자 타향서 쌓은 가장 아름다운 추억이기도 하다.

　한국 땅에는 필자의 치열했던 삶과 변화가 고스란히 기록되어 있다. 교육을 향한 한국에서의 여정은 마치 영원한 시와 같아서 시간이 흐를수록 삶의 다채로움과 교육의 힘을 더 깊이 느끼게 한다. 이는 인생이라는 긴 역사 위의 작은 한 챕터에 불과할지도 모른다. 그러나 필자에게는 한국 여행에서 가장 소중한 한 페이지로 남을 것이다.

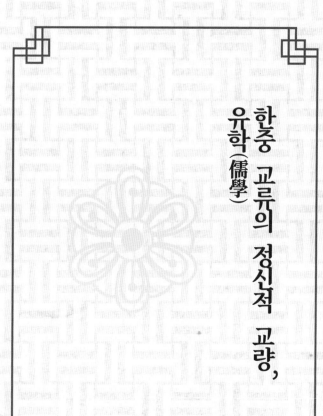

한중 교류의 정신적 교량, 유학(儒學)

이연(李燕)_숙명여자대학교 중어중문학부 강사

한중 교류의 정신적 교량, 유학(儒學)

타국 또는 타지역의 문화에서 느껴지는 낯선 느낌은 이국적인 아름다움으로 다가온다. 이는 분명 멋진 생각이다. 그러나 최근 교류 현장에서는 '문화 디스카운트'라는 말이 유행하고 있다. 차이가 느껴질수록 '디스카운트'되는 부분, 즉 이해가 안 되는 부분이 많다는 것이다. 공감이 잘 안 되기 때문에 상호 간의 동질감이 적게 느껴지고 이에 따라 '정신적 밀착' 작용도 잘 일어나지 않는 것이다. 따라서 지리적으로 가까이 위치한 한중 양국이 교류 과정에

공자(孔子)를 통하여
동아시아 유가 문화권의 문화 교류를 증진하다

중국 후베이성(湖北省) 형주시(荊州市)에서 출생, 북경어언대학교에서 문학 학사, 석사, 박사 후 연구원으로 활동해 온 이연 박사. 동국대학교에서 문학박사를 취득하고, 2010년부터 2018년까지 동국대학교를 비롯한 한국방송통신대학교, 세종대학교, 대진대학교, 안양대학교 등 여러 대학교에 강사로 활동해왔으며 2018년부터 숙명여자대학교에서 초빙교수직을 맡고 있다.
현재 숙명여대 중어중문학부에서 중국 언어 및 문학과 관련된 강의를 맡고 있는 이연 박사를 만났다. 중국과 한국의 문화, 문학 분야의 비교연구 통해 한중 소통에 도움이 될 수 있는 미래 인재를 양성하기 위해 노력 중인 그녀의 이야기를 담았다. _우호경 취재본부장, 주경아 기자

이연 박사

2021년 12월 27일 한국 〈주간지 인물〉 송년호에 실린 보도

서 더 많은 교집합을 찾는다면 문화적인 이해와 정신적인 공감대를 늘리는 데 큰 도움이 될 것이며 '문화 디스카운트' 효과도 최소화할 수 있을 것이다.

사료를 살펴보면 실질적인 한중 관계의 역사는 2000년 이전으로 거슬러 올라간다는 사실을 알 수 있다. 한자로 쓰여진 유교, 불교 서적의 전파로 한자 문화가 한반도의 각계각층에 스며들었는데, 이러한 현상은 당 왕조시기에 최고조에 이르렀다. 기원후 640년에 한반도의 삼국은 장안에 유학생을 파견해 유학(儒學)을 공부하게 했다. 이는 어떤 의미에서 보면 한중간 유학생 상호 파견의 시발점이라고 볼 수 있다. 유학이라는 학문이 1,200여 년이 넘는 역사 속에서 한중 간의 정서를 이어주는 정신적 끈이 된 것이다.

유학(儒學)이란 무엇인가? 글자 자체만 봐도 쉽게 알 수 있다. 바로 '사람에게 필요한 학문'이다. 『시(詩)』, 『서(書)』, 『예(禮)』, 『역(易)』, 『춘추(春秋)』, 『논어(論語)』, 『맹자(孟子)』 및 그 해설서는 중국인이 세계를 바라보고 이해하는 철학적인 논리를 담고 있다. 이러한 철학적 정신과 그것을 바탕으로 만들어진 생존의 법칙, 규칙이 바로 옛 한반도인을 매료시킨 것이다. 신라는 7세기 중엽부터 당나라의 예복과 국호를 사용하였다. 한반도를 통일한 이후 8세기 말엽에는 학문으로 우열을 가리는 당나라의 문과 인재 선발 제도를 도입하였다. 그 이후 최치원을 필두로 하는 유학 정통파 인재들이 생겨나기 시작했다. 최치원은 한중 교류 역사를 열어젖힌 인재이다. 외국인으로서 오직 실력만으로 당나라의 벼슬을 차지했으며 통일신라로 돌아온 후에도 계속 관직을 맡았다. 그는 특히 뛰어난 문학적 재능으로 역사에 이름을 남겼다. 지금까지도 최치원은 한중 연구자들의 공통 관심사로 회자된다.

최치원 이후의 역대 유학 대가로는 고려의 최승로, 이색, 정몽주, 정도전, 권근, 조선의 서경덕, 이황, 기대승, 이이, 성혼, 조식(호는 남명), 김장생, 송시열, 정제두, 이익, 홍대용, 정약용 등이 있다. 이들은 경연을 통해 유교의 통치 이념을 역대 통치자에게 전수하였으며 고려후기에 송나라 주희의 성리학설을 받아들여 성리학이 한반도에서 크게 발전하는 데 이바지하였다. 조선시대에는 한때 유학이 국가통치 이념으로 사용되기도 했으며 유학교육도 전국 각 행정구역으

로 보급되었다.

한국 중앙대학교 독어독문학과의 김누리 교수는 KBS 교양 프로그램 〈이슈 픽, 쌤과 함께〉에서 한국의 교육은 일제강점기부터 무너지기 시작했다고 말했 다. 그는 현재의 한국 교육을 올바른 길로 돌려놓는 효과적인 방법은 존엄성을 바탕으로 온 국민이 모두 서로 존중하게 만드는 독일의 교육이념을 본받는 것 이라고 말했다. 그중 상호 존중이라는 것은 '경(敬)'이라는 글자로 대체할 수 있 다. 즉 이황으로 대표되는 조선의 유학자가 추구했던 유교정신 중 하나이다. 사 실 '상호 존중'은 한국의 전통 유학교육에 이미 있던 이념이며 전통을 되살리는 것이 중요하다. 전통적인 유학교육은 서양식 교육으로 대체되었으나 그것이 한 국 사회에 미친 영향은 태도와 예절을 중시하고 명절마다 제사를 지내며 스승 을 존경하는 전통 속에서 찾아볼 수 있다. 유학은 한국 사회에서 완전히 사라진 적이 없다.

학술적인 측면에서 보면, 한중 간의 유학 교류는 중국과 한국의 학자들 사이 에서 이루어진다. 2019년 말, 필자는 한국의 국제언어문학회 소속 학자들과 함 께 한국 굴원학회가 중국 후난성 미뤄시에서 개최한 정기 학술회의에 참가한 적이 있다. 80세가 넘은 국문학과 한자 연구자인 이종찬 선생님은 학회에서 논 문을 발표하기도 하셨지만 굴원이 순국한 땅을 직접 방문하신 데 대해 흥분을 감추지 못하며 회의장에서 즉흥적으로 애도 문구를 써내려 가셨다. 이때 번체 자로 된 한자를 사용하셨다. 또한 필자에게 회의장에 있던 수천 명의 사람들이 들을 수 있도록 대독해달라고 하셨다. 생활해 온 환경도 다르고 문자도 다르지 만 유교 정신을 지닌 위대한 인물 덕분에 공감대가 형성된 것이다. 인문적 정신 에서 생겨난 그때의 그 공감과 감동은 평생 잊지 못할 것 같다. 회의 기간 중 어느 날 밤, 두 학회 학자들은 한자리에 모여 차를 마시며 친구를 사귀고 서예 기법에 대해 서로 이야기를 나누었다. 한문과 굴원을 통해 전해진 유교 정신이 양국 문인들의 우정을 이어준 견고한 끈이 된 것이다.

이는 유학이 형이상적인 차원에서 보여주는 매력이다. 형이하적인 사회적 교 육은 성균관을 대표로 하는 각 향교 및 서원에서부터 이해해 볼 수 있겠다. 성균관은 한국 고대국가의 중앙교육기관을 상징할 정도로 많은 설명이 필요 없다. 성균관의 역사는 14세기 초 고려 시기부터 시작된다. 성균관대학교에는 유학 연구의 국제화를 추구하는 '성균유학·동양철학 연구원'이 있다. 또한 성균관대학교는 '유교 철학·문화콘텐츠 연구소'를 두고 있는데 이는 형이상적 유학 연구 분야에 속한다. 재단법인 성균관과의 차이점이 여기에 있다.

재단법인 성균관(이하 '성균관'이라 함)은 한국 7대 종단 중 하나이다. 한국 7대 종단에 속하는 개신교, 불교, 천주교, 원불교, 유교, 천도교, 한국 민족종교 협의회 중 유교의 위상은 낮다. 이는 한국 사회에서 유교를 숭상하는 사람의 수가 매우 적다는 것을 의미한다. 그러나 예의 있고 점잖은 현대 한국인의 사회적 태도를 보면 유교의 영향이 실질적으로는 크게 자리하고 있다는 점을 알 수 있다. 여기에는 성균관 유학교육의 영향이 크게 작용했다고 할 수 있다. 서울의 문묘로서 성균관은 예절 학교, 유생학당, 한림원, 인생교육원 등 5개 전문교육기관을 운영하고 있다. 『대학』, 『논어』, 『맹자』, 『중용』, 『시경』, 『상서』, 『예기』, 『춘추』, 『주역』 등 유가 경전을 교재로 가르친다. 따라서 성균관은 한국 사회에 유교 사상을 전파하는 중앙기관이고 성균관 관할의 향교 및 서원은 지방기관이라 할 수 있다.

향교는 옛날의 지방 공립학교이고 서원은 지방사립학교이다. 그러나 향교와 서원에서 사용한 교재는 모두 유교 경전이다. 한국의 여러 지방에 이 두 종류의 유교기관이 아직 남아 있는데, 향교의 경우 234개소, 서원의 경우 610개소 남아 있다. 그중 약 32%의 향교와 57%의 서원이 경상도에 분포되어 있다. 양천향교를 중심으로 하는 비교적 현대화된 향교들은 다양한 콘텐츠를 담은 홈페이지를 개설해 세계 각지 사람들의 접근성을 높이는 것 외에도 정기적으로 인생 교육, 예절교육 등 프로그램을 개최해 주변 커뮤니티 주민에게 학습의 기회를 제공한다. 이는 매우 효과적인 유교 경전 및 유교 문화 보급 방식으로 사람들의 문화를 윤택하게 하고 사회를 안정시키는 작용을 할 수 있다. 교육에 참여하는 사람들은 대부분 유교 문화를 정신적 신앙으로 생각하는데, 이러한 신앙을 지키는 것이 바로 성균관과 향교를 근거지로 하는 유림단체이다.

2022년 6월 10일 동국대와 공동 개최한 '한중 수교 30주년 기념 국제 학술대회'

　성균관 앞에는 '유림회관'이라는 현대식 건물이 있다. 성균관유도회 총본부이다. 성균관유도회 총본부는 광복이 되던 1945년에 설립되었으며 한국의 독립운동과 관계가 깊다. 또한 전국 약 8만 명의 유교 신도(한국 통계청 2015년 데이터)의 관리본부이다. 성균관유도회는 한국 내 특별시, 광역시, 도 및 여러 행정구역에 각 급별 관리기관을 두고 있으며 각급 유도회는 여성유도중앙회, 청년유도회중앙회, 대학생유도회, 직장인유도회 등을 두고 있다. 이렇게 복잡하고 세분화된 관리방식하에 교화, 교육, 학술, 봉사 및 유교문화 발전 기금 모금 등의 기능을 수행한다. 유도회는 유교문화의 계승, 전파, 발전을 비전으로 한다. 유교문화유산이 한국 전통문화유산의 일부라고 여겨지기 때문이다. 규모는 매우 작은 편이지만 이들은 매년 정기 총회를 열거나 봄, 가을로 공자 등 한중 유가성현을 위해 제사를 지낸다.

　유가 성인과 경전에 대한 정신적 신앙은 한중 양국 국민 사이에 가장 큰 공감대를 불러일으킬 수 있는 요소이다. 그러나 만물에 흥망성쇠가 있게 마련이듯 서양인의 유입으로 유가 사상은 잠시 그 빛을 잃고 서양의 사상과 문화에 자리를 내어주었다. 자유, 민주, 개인을 강조하는 서양의 사상과 문화는 새로운

2023년 한국 스승의 날, 숙명여대 학생들과의 기념 사진

시각을 가져왔다. 다만 극단적으로 자유와 민주, 개인을 강조한 결과 많은 사람들이 생존을 위한 중심을 잃게 되고 사회의 끊임없는 혼란을 초래하는 결과를 낳았다. 예를 들어 한중 양국이 공통적으로 직면하고 있는 인구성장 둔화 문제만 봐도 그렇다.

그러나 심각한 현실 앞에서 우리가 주목해야 할 다행인 점도 있다. 1972년 1월부터 오늘날까지 유교정신을 상징하는 대가들의 얼굴과 생가, 작품들이 한국 화폐의 앞면과 뒷면에 등장하고 있다는 점이다. 누구나 가지고 다니는 화폐를 홍보 수단으로 삼는 것은 가랑비에 옷이 젖듯 유교 정신을 추구하게 만드는 데 큰 효과가 있다. 또한 이러한 현상이 내포하는 의미는 명확하다. 한국 경제의 발전과 성공을 뒷받침한 것이 바로 전통적인 유교정신이라는 것이다. 또한 역으로 국가의 물질적 발전은 한국인이 자신들의 민족정신을 다시 제대로 바라보고 민족정신의 발양을 위해 다시금 노력하게 만든다. 이러한 민족정신의 핵심은 유교인데 다만 오늘날 사람들 사이에 널리 퍼져 있지 않을 뿐이다.

따라서 현실에서 직면한 시급한 문제에서 출발하든, 오랫동안 우호적으로 이어 온 한중 교류라는 측면에서 보든 유학 사상 및 문화의 교류는 하나의 시작점이자 중심점으로서 현명한 일임이 분명하다. 알다시피 현대에 들어선 이후 양국 간 이데올로기에 커다란 차이가 생겼다. 어떻게 이러한 차이 속에서 공존해 나갈 것인가, 어떻게 양국 사회의 혼란한 민심을 평화적인 중용의 상태로 되돌릴 수 있을 것인가, 어떻게 동아시아인의 인격과 자부심을 되찾을 수 있을 것인가는 모두 새로운 역사적 환경 속에서 동아시아인의 정신적 문화의 정수, 즉 유학을 재인식하고 재해석하는 데 달려있다.

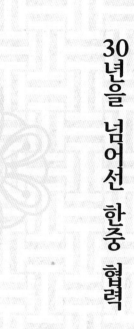

30년을 넘어선 한중 협력

안옥화(安玉花)
_미국 어바인대학 이사장
-현 한국외교부 재외동포분과 정책자문위원

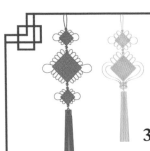

30년을 넘어선 한중 협력

안옥화 미국 어바인대학 이사장

중국과 한국은 1992년 8월 24일에 정식으로 외교관계를 수립하였다. 그후 양국 관계는 제반 분야에서 비약적인 발전을 이루었다. 1992년 '우호 협력 관계'로 시작한 양국 관계는 1998년 '21세기를 향한 협력 동반자 관계', 2003년 '전면적 협력 동반자 관계'를 거쳐 2008년 '전략적 협력 동반자 관계'로 격상되었다. 경제학자로서 한중 관계의 지난 30년을 평가하자면, 경제협력 분야에서 가장 큰 성과가 있었다고 생각한다.

우선 수교 당시 63억 달러였던 양국의 무역액이 2021년 3,000억 달러를 돌파한 후 2022년에 3,623억 달러를 기록했다. 약 49배 증가한 규모이다. 오늘날 한국은 중국에게 미국, 일본에 이어 세 번째로 큰 교역대상국이다. 이에 따라 한중 간 경제·통상 분야의 협력이 강화되었다. 2015년 12월 발효된 한중 FTA의 서비스·투자 후속 협상이 계속 진행 중이며, 양국이 공동 참여한 역내포괄적경제동반자협정(RCEP)이 2022년 2월 1일부로 공식 발효되었다. RCEP의 발효는 양국 교역이 대부분의 분야에서 무관세로 진행된다는 것을 의미한다.

다음으로 양국 간 투자 현황을 살펴보면, 2022년 현재 한국의 對중 투자액은 약 854억 달러로 중국은 한국에게 미국에 이어 두 번째로 큰 투자 대상국이다.

2022년까지 한국의 對중 누적 투자액은 920억 달러이다. 중국의 對한 투자도 신고 기준으로 2013년 4억 8,000만 달러에서 2022년 14억 8,000만 달러로 3배 이상 증가했다. 누적 투자액은 200억 5,000만 달러이다.

기업의 상호 진출도 매우 활발하다. 2023년 9월 말 기준으로 28,633개의 한국기업이 중국에 진출해 있다. 양국 간 기업 투자 보호를 위한 〈한중 투자보장협정〉 개정안이 2007년 12월에 발효되었고 〈한중일 투자보장협정〉이 2014년 12월 체결 및 발효되었다. 또한 2021년 11월 양국은 〈한중 경제협력공동계획 (2021−2025)〉을 채택하며 양자 간 경제 협력의 발전 방향에 대해 논의하였다.

필자가 직접 참여했던 한중 금융 분야의 협력 또한 지속적으로 확대되었다. 2014년 한국 외환시장에서 위안화 허브 시장 구축을 위해 원화와 위안화를 직접 교환하는 방식의 외환거래가 최초로 시작되었고, 이듬해에는 상하이 외환시장에 원−위안화 직거래 시장이 개설되었다. 이에 따라 중국의 5대 은행이 서울에 지점을 설립하여 양국 간 금융 협력을 위한 노력을 이어오게 되었다. 더불어 한국의 우리은행, 외환은행(하나은행에 통합됨) 등도 중국 시장에 진출해 한국기업의 중국진출을 도왔다.

한중 양국 간 인문 분야 교류도 활발하게 이루어지고 있다. 한중 수교 초기만 해도 방한 중국인 수는 4만 5,000명에 불과했다. 그러나 코로나19 발생 직전까지 매년 천만 명 이상의 중국인이 한국을 방문하게 되었다. 코로나19 발생 이후 한중 양국 정부는 필수 기업인의 편리한 이동을 보장하기 위한 패스트 트랙을 신설하는 등 양국 간 인적·경제적 교류를 이어가기 위해 많은 노력을 기울였다. 양국 유학생 수도 꾸준히 늘어나 2022년 중국에서 유학하는 한국인 학생 수가 6만 7,000명, 한국에서 유학하는 중국인 학생 수가 약 6만 명을 기록했다.

지난 30여 년 동안의 양국 협력은 세계 모든 국가 간의 상호관계를 통틀어 가장 주목할 만한 성과였다. 한중 수교 이후 이어진 30여 년의 여정은 급격히 확산된 세계화 추세와 맞물리게 되었고, 이에 따라 글로벌 공급망 내에서 중국의 생산기지 역할이 부각되었으며 중간재를 수출하는 한국기업들도 중국 경제

안옥화 미국 어바인대학 이사장

의 급속한 성장과 함께 성공을 거두게 되었다. 또한 한국도 여러 차례에 걸쳐 발생한 경제적 위기를 성공적으로 극복할 수 있었다. 중국도 한국기업들의 자본과 기술을 도입해 큰 기회를 얻게 되었는데, 한국기업이 가장 많이 진출한 산둥성의 경우 중국 4대 부자 성·시(省市) 중 하나로 발돋움하였다.

그러나 한중 양국 정부와 국민은 양국의 협력관계가 거대한 시대적 변화 속에서 큰 도전에 직면하게 되었다는 사실을 깊이 인지할 필요가 있다.

첫째, 미국이 중국에 대한 기술 견제를 강화함에 따라 세계화는 큰 도전에 직면하게 되었고 한중 경제협력도 큰 영향을 받게 되었다. 1979년 1월 중국과 미국이 공식 수교하였고 2001년 중국이 WTO에 가입하였다. 이는 미국 중심의 단일 패권체제에 중국이 중요한 무역 및 생산기지 국가로 참여하게 되었음을 의미한다. 이에 따라 미국은 달러 기축통화 국가로서 주로 서유럽 국가들과 함께 중요한 소비시장 역할을 하게 되었고 독일, 일본, 한국, 중국은 제조업 국가로서 중간재 및 최종소비재를 생산하고 판매하는 역할을 하게 되었다. 러시아와 OPEC 국가들은 석유와 천연가스를 수출함으로써 호주, 브라질 등은 원자재를 세계 시장에 공급함으로써 각각 달러를 벌어들였다. 이처럼 세계화 과정 속에서 글로벌 공급망이 미국과 중국 중심으로 급격하게 재편되면서 전 세계 거의 모든 국가들이 각자에 맞는 역할을 하게 되었고 전 세계적으로 호혜 공영을 통한 발전이라는 국면이 형성되었다.

그러나 2018년 미국 트럼프 정부로부터 시작된 對중 무역 갈등이 오늘날 기술 견제 및 정치 이념을 둘러싼 갈등으로 확대되고 있다. 이는 한국, 일본, 독일 등 미중 양국 사이에서 발전의 기회를 모색해야 하는 국가들에게 난제로 적용했다. 미국의 공급망 전략은 자국 내 공급망 안정 및 강화, 중국의 기술과 공급망에 대한 규제, 동맹국과의 협력 강화로 요약된다.

여기서 말하는 동맹국과의 협력 강화란, 미국과 EU 간 무역 기술위원회(TTC)를 통한 공급망의 안정 및 對중 기술 견제, 인도태평양 지역에서의 인도태평양 경제프레임워크(IPEF)를 통한 미국과 회원국 간 공급망 강화를 주요 의제로 논의하는 것 등을 말한다. 또한 핵심 광물 공급망의 안정을 위한 '핵심 광물 안보 파트너십(MSP)', 반도체 제조 관련 공급망의 안정을 위한 '美·동아시아 반도체 공급망 회복력 작업반' 등의 추진도 포함된다. 미국이 반도체, 통신장비, 배터리, 핵심 광물, 슈퍼컴퓨터, AI 등으로 분야를 넓혀가며 중국에 대한 기술 견제를 실시함에 따라 한중 경제협력도 상기 분야에서 외부요인의 영향을 받게 되었다. 11월에 있을 미국 대선 결과는 또 다른 불확실성으로 다가오고 있다.

둘째, 한중 무역 관계에서 한국의 對중 무역 흑자가 적자로 돌아섰다. 2023년 말 미국은 중국을 대체하며 한국의 최대 수출 대상국이 되었다. 2023년 한·미 양국 간 상품무역액은 1,869억 달러를 기록하였으며, 對미 무역수지는 445억 달러로 역대 최대 흑자를 기록했다. 한국의 상위 10대 對미 수출 품목 중 전기차, 이차전지, 첨단 전지 소재, 기계류 등 친환경 및 안보 관련 품목들이 수출 호조세를 유지하고 있는데, 특히 스마트폰의 수출액이 증가하고 있다. 상위 10대 對미 수입 품목 중 터보제트, 의약품을 제외한 모든 품목의 수입은 감소되는 추세를 보이고 있는 상황이다. 반대로 한국의 對중 수입은 지속적으로 확대되고 있는데, 이는 한국기업의 최종 가격 경쟁력에 큰 영향을 미치고 있다.

아래 표를 살펴보면, 한국의 최대 수출 대상국은 미국이며 2위는 중국임을 알 수 있다. 한국의 對중 수입이 수출보다 더 큰 양상을 보인다. 홍콩을 포함할 경우, 중국은 여전히 한국의 최대 무역국이며 한국의 對중 무역도 흑자이다. 한

한국의 10대 수출입 국가 및 교역 비중

수출지역 순위	국가명	조회기준 시점	수출금액 (단위: $)	수입금액 (단위: $)	수출 점유율	수입 점유율
1	미국	202312	11,267,382,749	6,273,397,907	19.6%	11.8%
2	중국	202312	10,847,203,820	10,881,731,037	18.9%	20.5%
3	베트남	202312	4,629,936,831	2,104,001,757	8.1%	4.0%
4	홍콩	202312	3,332,828,166	130,568,819	5.8%	0.2%
5	일본	202312	2,488,509,831	3,319,919,418	4.3%	7.4%
6	대만	202312	2,169,142,315	1,935,912,149	3.8%	3.6%
7	싱가포르	202312	1,958,267,674	797,609,070	3.4%	1.5%
8	마셜제도	202312	1,845,438,805	22,905	3.2%	0.0%
9	인도	202312	1,586,813,263	540,425,640	2.8%	1.0%
10	호주	202312	1,435,817,445	3,076,284,188	2.5%	5.8%
11	멕시코	202312	976,097,287	790,145,620	1.7%	1.5%

자료: https://www.kotra.or.kr/bigdata/visualization/korea#search/ALL/ALL/2023/12/exp

국과 베트남의 무역도 크게 증가하였다. 미국의 對중 수입 감소에 따라 對베트남 수입이 늘어나게 되면서, 이것이 한국기업의 베트남 투자 역량 확대 및 중간재 부품 수출의 증가로 이어졌다. 이러한 추세는 앞으로도 지속될 것이며 한중 양국 간 인문 사회 분야의 교류에도 영향을 미칠 것으로 보인다.

셋째, 2016년 이후 한중 양국의 인문 사회 분야 교류는 전반적으로 축소되는 경향을 보이고 있다. 현재 한국에서 유학하는 중국인 학생 수는 약 7만여 명에 불과하다. 한국과 중국 모두 유교권 국가이고 서로 가까운 이웃 나라임에도 불구하고 상대방을 이해하려는 노력이 여전히 부족하다. 필자를 포함해 양국 관계 관련 업무 경험자라면 모두 느끼겠지만 사실 양국 국민은 언제든 가까워질 수 있는 역사적·문화적 기반을 가지고 있다.

거대한 시대적 변화에 직면한 양국이 앞으로 어떻게 협력관계를 모색하고 이어 나가야 할까? 이에 대해 필자의 소견을 적어보려고 한다.

우선 미국이 자국 우선주의를 내세워 공급망을 자국 중심으로 재편하려는 상황에서 한중 양국 기업의 관계는 경쟁과 협력이 공존하는 관계가 될 것이다. 과거에는 한국기업이 원자재 및 부품 등 중간재를 중국에 수출하고 중국에 진출한 한국기업 또는 중국 현지 기업이 완제품을 생산하여 미국, 유럽 등지에 수출했다. 그러나 이제는 남미 국가와 아시아의 베트남, 인도, 인도네시아, 방글라데시 등이 완제품을 수출하고 있다. 따라서 한국기업과 중국기업 모두 이들 지역에 대한 투자를 확대하게 될 것이다. 그렇게 되면 한중 양국 기업 간 경쟁도 가열되겠지만 협력의 기회도 많아질 것으로 전망된다.

한중 양국 간 경제협력은 기존의 단순 수출입 및 한국기업의 對중 투자에서 미래 첨단산업을 통한 공영 실현의 협력 구조로 바뀌어야 한다. 미국의 중국 견제가 미래첨단산업 등 전 분야로 확대되면서 한중 협력은 큰 장애물에 직면하게 되었다. 따라서 지금은 한국에 대한 직접투자를 적극적으로 고민해야 할 시기이다. 한국의 일방적인 對중 투자가 이루어졌던 과거와는 대조되는 상황이다. 즉 한국기업의 'made in china'가 중국기업의 'made in korea'로 변화해야 하는 상황이라고 할 수 있다.

한국은 서방 국가들이 인정하는 몇 안 되는 자유민주주의 국가 중 하나로, 성숙한 경제체제를 갖추었고 글로벌 인재를 보유한 미국의 동맹국이며 전 세계에서 FTA를 가장 많은 국가와 체결한 나라이다. 따라서 거의 모든 수출품에 무관세 혜택을 적용할 수 있다는 점, 중국과 지리적으로 가깝다는 점에서 중국기업의 글로벌 생산제조 플랫폼이 될 수 있다.

한국기업들 역시 적극적인 대응 전략을 세울 필요가 있다. 중국 내수시장을 타깃으로 하는 제품은 중국에서 생산하되 미국이 견제하는 품목은 중국기업과 적극적으로 협력하여 한국 국내에서 'made in Korea' 형식으로 제품을 생산한 후 세계로 수출해야 한다. 한국을 생산기지로 활용한다면 중국기업은 세계 각지로 자유롭게 제품을 수출할 수 있고 한국기업도 중국기업을 글로벌 진출을 위한 레버리지로 활용하여 세계화 발전에 앞장설 수 있다. 이러한 과정이 순조롭게 진행되기 위해서는 양국 금융 분야의 협력도 확대되어야 한다. 금융은 기업 운영의 '혈액순환'을 촉진하는 역할을 하기 때문에 기업이 진출하는 곳에는 반드시 금융이 뒷받침되어야 한다.

마지막으로 한중 양국은 새로운 변혁의 시대에 직면해 더욱 자주적이고 개방

적이며 수용적인 자세를 가져야 한다. 양국 모두 세계에 자랑할 만한 유구한 역사와 문화를 보유하고 있다. 상대방을 존중하고 이해해야 하며 협력을 통해 더욱 나은 세상을 만들기 위해 노력해야 한다. 양국 모두 평화를 지향하고 경제발전을 우선시하며 국제질서를 위한 다자주의를 지지하고 있다. 이것이 바로 양국 관계를 이어가는 가장 중요한 기초이다.

앞으로 한국은 미중 간 갈등 확대에 대응하기 위해 중간 지대 국가들과 협력을 확대해 갈 것이다. 한중 양국은 이들 국가에서 커다란 협력의 기회를 찾을 수 있다. 따라서 양국은 인문 사회 분야의 교류를 더욱 확대하고 인재 교육과 양성을 강화하여 서로에 대한 이해를 높여야 한다. 이를 위해 먼저 상대국 유학생들에 대한 세심한 배려부터 시작해야 한다. 유학생은 양국 관계를 이끌어갈 핵심 인재이며, 글로벌 협력에서 가교 역할을 하게 될 것이다. 대학들도 미래 첨단산업 분야 인재에 대한 수요를 고려해 양국 언어에 능통한 융합형 인재를 적극적으로 양성해야 한다.

한중 양국이 걸어온 지난 30여 년의 여정은 '협력이 바로 발전의 길'이라는 사실을 증명하는 가장 확실한 역사적 증거이다. 우리는 이 점을 다시 한번 마음속 깊이 새겨야 한다.

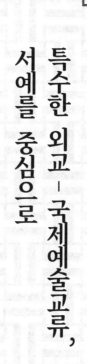

특수한 외교 - 국제예술교류, 서예를 중심으로

예신(叶欣)_중국국가화원 서예전각소 연구원

특수한 외교 – 국제예술교류, 서예를 중심으로

오 랫동안 중국과 세계 각국의 문화교류, 특히 한국과의 문화교류에 종사해 온 실천자로서, 중국 문화를 전파하고 '중국의 이 야기'를 잘 풀어내며 전 세계를 향해 진실되고 입체적이면서 전면적인 중국을 알려 중화민족 이 계승해 온 전통문화의 영향력을 부단히 제 고하는 것이 우리 문화 사절들의 역사적 사명 이라 생각한다.

올해는 한중 수교 31주년이자 중국 정부가 제창해 온 '일대일로 국가전략' 10주년이 되는 해이다. 1985년 중국국가교육위원회 국비유학

예신(叶欣) 중국국가화원 서예전각소 연구원

생으로 선발되어 북한에서 유학한 후 지난 40년간 수백 차례의 국제적인 문화 예술 교류 활동을 기획, 조직하고 연결해 온 필자는 이렇듯 뜻깊은 한 해를 맞 이하여 과거를 회고하며 가슴이 벅차오르고 감개무량할 따름이다.

국제예술 분야는 대등 원칙을 지켜야 한다

국제문화교류는 대등 원칙을 지켜야 한다. 예를 들어 중국 서예계에서 가장

높은 권위와 대표성을 지닌 사회단체는 '중국서법가협회(약칭 중국서협)'이며, 그 상급 기관은 '중국문화예술계연합회(약칭 중국문연)'이다.

한국에는 저명한 서예가 김응현 선생(중국서협의 치궁[启功] 주석과 2인 전시회를 개최한 바 있음)을 위시하여 다수의 실력파 서예가들이 설립한 서예 단체인 '동방연서회'가 있다. 중국을 비롯한 다른 나라와의 서예 교류를 촉진하기 위해, 한국은 '동방연서회'를 기반으로 '국제서법예술연합 한국본부(약칭 국서련 한국본부)'를 설립하고 한국 각 지역에 지회를 설치하여 한국 서예계의 유일한 대외 교류 창구로 운영해 왔다. 국서련 한국본부는 설립 초기부터 줄곧 중국서협을 양국 서예계의 대등한 교류 대상으로 여겨왔다.

문화 교류의 교량 역할을 수행하는 양국 단체는 카운터파트 간 작은 지위적 차이가 있더라도 교류 활동의 대등성 보장을 위주로 하여 상대국에 대한 예의 및 존중을 보여주기 위해 노력해야 한다. 1998년 당시의 국서련 사무국장이 필자에게 '중국에서 협력할 만한 서예단체를 찾았고 이 협회와 교류전을 개최할 예정'이라고 알려왔다. 알고 보니 그들이 찾은 단체는 '중앙직속기관서법가협회'로 이 협회는 중앙직속기관 근무자에 한해 회원으로 가입할 수 있는 단체였다. 해당 협회와의 협력을 통해 한중 양국 서예가 간의 우호적인 교류는 순조롭게 진행되었다.

중앙미술학원 평생교육원 서법 석사 과정반에서 수업하고 있는 장면

국제적 예의를 지키고 상대국의 관습을 존중하여 오해를 방지해야

국제문화교류에 있어 예의는 매우 중요하게 여겨진다. 한국과 교류를 해본 사람이라면 대규모 활동이나 공식적 행사에서 한국인들이 반드시 양복이나 한복 같은 정장 차림을 고수한다는 디테일한 특징을 발견했을 것이다. 이에 비해 중국 예술가들은 자신의 천진난만함 혹은 소박하거나 소탈한 예술가적 기질을 더 드러내고 싶어 하는 까닭에 대부분 캐주얼한 옷차림을 선호한다. '한 고장에 가면 그 고장의 풍속에 따라야 한다(入乡随俗)'는 말이 있듯이, 중국 예술가들이 교류 행사를 위해 한국을 방문하게 될 때마다 필자는 한국 측을 존중하지 않는다는 오해를 사지 않도록 가급적 정장 차림으로 행사에 참석할 것을 조언한다. 반대로 한국 예술가들이 중국에서 개최되는 행사에 참석하는 경우에도 중국 측 참석자들이 예술가의 개성에 따른 편안한 옷차림으로 행사에 참석할 수 있으니 오해하지 말아 달라고 미리 귀띔하곤 한다.

문화교류 분야의 전문 지식 함양이 가장 중요

국제문화예술교류에 종사하고자 한다면, 2개 언어를 유창하게 구사할 수 있는 능력만으로는 턱없이 부족하다. 전문 지식을 깊이 있게 습득해야 하며, 심지어 해당 업계의 전문가가 되어야 한다.

서예를 예로 들자면, 서예가들은 서예 이야기를 나누면서 무심결에 고금의 서예가나 비첩, 학술 문헌, 역사적 배경, 각종 서체나 스타일, 각국의 대표적인 서예 단체, 서예 대가 내지는 그들 간의 교류에 대해 언급한다. 더 깊은 층위의 교류에서는 필법, 결체(结体), 장법(章法), 묵법(墨法) 등 학술적 문제와 다양한 학술 용어, 전문 용어에 대한 각자의 해석도 언급된다. 탄탄한 전문 지식을 갖추지 않으면 문화교류의 사명을 수행할 수 없다.

한중일 협력 사무국에서 어느 중국 화가의 학술 강연에 참석한 적이 있다. 당시 통역을 담당하던 이가 서화에 대한 이해가 부족하여 '狼毫笔'의 '狼'를 그

2010년 중국(허페이) 국제 문화박람회 및 제4차 중국 공예미술 우수작품 전시회, 안후이성 문방
사보(文房四宝)협회 설립총회에서 논문 발표

냥 '낭(狼)'으로 직역했다. 사실 '낭호필(황모필)'은 족제비 털로 만든 붓으로 여기서 '낭(狼)'은 늑대가 아닌 족제비(중국어로 '黃鼠狼')를 가리킨다. 이 일화를 통해 국제교류에서 전문 지식의 중요성을 알 수 있다.

구동존이의 원칙에 입각한 국제적인 심미관을 제시해야

국제문화교류 활동을 조직할 때에는 중화민족의 문화적 정수와 특색을 제대로 보여주고 진실되고 입체적이면서 전면적인 중국을 보여줘야 한다.

2018년 한국이 평창 동계올림픽을 개최하던 해에 한국 문화체육관광부가 주최하고 예술의전당이 주관하는 '동아시아 필묵의 힘: 한중일 서예전'이 개최된 바 있다. 그 당시 예술의전당 측 관계자가 필자를 찾아와 전시에 초청할 서예가의 명단과 인원수에 대해 자문을 구했는데, 이에 대해 필자는 주최측에 다음과 같은 몇 가지 의견을 제시했다.

첫째, 주최 측의 본래 계획은 3국에서 각 10명의 서예가를 초청하는 것이었으나 3국 모두 서예 인구가 많은 나라이고, 각각 독특한 스타일을 보유하고 있다는 것을 감안하여 3국에서 각 25명의 서예가를 초청하여 3국 서예의 다양성을 충분히 보여줄 것을 제안했다.

둘째, 각국에서 초청할 서예가 후보를 연령대에 따라 일정 비율로 추천할 것을 제안했다.

셋째, 개인의 심미적 취향을 최대한 존중하되 가능한 한 다양한 스타일과 유파에 속하는 서예가들을 두루 추천할 것을 제안했다.

넷째, 선정 과정을 보다 공정하게 하기 위해, 우선 주최 측에 40명의 후보 명단을 제출하고 주최 측의 심사 및 동의를 거친 후 주최 측과의 협의하에 서예가 선정 위원회를 구성하여 여러 선정 위원이 최종 참가자 명단을 공동으로 추천, 확정할 것을 제안했다.

이는 모든 참가자들의 심미관을 존중함과 동시에 대중의 미적 요구의 균형을 유지하여 모든 이들이 다양한 국가와 성격의 서예의 아름다움을 접할 수 있도록 하기 위한 것이었다. 주최 측에서는 필자의 방안을 채택했고, 그 결과 3국 서예의 현주소를 전면적으로 보여주는 높은 수준의 서예 대전을 성공적으로 개최할 수 있었다.

문화는 물과도 같아 소리 없이 만물을 적신다

민족문화의 전파는 상대국 문화를 충분히 존중한다는 기본 전제하에 이루어져야 한다. '낙숫물이 댓돌을 뚫는다(滴水穿石)'는 말처럼 인내심을 가지고 적절한 방식으로 행해야 한다.

개혁개방 이래, 중국의 서예계는 급속한 발전을 이루었고, 다양한 유파와 스타일의 서예 작품들이 백화제방(百花齊放)의 경연을 펼쳤다. 그리고 필자는 이 천지개벽에 견줄 만한 거대한 변화 과정을 직접 목도했다.

1996년 한국에 온 후, 필자는 중국 서예계가 그간 이룬 성과를 보다 전면적으로 한국 서예계에 소개하고 싶었다. 따라서 '한국 세계 문화예술 발전 중심'

의 설립을 추진하게 되었고, 한국 서예가가 회장을 맡고 필자가 상임부회장 겸 사무국장을 맡아 중국을 포함한 해외 유수의 서예가들을 초청하여 '세계 서법 문화예술대전'을 개최하게 되었다.

필자는 당시 중국 각지에서 스타일이 서로 다른, 그러나 실력과 영향력만은 공히 최고를 자랑하는 수십 명의 서예 대가를 초청하기 위해 각별히 심혈을 기울였고, 그렇게 초청한 서예가들 대부분이 중국 국전(国展)의 심사위원을 맡을 정도의 권위자이자 당대 중국 서예를 대표하는 최고의 대가들이었다.

한국 측에서는 특별초청 서예가의 전시 외에도 성인과 학생 부문 출품을 받아 우수 작품에 대상, 우수상, 금·은·동상, 특선, 입선 등을 시상하는 공모전을 병행했다. 또한 대상과 최우수상 수상자의 경우 작품 1점을 새로 창작하여 전시에 참여할 수 있도록 하는 전통을 계승하면서도 선명한 개성을 드러내는 서예 작품의 창작을 장려하고자 하는 주최 측의 고심을 전시에 참여하는 작가들과 관객들 모두 느낄 수 있도록 다각적인 노력을 기울였다.

올해로 25회째 개최되는 '세계 서법 문화예술대전'은 한국 서예의 발전에 많은 기여를 하였으며, 그 공로를 인정하여 한국문화체육관광부에서 '한국세계문화예술발전중심' 회장에게 문화훈장을 수여하기도 했다.

국가 간의 문화예술교류는 국가 간 교류의 중요한 일부로서 양 국민 간의 이해와 우의를 증진하고 상호 간의 거리를 좁히는 데 기여한다. 우리 문화예술 교류의 주체들이 중국 특색의 사회주의 문화강국 이상 실현을 위한 사명을 다하고, 우수한 중화민족의 전통문화가 새로운 시대에 새로운 빛을 발할 수 있도록 함께 노력할 것을 제안한다.

멀고 먼 사행(使行)의 길,
CCPIT가 전하는 정(情)

위하이옌(俞海燕)
_중국국제무역촉진위원회 한국대표부 총대표
_한국중국상회 집행회장

멀고 먼 사행(使行)의 길,
CCPIT가 전하는 정(情)

시진핑 주석은 중국과 한국이 이사 갈 수 없는 이웃이자 떼려야 뗄 수 없는 협력 파트너임을 여러 차례 강조하였다. 중국국제무역촉진위원회 (이하 'CCPIT'라 함)는 중국 최대의 전국적인 무역투자 산업 촉진기구로서 한중 양국 수교보다 9년 앞선 1983년부터 한국 상공업계와 인연을 맺어왔다. 당시 CCPIT는 유엔 아시아·태평양 경제사회위원회(ESCAP)와 수출가공구(出口加工區) 워크샵을 공동 개최하여 한국(당시에는 '남조선'이라 불림) 인사들을 초청했다. 양국의 민간 교류는 고대 양국 간 우호 교류에서도 알 수 있듯 오랜 역사를 자랑한다.

40년의 세월이 흘렀다. CCPIT는 2023년 11월 28일부터 12월 2일까지 베이징에서 제1회 중국국제공급망촉진엑스포(이하 '엑스포'라 함)를 개최하였고 리창 총리가 개막식에 참석해 기조연설을 하였다. 이 엑스포는 세계 최초로 공급망을 주제로 한 국가급 박람회였다. 행사 기간 CCPIT 한국대표부는 관련 기관과 함께 한중 전기차 비즈니스 포럼, 한중 기업인 공급망 교류회를 개최하였으며 한국기업 대표단 3개를 조직해 엑스포에 참여하였다. 엑스포에 참가했던 한국기업 대표들은 "글로벌 경제무역 환경이 어려워질수록 상호 간 소통을 더욱 강화하고 협력을 모색해야 한다"면서 "코로나19 발생 이후 처음 중국을 방문하여 전시회에 참가하고 교류를 실시함으로써 중국의 산업 발전과 시장 특성에 대한 새로운 인식을 갖는 계기가 되었다"고 말했다.

한중 양국 기업의 열띤 교류를 지켜보며 한중 경제무역 교류와 협력에 참여했던 필자의 지난 31년을 되돌아보니 성취감과 자부심이 밀려오고 만감이 교차한다.

한중 경제무역 교류의 창: 중국무역박람회

2023년 7월, CCPIT는 한국무역협회(KITA)에서 제1회 중국국제공급망촉진엑스포 한국설명회를 개최하였다. 150여 명의 한중 기업 대표가 한자리에 모여 협력을 논의하였다. KITA 빌딩 51층에서 창밖을 내다보면 파란 하늘과 하얀 구름이 한눈에 들어온다. 아래를 내려다보면 오랜 시간 동안 제자리를 지켜온 한국종합전시장(COEX)이 눈에 들어오는데, 그 모습을 보고 있노라면 31년 전 처음 COEX에 발을 디뎠던 때가 떠오른다.

1992년 5월, CCPIT에 갓 입사한 신입이었던 필자는 '남조선'을 처음 방문한 중국 무역 전시대표단과 함께 서울에 도착했다. 한국 관람객들은 눈앞에 펼쳐진 중국 제품을 보고 칭찬을 늘어놓았다. 필자는 중국 New Silk Road(NSK) 그룹 모델들을 인솔하여 서울 이곳저곳을 다녔다. 처음으로 한국 이태원 시장을 구경했고 처음으로 광화문 광장을 가로질러 보았으며, 또 처음으로 한국의 대학 캠퍼스도 거닐며 서로의 교류를 갈망하는 양국 국민의 모습을 목도하였다. 그때 필자는 한국어를 열심히 공부해 한중 양국의 경제무역과 문화를 이어주는 사절이 되겠다고 결심했다. 그때는 3개월 후 한중 양국이 정식으로 수교하게 될 줄 몰랐다. 그리고 이후 30년 동안 베이징, 서울, 부산항을 오가며 한국에 상주하고 일하게 될 줄은 더더욱 몰랐다.

사실 CCPIT는 1991년 5월 29일에 한국에서 첫 대형 무역박람회를 개최한 적이 있다. 당시 우이(吳儀) 중국의 베이징시 부시장과 정홍예(鄭鴻業) CCPIT 회장, 이선기 대한무역투자진흥공사(KOTRA) 사장, 정주영 현대그룹 명예 사장과 정몽구 사장 등 양국 주요 대표들이 개막식에 참석했다. CCPIT는 총 254명으로 구성된 10개 성(省)·시(市), 85개 업체의 중국 민간 경제와 무역 대표단을 조직하였으며 면적이 2,500㎡나 되는 전시장에서 처음으로 한국 국민들에게 중국 경제 발전의 커다란 성과와 풍성한 결실을 선보였다.

한중 관계의 촉진자: 중국국제상회 서울대표처

1990년 10월, CCPIT는 중국 국무원의 인가를 받아 중국국제상회라는 이름으로 한국의 KOTRA와 서울, 베이징에 각각 대표처를 설립하는 내용의 합의서 및 양해각서를 체결했다. 그 뒤 1991년 1월 30일에 KOTRA 베이징무역관이 개설되었고, 4월 9일에 중국국제상회 서울대표처가 공식 출범하였다. 당시 중국국제상회 서울대표처의 초대 대표는 쉬다여우(徐大有)였다. 그 후, CCPIT와 중국국제상회는 한중 양국의 경제무역 교류를 추진하고 양자관계 발전을 촉진하기 위해 많은 일을 함으로써 양국 수교에 특별히 기여를 하였다.

중국국제상회는 KOTRA와 1991년 12월 31일에 무역협정, 1992년 5월 2일에 투자 장려 및 상호 보호에 관한 협정을 각각 체결하였다. 이 두 경제·무역 협정의 시행은 양국 기업의 활발한 경제, 무역 교류 및 투자 협력에 유리한 여건을 조성하였을 뿐만 아니라, 양국 수교 후 정부 간 협정의 마중물이 되었다. 1992년 8월 24일, 한중 양국은 외교관계를 공식 수립하였는데, 그 후 3일이 지나 오성홍기가 주한 중국대사관에서 하늘 높이 휘날렸다. 중국국제상회 서울대표처는 역사적 사명을 완수하고 CCPIT 한국대표부로 직무를 이전하여 한중 경제무역 협력 추진에 지속적으로 힘을 보태게 되었다.

2022년 8월 24일, 양국 수교 30주년을 기념하여 CCPIT와 대한상공회의소, KITA, KOTRA가 공동 주최하고 한국중국상회와 주중한국상회가 공동 주관하는 비즈니스 협력 포럼이 서울과 베이징에서 온·오프라인 형식으로 동시에 진행되었다. 싱하이밍(邢海明) 주한중국대사관 대사, 런훙빈(任鴻斌) CCPIT 회장, 정재호(鄭在浩) 주중한국대사관 대사, 최태원 대한상공회의소 회장 등이 참석해 축사를 했고, 한중 양국 경제와 무역계 인사 약 200명이 함께해 우정을 나누고 협력을 논의함으로써 한중 양국 협력의 새로운 장을 열었다.

한중일 3국 협력사무국(TCS)와 '2023 한중일 기업가 포럼' 공동주최(2023.05.10.)

한 단계 더 발전한 한중 협력: 중한 FTA의 체결 및 시행

CCPIT 한국대표부는 지난 수십 년의 발전을 거쳐 KOTRA, KITA, 대한상공회의소, 한국경제인협회, 한국수입협회, 한국중견기업협회 등 한국의 카운터파트 기관과 우호협력 관계를 맺고 한중 무역투자 협력과 기업에 대한 서비스 수준을 부단히 향상시켰다.

필자가 한국에서 세 번째로 상주하기 시작한 지 얼마 지나지 않은 2015년에 한중 FTA가 정식 체결되었다. CCPIT 한국대표부는 관련 연구 및 교육, 홍보를 대대적으로 실시함으로써 한국에 진출한 중국기업이 FTA를 활용할 수 있도록 도왔다. 2016년 5월에는 CCPIT 한국대표처의 발의로 한국중국상회와 KITA가 '한중 FTA 발효 1주년 교류회'를 개최하였는데, 당시 추궈훙(邱國洪) 주한중국대사와 저우창팅(周長亭) 경제상무처 공사참사관 등이 참석해 축사를 해주었다. 필자는 동료들과 함께 시찰 및 학습을 통해 '한국의 한중 FTA 및 서비스 기업 활용 메커니즘'이라는 연구 보고서를 완성했다. 이는 CCPIT 인증센터와의 협력을 통해 『한중 FTA 기업서비스 지침』으로 출간되어 CCPIT 한국대표부 회원을

한중 FTA 발표 경축대회 개최(2016)

포함한 많은 기업에 실질적인 참고서가 되었다.

필자는 2018년 한국에서 CCPIT 투자촉진부로 돌아와 재직하며 FTA 홍보 업무를 지속적으로 담당하였다. 최근 몇 년 사이 CCPIT는 RCEP 등 자유무역협정 우대정책 홍보 및 해석 교육을 강화하고 자유무역협정 활용 지침 19권을 발간하였으며, 경제무역 행사들을 개최함으로써 기업들이 정책의 혜택을 충분히 효과적으로 활용하도록 도왔다. 2023년 한 해 동안 '국가무역 촉진 시스템'하에 발행한 각종 증명서가 621건으로 동기 대비 16.1% 증가한 것으로 나타났는데, 그 중 RCEP 원산지 증명서가 동기대비 38% 늘어났으며 그 규모는 72억 1,000만 달러이다.

주한 중국기업의 친정과도 같은 한국중국상회 사무국

2001년에 설립된 한국중국상회는 CCPIT 한국대표부에 사무국을 두고 있다. CCPIT 한국대표부의 역대 주요 책임자는 한국중국상회의 상무 부회장, 집행회장직을 겸임하며 주한 중국기업을 위해 온 힘을 기울여왔다. 이에 주한중국대사관과 회원사들로부터 높은 평가를 받았으며 한국 정부로부터 '산업 대상' 등 표창을 수상하고 '서울시 명예시민' 칭호를 받기도 하였다. 지난 20여 년 동안 주한 중국대표처, 한국중국상회 전체 회원들은 상회의 정관 초안부터 등록, 기업 조사부터 행사 기획에 이르기까지 모든 과정에 심혈을 기울이며 한국중국상회의 지속적인 발전을 추진해 왔다. 또한 회원사들이 함께 앞으로 나아가며 풍성한 성과를 거두었다.

최근 몇 년 동안 한국중국상회는 한국의 지방 및 산업의 발전을 돕는 차원에서 '한국중국상회 지방행', '한중 지방산업 교류 협력 포럼'을 개최하고 바이오의약, 전기자동차, 뷰티메디컬, 크로스보더 전자상거래, 스마트 농업 등 산업별 매칭 활동을 전개해 일련의 협력 사업을 일궈냈다. 또한 CCPIT '무역법 통(通)' 플랫폼과 KOTRA의 요청 사항 해결 시스템을 활용하여 조사 및 연구를 강화하고 비즈니스 업계를 적극적으로 대변함으로써 주한 중국기업의 합법적인 경영과 리스크 예방 및 완화를 도와 발전을 이루도록 지원하였다.

2023년 7월 12일, 코로나19 이후 첫 오프라인 한국중국상회 대표대회가 개최되었다. 대회에 참석한 싱하이밍(邢海明) 주한중국대사는 축사를 통해 한국중국상회의 업무와 성과를 긍정적으로 평가하며 새로운 여정에서 한국중국상회가 더욱 분발하며 앞으로 나아가길 바란다고 말했다. 또한 한중 경제무역 협력을 심화하며 협력의 내실 있게 협력의 수준을 제고해야 한다고 하였다.

우리는 지난 영광의 시간을 가슴에 새기며 지금 우리에게 주어진 임무를 위해 계속 정진해 나갈 것이다. 이 글을 마치며 오랫동안 한중 경제무역 협력을 위해 애써 주신 각계 인사분들께 숭고한 경의를 표한다. 필자는 새로운 역사적 기점에서 초심과 사명을 가슴속 깊이 새기며 주어진 역할을 해 나갈 것이다. 한중 관계의 안정적이고 내실 있는 발전을 위해 새로운 기여를 해 나갈 것이다.

주부산 중국총영사관에서 주최한 대외 교류 활동에서(1993)

편집장
俞海燕

편집위원회
賈航宇
汪凡
王亦石
馬雙林
袁小濱
張沛宇
陳余瑋

원고 관리
方海玉(中)
崔憲圭(韓)

편집 및 교정
林雪琪
肖曼玲

30년을 넘어: 한중 민간교류와 탐색

초판발행   2024년 5월 25일

지은이   한국중국상회
옮긴이   한중기업협력협회
펴낸이   안종만·안상준

편 집   전채린
기획/마케팅   박세기
표지디자인   이영경
제 작   고철민·조영환

펴낸곳   (주) **박영사**
              서울특별시 금천구 가산디지털2로 53, 210호(가산동, 한라시그마밸리)
              등록 1959. 3. 11. 제300-1959-1호(倫)
전 화   02)733-6771
f a x   02)736-4818
e-mail   pys@pybook.co.kr
homepage   www.pybook.co.kr
I S B N   979-11-303-2021-2   93320

정 가   18,000원